U0139160

透視教科書
批判論述取向

王雅玄　著

五南圖書出版公司 印行

思想是空中的鳥，在語言的籠裡，
也許會展翅，却不會飛翔。

～關於　談話（紀伯倫）

前言 話語之外

> 我說的話，有一半沒有意義；
> 我把它說出來，為的是也許會讓你聽到其他一半。
>
> ～沙與泡沫（紀伯倫）

這是一本關於言談的書。

言談，象徵你的人格；論述，再現你的意識型態。

一句話，不只是一句話。一個語詞，也不只是表面的語意。話語之外，總是存在若干意義。為什麼要研究論述？論述由言談組成，夾帶著人們的意識型態。意識型態（ideology），就是觀念之學，想要了解一個人的思想，必須從其言談解構其論述。

你說：「我雖然本身對女性沒有偏見，但是大數據顯示，女性主管還是比較情緒化，而且關注一些雞毛蒜皮的事情……。」

嘿！你刻意引用大數據來替自己說話，雖然你不使用自己的話語，但你將言談責任轉移給大數據，大數據等於是你的表述，所以，上面這句話的重點不是前面，而是後面，說到底你本身對女性還是有偏見，否則也不用講後面那一段話。如果你不認同大數據的論點，你就不會引用大數據。

人的言談，充滿了選擇。選擇，就是選自己認同的，選擇自己相信的，選擇符合自己頭腦裡面的意識型態與思想。因此，言談，隱藏著許多策略，在在能傳遞出特定意識型態。

　　言談就是一種文本。文本，無論是口說、文字或姿態，都有其象徵意義。能夠傳遞特定觀點的文本，就會形成論述。學校與大學都是由論述所組成，是產生論述的地方。教科書由文字與圖照組成，都屬於傳遞特定觀點的文本，也隱藏著多重官方所欲的意識型態，因此，教科書文本非常需要論述分析。本書引領讀者進入言談與論述的語境中，以教科書為主要分析對象，透過不同理論視角、不同領域主題，透視文本背後隱藏的意識型態，進行批判論述分析。

　　第一章「教科書專制」比喻教科書彷彿教室中全體師生的救生圈，它支撐起師生的安全感，卻也專制的決定了課堂的一切。本章指出我們需要解構教科書，透過對教科書專制的意識覺醒，並尋找一個解放教科書專制的工具。

　　第二章「批判研究方法論」回顧教科書分析所使用的方法，予以優劣評估，深刻討論教科書為何需要批判、批判什麼、如何批判、何處批判，以及批判之後可以有哪些建設性效益。

　　第三章「批判論述分析」介紹批判論述分析的典範與內涵，重建一個批判教科書意識型態的分析方法論，並提出幾個實用的批判論述分析架構。本章想要讓讀者了解，教科書中的論述建構藉由官方權威的「權力技術」與讀者自我規訓的「自我技術」產生作用，透過批判論述分析，我們可以解放這些宰制論述。

　　第四章「他者批判論述」以批判語言學論述分析檢視臺灣近七十年來歷史教科書他者論述之演變，選定 1952-2022 年出版的國中歷史教科書共 10 套進行古今比較，結果發現：臺灣史再現了以歐美日為主體、臺灣為他者的殖民秩序體系；中國史再現了中國型華夷秩序體系；世界史再現了脫亞入歐的秩序體系。再者，他者論述出現在族群、國家、性別、階級等場域，尤以族群與國家最被強調，階級最顯而不隱。「族群他者論述」拒斥漢族論述之外的外邦蠻夷；「國家他者論述」拒斥第一世界國家與臺灣之外的第三世界未開發國家；「性別他者論述」拒斥男性論述之外的女性；「階級他者論述」拒斥高階盛世論述之外的下層階級。整體而言，過去的歷史教科書之他者論述立場較為絕對，而當代歷史教科書的他者論述立場較為相對，顯見歷史教科書在面對差異已隨著時代而更為進步多元。

　　第五章「政治批判論述」以批判論述分析解構教科書的國家霸權和政治社會化論述。擺脫內容分析法之不足，批判論述分析從批判語言學來揭露教科書中隱藏的政治意識型態，深層解構文本中的政治論述。實作分析國小社會教科書的政治意識型態顯示：知識論選擇了「表現政府的知識旨趣、單面正向的知識呈現模式、忽略學生的主體性」；方法論處置使用了「政府至上的語言表面結構、呼口號的語法、有利我群的專有辭彙、政府為主人民為輔、避重就輕的基模結構、誇張與委婉說詞的修辭法」；論述的引出包含三種政治論述：「充斥政策置入性行銷之立論、強化政府角色弱化人民抗拒、排斥過去政府褒揚今日政府」。教科書政治意識型態吻合統治團體的意識型態，再製國家霸權並合法化統治群體的知識論述，也符合論述分析「負面描述他群、正向描述我群」的特性。

　　第六章「族群批判論述」旨在應用批判論述分析揭露教科書中的族群論述，並探究批判論述分析在教科書研究中所扮演的解構與重建角色。實作分析〈認識臺灣社會篇〉教科書獲致五個族群意識型態的批判論述：命名論述提供不同族群合法化的分類與認同基礎；指稱論述對不同族群進行優劣標籤化；立論論述建立各族群相對地位與屬性、認肯優勢族類、貶抑劣勢族類；包容與排除論述建構出接納與排斥的論述空間，顯示臺灣社會面對多元族群的矛盾；強化與弱化論述給予不同族群厚此薄彼的再合理化，揭露了未能認肯多元族群的意識型態。儘管 CDA 仍有其限制，其可作為教科書詮釋與批判的工具，揭露教科書政治的複雜性與文本背後隱含的意識型態，教師若能實地解構課程意識型態，可望重建教師意識。

　　第七章「國家批判論述」以他者論述分析架構解構美國中小學社會領域教科書共六冊，針對美國教科書眼中的臺灣意象進行解構，歸納臺灣意象主題包括地理、歷史、政治、文化、經濟等各面向配置情形，分析結果顯示，美國教科書中的臺灣意象，在地理方面再現「依附中國」論述，歷史方面是「分裂中國」論述，政治文化方面以民主自由開放多元展現「脫離中國」論述，經濟方面則呈現「超越中國」論述。而「他者論述」下的臺灣意象包括殖民、邊陲、奴僕、排除等，針對他者論述的反省思維有助於抵抗西方霸權的集體認同、改善國際雙邊理解，進而有機會對臺灣新意象進行話語重構。

　　第八章「性別批判論述」以批判女性主義分析教科書中的國族論述，針對其中蘊涵的性別權力關係進行批判分析。樣本取自國中社會領域歷史教科

書六冊。綜覽臺灣史、中國史、世界史，整個歷史教科書的編寫主軸是建國論述，從而發展出征戰論述、英雄論述、版圖論述與文明論述。從教科書圖文共同編織出歷史即國族建立史、戰爭史、英雄史、國界劃分史、文明興衰史。國族主義五大論述背後隱含著的男性中心慾望，凸顯出父權認同、黷武的雄性暴力、英雄敘事的領袖崇拜、男子氣概的陽剛空間。整體而言，歷史教科書利用了建國論述、文明論述與版圖論述來合理化征戰暴力，而自由與民主被視為是雄性暴力後的甜美酬賞。只記錄勝利，不記錄失敗；只記錄功名，不記錄傷痛；強化戰鬥心，缺乏憐憫心。這樣的歷史書寫實難達成非暴力和平教育的宗旨，值得深思。

第九章「重構偏遠論述」以焦點俗民誌進行離島教育優先區學校研究，從教師的離島經驗重構「偏遠」論述。「重構」意味顛覆主流的偏遠意義，以口述歷史法讓當地教師發聲，聚焦於離島教師的「偏遠」論述是否有別於「偏遠＝不利」之論述，從教師的離島經驗彙整離島擁有的資本為何？偏遠之利與不利因素帶來何種教學實踐優勢與困境？並從教師社會學角度分別就教師脈絡與學校脈絡來分析教師專業、教師角色、教師文化、教師社會化之落實，研究發現：偏遠小校提供教師專業與課程教學發展的舞臺；偏遠小校滋長教師發展多樣化的複雜角色；偏遠小校有助於教師專業社會化的歷程；偏遠小校提供柔軟易塑的學校文化沃土；教師的離島經驗反映其對偏遠小校的矛盾情結：偏遠雖利，教師仍離，偏遠不利，教師不離；離島教師具有價值二元對立的矛盾論述及離島情結。

第十章「在解構與重構之間：反身性筆記」旨在呈現批判論述研究者如何從解構到重構的心路歷程。論述主軸為全球提倡多元文化教育之際，在中小學教科書中占有一席之地的本土意識，臺灣的族群論述如何從解構邁向重構的路徑。相對於過去臺灣歷史中族群隱而不見的論述，今日我們如何面對這個敏感議題？如何闡述臺灣在現代性發展過程中的殖民、新殖民與後殖民狀態？以及藉由教育如何去殖民化，建立本土的質地。這是一篇批判社會研究者的反身性筆記，以臺灣族群經驗為後殖民研究場域，敘說研究者如何決定研究場域、如何進行方法論的選擇、如何運用反身性筆記的撰寫，包括田野日誌與研究札記的使用，如何在意義的生產過程中看見田野中所產生的意義。透過反身性筆記的持續反省，研究者不斷在解構與重構之間，將臺灣族群經驗的研究帶入後殖民教育論述的省思。

　　本書作者發展的教科書批判論述分析架構，率先將批判論述分析（critical discourse analysis, CDA）引入國內教科書研究領域，運用系統性方法提升教師與學生對教科書內容的批判反思。這是一本引導讀者使用客觀科學方法來透視教科書中的意識型態，洞察教科書內容的知識價值問題，攸關學者、教師、學生的批判意識。書中提到的方法與觀點概念，也可以用在分析繪本、小說、電影、各類文本，企能提升全民對文本批判的軟實力。

目　錄　CONTENTS

第 一 章

教科書專制

> 教科書好比是教室中全體師生的救生圈
> 教科書決定了課堂的一切
>
> ～Zipf & Harrison（2004）

「老師怎麼可以考這個，課本又沒教……」

「教科書還是中小學的聖經嗎？」「還是吧？」

上述對話顯示，從以前到現在，儘管歷經多次的教育改革與教科書革新，中小學課堂依然還是把教科書奉為聖經，教科書的使用幾乎主宰了教師的教學與學生所接收的課程知識（周祝瑛、陳威任，1996；柯華葳、幸曼玲、林秀地，1996）。教科書好比是教室中全體師生的救生圈，教科書決定了課堂的一切（Zipf & Harrison, 2004）。救生圈給你安全感，但卻無法讓你學會游泳。全體師生套上救生圈在學海中載沉載浮，相當有安全感，教科書專制地決定了教學方向與學習內容，而教科書選用版本則決定了教育的品質。多年來，教科書可以說是綑綁住教師的教學、學生的學習、升學的考試、甚至是文憑的取得。然而，儘管教科書是學校教育的命脈，教科書研究在課程領域中並未受到應有的重視（歐用生，2000）。我們需要意識到教科書的專制，我們需要尋找一個解放的工具，我們更需要解構教科書。

壹、為何教科書如此專制？

教科書專制（the tyranny of the textbook）就是當教科書在教育體制中橫

行無阻，得以大權掌握、獨斷獨行、操縱一切。專制通常用來形容獨裁者對政權的掌握，教科書專制則暗指教科書彷彿化身知識體系的獨裁者，操縱著全體師生的日常。教科書專制是因為教科書編得太好嗎？應該不是。歷史以來，無論教科書如何改朝換代，教科書總是坐擁聖經地位。這是為什麼呢？Jobrack（2012）出版《教科書專制》（*Tyranny of the textbook: An insider exposes how educational materials undermine reforms*）一書，揭露了以下三個理由，如何使得無用的教科書卻也可以始終主導市場的原因。

一、教科書是「精確要求的暴政」：課程與教學未能全面制式改革

為何教科書如此專制？特別是在考試領導教學的臺灣，教科書形同「精確要求的暴政」，原因是，考試範圍限於教科書，題目與答案則根據教科書文本而定，因此教科書不僅肩負考試內容，而且還擔負著正確答案的化身，於是教科書不可能納入沒有正確答案的主題，於是教科書所納入的事實儘管似是而非卻也被視為正確的，也就形成「精確要求的暴政」。要破除此種暴政，則須從課程與教學全面制式的改革做起。Jobrack（2012）指出教科書不該是學校教育的主角，課程本身才有引發學生學習成就的潛力，最重要的關鍵還是課程與教學，但這也是教育改革最大的挑戰，通常我們都會同意，課程與教學的策略不應該由中央控制，然而，國定教科書的採用政策不僅無效也無能，更無法提出改進策略，我們最應該覺醒的是：教科書與課程標準並非政策改革的重點，那麼，超越教科書之外的課程與教學又如何改革呢？有效課程的執行倚賴有效的教學，有效教學則倚賴教師能夠改造課程以適應特殊學生的能力，因此所有關於教室內的課程執行應該包含使用正式和非正式的評量，以便追蹤學生在內容和技能上的精熟度，並且應該根據評量結果來執行短期或長期的教學計畫，這種數據導向的教學是必要的，但教育改革如何確保教師的教學包含了必要的內容，又能讓學生達到真正的學習呢？

二、教科書專制源自於教師本身的失敗？

為什麼教科書那麼有主導的力量？為什麼即使是毫無效用的教科書依然主宰著教師的教學計畫？為什麼「教科書專制」總是發生？眾多研究一致指

出，教師之所以依賴教科書與出版商的課程設計，是因為自身教學內容知識的缺乏，以至於無法質疑教科書知識的有效性、正確性與適當性（Bransford, Brown, & Cooking, 1999; Eggleston, 1977）。Weiss, Pasley, Smith, Banilower和 Heck（2003）發現，幾近半數教師都從教科書選擇課程內容。然而，強烈依賴教科書的危險是教科書充滿了不精確的事實、概念性理解或概括的概念。Robertson（1992）也批評多數教科書呈現的概念和事實是線性的，沒有展現概念之間的關聯性。教科書出版商為了吸引更多的讀者，著重在傳統的主題且避免爭議（Marsh, 2004）。即使與時俱進的革新教科書試圖納入更多跨領域議題以展現異質性與多樣性，但仍然偏好安全多樣性（sage diversity）的議題，避免危險多樣性（dangerous diversity）帶來可能的爭端（王雅玄等人，2021）。因此，如果教師在課堂中非常依賴教科書的使用，那麼教科書對於教師會有很大的限制（Collins, 2004）。

　　Zipf 和 Harrison（2004）透過實徵研究也發現教科書專制的現象，無論課綱如何改革，教科書總是主導了教師的課堂教學。該研究在新課綱發行的脈絡下，發現中學科學教師對教科書有強烈的依賴性，因為教科書提供教學範圍、順序以及課程規劃，教師認為教科書永遠是對的，學生的科學觀則被教師選用的教科書所形塑。教師和學生都把教科書視為影響科學教育品質的關鍵，但是教師並未根據新科學綱要改革來選擇教科書。教師不採信課程標準，反而強烈依賴既有的科學教科書、深信自己的專業知識與開放的評量策略。王雅玄（2021）也指出，科學教科書主導了科學教師的課堂教學，教師為了趕進度大量使用講述教學來傳遞科學知識，教科書內容充滿西方現代科學主流思維且與學生日常生活脫節，這種種教科書專制的現象使得教育的理想計畫和現實執行之間產生重大落差，除了教科書本身的問題，其實主要原因來自於教師自身對科學本質和教學信念的守舊心態。

三、教科書專制背後盤根錯節的發源地

　　學校中常見的教科書專制現象，中外皆然。深入剖析教科書的生產過程，成為一個透視官方知識生成的管道。教科書市場之生產──消費關係只要是牽涉到出版商─守門員─使用者之複雜關係，絕不像出版商與使用者之間那樣單純（Wong & Loveless, 1991）。王雅玄（2012a）從此種複雜關係中發現，國內高中生活科技教科書的編寫政治（the politics of writing）

收編了國編館／學科專家／出版社等利益團體之制度化因素，從而簡化學科知識使科技知識出版國際化／同質化；教科書審查政治（the politics of reviewing）合併了制度內／外因素，從而削弱生活科技教科書的生產；教科書選擇政治（the politics of selection）併入了出版社／企業產學／名校主導的公共控制，採由上而下的調和模式。卯靜儒（2012）亦在教科書一綱多本政策下，剖析高中歷史教科書編寫與審查制度運作過程中的編審互動歷程與經驗。發現編審間的權力行使關係、對課綱的認同不一、對歷史知識與教學之間的爭議、對核心能力解讀的不同，都影響著編寫者與審查者的互動。儘管編審兩造之間有諸多差異與各自信念的堅持，在「完成任務」的時間壓力下，卻也逐漸發展出解決爭議的「最大公約數」原則，而此原則卻無意識地排除掉新課綱強調的四大核心能力。上述種種教科書政治（the politics of the textbook）內幕皆是教科書專制背後盤根錯節的發源地，這也回應了Jobrack（2012）所揭露的教科書專制下「文本勝於學生」、「教師信念勝於課程標準」的思考邏輯。在如此頑固的多重勢力之下，誰是真正能夠發揮傳遞新課綱知識的那股力量呢？

　　Jobrack（2012）指出儘管教師自認課堂中並不依賴教科書，但研究顯示教科書仍是教師上課的主要根據。而美國所有教科書幾乎被三個主要公司壟斷，這三個出版社出版了 75% 的 K-12 教科書，也生產幾乎相同的內容、相同的教學策略，但沒有任何一本教科書需要要求教師改變原有的教學實踐。出版商之所以沒有提供教科書更好的內容或最新的教學方法，是因為教師不會購買那些需要改變教學策略的教科書。而這些教科書出版商主要針對加州和德州來生產教科書，對所有其他市場的教科書僅視情況稍加微調。而各學區與各州並不關心教科書購買與評選的標準是否有效。於是，教育改革致力於標準和測驗的書寫與改寫，但這些改革並不影響已出版的核心課程。上述各個看似微小的力量，結合成教室中的教科書專制現象。

貳、尋找一個解放的工具

　　由於教科書專制現象的普遍，誠如 Zipf 和 Harrison（2004）指出，教育品質完全取決於教師所選擇的教科書，教科書的作者和出版商對於現行的教育原則必須要有正確的理解，才能使教科書內容與教育政策頒定的課程標準一致。

一、教師是破除教科書專制的關鍵

　　教師才是教育改革的關鍵。Connelly 和 Clandinin（1988）認為教師思考問題和實踐，才是課程發展和課程計畫的基礎。教師對知識本質和建構必須有正確的理解，迫切需要專業發展計畫去鼓勵教師檢視他們的信念，必須去確認教育目標與政策、方案（包括教科書和其他教材）、教師實踐和學生經驗是否一致，才能打破理想與現實教學之間的鴻溝（Zipf & Harrison, 2004）。例如：Veal（2001）研究顯示，科學教師對教科書中的科學與真實科學有不同的理解，並發現教科書會使學生對科學產生誤解。教師在科學教育中扮演重要角色，所以他們的信念是影響科學改革的關鍵因素。

　　因此，改變教師信念才能夠破除教科書專制。Zipf 和 Harrison（2004）證實教科書選用反映出教師的教學價值觀，教師通常根據自己的教學信念來選擇教科書，例如：考量科學概念的內容與解釋者，傾向選擇內容導向的工具性理解之教科書，反之喜歡多樣的活動讓學生從中學習的教師，傾向選擇提倡開放式探究導向的關係性理解之教科書。可惜，多數師生選用教科書都重視內容的量勝過於質，且將教科書中的科學知識視為真理與絕對。從教科書的選擇反映出師生的科學圖像，以及什麼被視為科學知識。這些教師通常會將一本好的教科書視為代理教師的功能。而當教師在計畫和執行之間有落差時，會因為時間太短而選擇放棄探究任務，轉而將焦點放在教科書所有活動的執行。課堂上真正提供教學指導的最終還是教科書，而非學生的學習結果。這些科學教師經常退回到教科書去尋找能提供他們的工作計畫、範圍和順序。這些不佳的教師信念，才是醞釀教科書專制的主因。然而，擁有正確的教師信念是否就足以破除教科書專制現象？要求教師一肩扛起這些盤根錯節的沉重包袱，似乎也不是解決之道，這也是 Jobrack（2012）認為破解教科書專制還需要出版商、課程評鑑團隊等多方相互制衡。

二、我們需要一個破除教科書專制的工具

　　對教師而言，尋找一個足以解放教科書專制的工具，是相當重要的。臺灣社會文化日漸多元，政治勢力與教育密不可分，更由於開放政策引導下的教育改革與課程改革，使得臺灣社會進入多版本教科書的時代，教科書的研發、編輯、使用、評鑑是課程研究中特別重要的課題（黃政傑，2003）。

尤其社會政治力量對教育改革有著相當的影響力，許多學者紛紛從學理上解析教科書的霸權、控制、與意識型態批判，提醒教師批判地反思教科書內容，並鼓勵教師對教科書能夠進行「再概念化」（周珮儀，2001；范信賢，2001；錢清泓，2002）。在一個多元開放的社會，面對各種權力關係錯綜複雜的交織影響下，不但課程學者應深入批判地探究教科書的知識結構、內容形式、價值、意識型態與研究範式，教師們也亟需一套「批判的」教科書分析方法，以便檢驗社會政治勢力如何在課程知識上運作。這樣的檢驗也就是一種教科書政治（the politics of textbooks）的分析。

教科書政治對師生的認同政治（identity politics）有著相當重要且複雜的影響力。教科書與其他課程產物一樣，都是優勢群體界定合法性知識，並部分透過國家審定來進行販售，這些內容與形式都將在學校內透過課程制定與教學不斷被建構出來。因此，教科書與課程材料都是社會運動下進行霸權爭奪的權力關係之結果，包括族群、社會階級、性別與宗教的文化產物（Johnson, 1986/1987）。而這些內容與形式可能涉及某些群體的旨趣及其意識型態，亟需批判性的檢視以解構課程中如何展現這些知識，將讀者置於何種地位，以及關於教科書文本如何敘說這些霸權論述。然而，反觀職場上的教師，是否具備批判教科書的能力呢？許多學者根據研究指出，教師對教科書有著如影隨形的依賴（歐用生，2000），教師的思維體系呈現高度的工具理性色彩，關注課文內容的精確度，教師如同課程的忠誠執行者而非質疑者，因而扮演著文化再製的催化者（姜添輝，2003）。這些研究結果反映了教師普遍缺乏質疑課程及批判教科書的能力。因此，如何讓教師批判性地面對教科書中呈現的知識，便是個相當重要的議題。

面對教科書的綑綁，批判社會研究取向（critical social research approach）非常適合檢視教科書論述。此研究取向可以用來檢驗教科書政治，因為批判社會研究試圖使用批判辯證的觀點來挖掘社會結構表面下的特殊歷史與壓迫性（Harvey, 1990），這也就是對教科書政治中的權力牽制之分析。教科書政治的分析中，最有意義的是能夠揭露隱藏於社會事件背後的實體，因為，批判社會研究者拒絕將社會的結構、社會的過程、現有的歷史視為理所當然（Harvey, 1990）。因此，如何讓教師批判性地面對教科書反映出的社會結構、社會過程與歷史，便需要一個批判的教科書分析方法論，藉以解構教科書中的課程知識與社會結構。

參、透視教科書：破除專制、解構官方知識

　　教師如何破除教科書專制現象？若能找到一個透視教科書的批判分析架構，便得以解構教科書的官方知識。茲先探討教科書分析的重要性，並針對教科書分析方法論的演進逐一檢視，提出批判論述分析的可能性。

一、為何分析教科書？破除教科書專制的重要性

　　分析教科書知識，是了解課程的途徑之一，因為教科書是課程領域的一項重要指標，教科書反映了課程領域所欲涵蓋的旨趣與範疇（Pinar et al., 1995）。教科書分析對於當代課程研究的重要性，不在於重述教科書對教師教學的重要性，而是對學校課程的知識基礎進行反思，並從教科書分析來看出課程研究者的共識。Pinar, Reynolds, Slattery 和 Taubman（1995: 17）指出，由於近二十年來課程研究典範的遷移，從教科書研究中發現課程領域此一範疇的破碎分裂（fragmentation），極少有共識可言。過去傳統的課程理論如 Tyler 的工學模式認為，教科書係有系統地陳列所欲傳遞的客觀的、中性的知識，然而近年來課程社會學者指出，課程不可能是中立知識的組合，而是權力競逐的結果，因此，教科書是政治性的，其內容知識必然符應了某優勢社群的意識型態（姜添輝，2002；陳伯璋，1988；詹棟樑，1989；歐用生，1985；Altbach, 1991; Apple, 1990; Aronowitz & Giroux, 1985）。在這樣的典範遷移之下，近二十年來的課程論述內涵已經傾向對於課程實踐的知識社會學進行批判，然而在質問「誰的知識最有價值」之後，並沒有對課程發展中的知識假設進行知識本質與來源的分析（甄曉蘭，2004）。

　　因此，教科書知識分析對課程研究的貢獻，在於能夠批判地檢視學校安排於課程中的知識基礎，從中可揭露當代課程研究的潮流與典範。許多實證研究指出，教科書受到優勢社群的操弄，而所謂優勢社群，則包括執政者於政治優勢、男性優勢、中上階級、多數族群、主流宗教等，教科書所納入的知識無可避免地符應這些優勢社群的生活世界、文化與價值觀（姜添輝，2000；Sleeter & Grant, 1991）。因此，教科書的分析與研究對於課程知識的檢視顯得特別重要，如何避免不當的性別、種族、宗教與政治意識型態的涉入，是教科書政治關注的問題（顏慶祥、湯維玲，1997）。社會領域教科書政治的議題需要透過系統性的方法來進行教科書批判分析，方能解構充斥於

課程知識之中的文化偏好、意識型態與政治性意圖，喚起教科書使用者的意識覺醒，能跳脫教科書的霸權，獲得社會重建的視野。而對於社會領域教科書分析若能建立一套系統性的知識分析方法，也是對課程研究的一大貢獻。

二、如何分析教科書？教科書分析方法論的匱乏、借用及其演進

　　怎樣的分析方法，才能夠解構教科書中的課程知識並具有社會重建的功能？首先對國內外教科書分析研究進行檢視，發現教科書分析方法論的匱乏後，進一步探討教科書分析的方法論借用及其演進。

　　國內目前有相當多層面的教科書研究，例如：教科書編審過程、版本比較、教科書採用原則、教科書使用情況、教科書的編排與內容可讀性、教科書的內容分析、教科書的意識型態批判等，惟在教科書分析方法論方面缺乏研究。現階段多數教科書分析所使用的方法，以內容分析法為大宗，但無論是量化的內容分析（宋銘桓，2004；黃婉君，1998；歐用生、李麗卿，1998）或質性的內容分析（王前龍，2000；呂枝益，1999；單文經，2000；譚光鼎，2000），大部分的做法是將課文內容分成若干類目，進行主題式的解讀與批判，藉著陳列教科書所選擇類目的屬性與多寡來推估課程知識偏重何種文化與意識型態；亦有針對教科書中心思想予以批評（蔡清田、陳正昌，1989）。這些教科書研究惜未系統性的探討教科書分析方法論，對於所使用的分析架構亦未詳加陳述。此外亦發現，國內在教科書分析方法論的研究，並沒有專文探討。部分研究對教科書的意識型態批判分析途徑有側重介紹，然而，為教科書分析簡介方法論者（周珮儀，2003）卻無實證分析佐證之，而進行教科書實證分析者（王前龍，2000）則沒有清楚交代分析的方法。

　　國外研究亦然，回顧過去教科書分析的歷史，嚴格說起來，課程學者並不重視如何分析教科書。儘管事實上對於教科書的調查從來都不乏各式各樣的內容分析，例如：教科書的發展、銷售、應用、設計、學科知識、意識型態，以及潛在課程等（Apple & Christian-Smith, 1991），教科書分析卻一直是個邊緣領域，特別是在社會科學與教育研究中關於教科書方法論的英文出版品，非常匱乏（Pinson, 2000）。由於社會不斷的變遷，教育改革的浪

潮不斷，教科書因此經常推陳出新，對教科書進行評鑑與分析的研究也從來沒有間斷，然而，探討教科書分析方法論的研究卻非常稀少。最主要的原因是，傳統以來分析教科書的方法總是挪用社會科學的方法，最典型的方法論取向有三：量化的內容分析、描述解釋的分析方法、質性的分析方法。然而，這些都僅止於教科書評鑑的技術性借用，教科書分析始終缺乏方法論與理論上的合理性基礎（Bourdillon, 1992; Johnsen, 1993）。Weinbrenner（1992）綜論教科書分析，認為教科書的研究在三方面不夠嚴謹也不算完整。第一，目前並沒有廣為接受並且詳細的教科書理論；第二，關於教師與學生在學校上課與下課之後如何使用教科書的相關研究非常有限；第三，對於教科書評鑑尚未有可信的方法與工具。鑑於目前分析教科書的方法實則借用社會科學所發展的實證研究為基礎，Weinbrenner 的結論是：教科書分析缺乏方法論（Weinbrenner, 1992）。

　　儘管如上所述，在面臨教科書分析的方法論匱乏的困境之際，內容分析倒是最為廣泛使用的教科書分析方法，以下茲從教科書分析方法的借用與演進分別說明之。傳統歷史以來教科書的分析大半被量化內容分析的取向主導，內容分析係指對於文本與內容加以計量的方法。量化的內容分析主要是針對教科書整體加以計算某內容出現的次數，Gilbert（1989: 63）批評這樣的取向不但在理論上有過度化約之嫌，在方法論上亦顯得膚淺。這種方法忽略了文本的特殊性與品質，以及究竟出現此內容含有何種意義。關於意義的探索，唯有透過分析文本呈現的型態與總體性，藉以了解各種詮釋多重含義的可能性方能達成（Titscher, Meyer, Wodak, & Vetter, 2000: 62）。因此，雖然量化的內容分析可以找出內容重複出現的類型與規則，但是文本與內容本身具有流動性質（fluidity），要能夠妥切地對於文化理解進行詮釋，則需倚賴質性的內容分析（Ericson, Baranek, & Chan, 1991: 50）。比較爭議的是對於教科書分析的內容呈現同時採用質性與量化分析之取向，此種方法論的結合被認為有爭議且懸而未決（詳見 Weinbrenner, 1992）。

三、批判論述分析的崛起

　　特別是關懷文化政治的批判社會研究者，更應該重新辯證教科書中的合法知識，因為這些合法性的知識很可能僅僅是不同階級、種族、性別、性

傾向和宗教團體之間複雜的權力關係與權力鬥爭的結果（Apple & Christian-Smith, 1991: 1-2）。因此，要進行深入的教科書分析，不該過度簡化文本只分析文本的表面，而應該進入複雜性的層面，把文本置於原有的社會脈絡下去檢視。為了清楚解釋教科書的內容與脈絡，Philip Mayring 建立了一個包括三個分析過程九個階段的質性內容分析模式（詳見 Titscher et al., 2000），其分析程序較重視文本意義的詮釋性理解，這對教科書分析的研究別具意義。然而，其質性內容分析取向僅止於文本意義的詮釋與理解，並未針對文本進行批判，也就是說，對於文本與權力關係、意識型態的操弄關懷不足。教科書政治的分析需要一種迫近文本本身，能夠在社會文化脈絡中提供批判的文本意義的教科書分析方法。誠如 Gordon（1988）辯稱，學校與教育本身就是一種文化文本，這樣的文化文本具有相當的深層意義，而這樣的深層意義，則是在其所屬社會用它自己閱讀的方式來詮釋自己的經驗中所形成的。因此，要在當代社會文化脈絡之下分析教科書，必須要兼具詮釋性與批判性，才能夠解構課程的潛在假設、揭露教科書論述中與政治、文化、歷史的關聯性。為了達成此目的，批判論述分析或許是一種可行途徑。

* 本章改寫自兩篇文章：王雅玄（2012b）。教科書專制 —— 一個局內人揭露教材如何暗中破壞改革。**教科書研究，5**（2），153-164。王雅玄（2016）。「批判教科書研究」方法論探究。**課程與教學季刊，19**（3），27-54。

第 二 章

批判研究方法論

我們必須承認課程領域是根基於社會控制的土壤中。

〜Michael Apple（1990）

「教科書有問題嗎？」

「教科書為何需要研究？」

「批判教科書？這樣好嗎？批判了教科書，那要怎麼使用教科書？」

有多少學生，在數十年的求學生涯中可曾想過這個問題？

有多少教師，在數十年的教學生涯中可曾有過這個疑惑？

教科書是經過國家審查與學校選用，像是被掛保證的優良產品，又是教育各階段中的考試基礎用書，因此教科書的內容彷彿是毋庸置疑的。多少師生，在使用教科書的數十年生涯中不曾質疑過教科書，因為教科書是教與學最主要且最信賴的工具。這或許是因為教科書內容比較簡化，精簡的內容容易授課，容易搭配進度，因此教科書是相當便利的。

教科書研究的正當性已獲官方承認，從過去的「國立編譯館」主事中小學官方教科用書的編撰，到今日的「教科書研究中心」主事審查各方出版的教科用書，並研發出版各類教科書研究。這些關於教科書研究的價值不外乎提升教科書編纂者改善教科書的嚴謹程度，但對於教學者與受教者而言，既定的教科書究竟包含哪些內容已經不是師生足以決定，更重要的一環是針對既有的教科書內容進行批判。

隨著時代氛圍開放，許多師生都逐漸察覺到教科書中似乎有種「幽靈」

（ghost）（Doll, 2002）主導著我們的思想，特別是歷史教科書文本已被廣泛關注，無論如何敘寫總會有知識篩選的問題、隱含政黨立場的問題、忽略時空脈絡的問題。教科書係人為篩選後的內容，通常會精簡呈現、儘量避免爭議內容，使得學生對事實只有片面的了解，無法認識事件的真相；而人為篩選過程中則容易外加政治目的或其他意識型態而不自覺，因此教科書無法客觀中立。當教科書未能完整呈現史實，又不被審視檢討的時候，偏狹知識則可能被教學者照單全收地傳授給學生。批判學者指出，教科書是一種文化傳播媒體，而媒體是一種全能的宣傳工具，也隸屬於那類無懈可擊的洗腦的公共領域，人們操弄媒體，媒體也操縱人類；媒體提供了文化架構，維持其特殊的世界觀；媒體是社會文化架構的創造者，為好壞是非刻板印象定型；媒體提供文化共識的定義，製造全國共識的假象與控制了我們的意識型態（Billington, Strawbridge, Greensides, & Fitzsimons, 1991）。針對教科書批判的研究核心，本章回答以下問題：

1. 教科書何須批判？教科書有哪些問題？
2. 教科書批判什麼？教科書批判的內涵為何？
3. 教科書如何批判？教科書批判方法有哪些細節？
4. 教科書何處批判？教科書批判的範疇為何？
5. 教科書批判之後？教科書批判有哪些建設性效益？

壹、何須批判？教科書批判的假設

何謂批判？批判不同於批評，批判需有個客觀的立足點，亦即在某段時間、空間、背景、條件下，它應該如此或它不該如此，找出事物中之疑點，而嘗試提出改進（Freire, 1970）。何須批判？批判，就是揭露問題。如果教科書沒問題，就無需批判。所以，教科書批判研究的假設是，教科書必然有問題。那麼，教科書會有哪些問題呢？

一、時代脈絡的問題

無論教科書是由專家學者或國家政府編寫，其中必然包含主觀的意識或目的，教科書無法客觀中立。教科書的內容常是為配合社會、政治、經濟、

文化發展的需求，例如：爭議不休的國文課本中白話文和文言文的比例分配、歷史課本中臺灣史與中國史的比例分配、鄉土語言課程中閩南語、客家語、原住民語或東南亞語言的教學，這些議題除了與時代變遷會有不同學習需求有關，也可能與政黨輪替下執政黨的政策有關。最重要的是，教科書內容通常只能反映出過去可被接受的知識內涵，當代或未來最先進的知識來不及置入，因此，教科書內容受限於時代脈絡相當具有選擇性與侷限性。

二、價值篩選的問題

教科書是篩選過的教材，它可以過濾掉違反善良道德的觀念，也可以淘汰不正確或過時的知識，但它同時也反映著社會主流的價值觀、優勢階層的利益，及國家意識的傳達等。Apple（1999）提醒我們要質疑，教科書傳達的是誰的知識？又，誰的知識最有價值？教科書中的知識是如何分類及分配？其中隱含哪些意識型態的問題？Apple 所謂的「誰」，指的是既得利益者，通常是主流群體，以美國社會而言是白人、中上階級、男性。由於教科書是官方主導，因此必然存在著許多有形、無形的價值色彩，需要不斷地被檢視。例如：性別觀點的差異是價值篩選偏頗的根本原因，課本中的敘述或插圖常見醫生、司機等職業是男性，而護士、幼稚園老師是女性；楷模人物幾乎是男性，女性的成就和貢獻被忽略或隱而不提。另外，教科書常以多數族群觀點來詮釋事情，如臺灣的漢人觀點、美國的白人觀點，或以西方霸權的觀點看世界、以臺北觀點看臺灣等，這些都會讓少數族群及相對弱勢的地區的權利和歷史幾乎在教科書中噤聲。這些偏頗的價值色彩皆會對學生產生潛移默化的影響，因此教科書的批判更形重要。

三、知識簡化的問題

早期人們從生活經驗獲得知能，以適應生活所需，於是後來有了學校的設立，由教師選擇最適合生活需要的、有價值的經驗來教導學生，因此教材是人類生活、學習經驗的精華，也是人類文化遺產的結晶（陳嘉陽，2004）。然而，當我們從生活經驗的精華轉化為知識的過程中，簡化是其中的一個步驟。Apple（2000）指出，知識的轉化以三種方式進行：其一是文本改變與其他文本間的位置；其二是文本藉由選擇、簡化、減縮和精煉化

而被修正；其三是文本被重新定位和確立重點。Bennetta（1997）進一步發現，教科書簡化（dumb-down）的過程是漸進的，教科書經常會簡化那些費時費力理解的概念，其次會簡化一些原本比較複雜的句子或詞彙，儘量讓文辭顯得簡單、文句較短、簡化風格，最後還會使用圖照來取代一些書寫的材料，但這些圖片通常成了裝飾點綴。甚至，近年來更發現，為了讓美國學生顯得聰明些，於是必須簡化教科書，簡化教師所教的內容，好讓學生表現得還不錯。然而，Tanner（1999）認為簡化使得教科書僅剩下那些絕對客觀的知識內容，為了避免抗爭而逃避有挑戰性的爭議議題，教科書通常呈現普同性共識，知識內容限縮於安全範疇。如此一來，學者也進一步發現簡化課程的政策根本不管用，因而建議教科書編寫宜以作者自身專業為主，有助於增加深度並呈現多樣性的選擇（王雅玄，2012b）。

四、文化再現的問題

　　教科書研究從教育制度的制定與實施到教材內容的編審與運用，呈現出時代脈絡的變遷與知識的篩選與簡化之時局調整與修定。另外一個更深層的面向是文化再現的問題，教科書確立時代脈絡所需並選定知識之後，究竟再現了怎樣的文化意識？例如：張恆豪、蘇峰山（2009）分析國小教科書如何再現身心障礙意象，發現多呈現肢體障礙缺乏心智障礙；指稱方式從「殘廢」轉變為「（身心）障礙者」；課本呈現強弱兩極化的障礙者意象，不是可憐需要幫助就是勵志超越常人；障礙被定義為個人問題，忽略社會問題；缺乏身心障礙者的聲音與世界觀，也缺乏障礙者的異質性及多元文化觀點的討論。又如，王韶君（2014）發現日治時期國語教科書將具有漢文化身分的中國人物，如孔子與鄭成功編寫成符合皇國精神的忠孝真諦；隨著日本在中國戰事的擴張，又將中國再現為被日本國境收編的北方邊界——滿洲國。而王雅玄、彭致翎（2015）也發現，美國中小學社會領域教科書將臺灣地理再現為「依附中國」論述、臺灣歷史再現為「分裂中國」論述、臺灣政治文化再現為民主自由開放多元的「脫離中國」論述、臺灣經濟再現為「超越中國」論述；整體臺灣意象則多蘊含殖民、邊陲、奴僕、排除等「他者論述」。這種針對文化再現的問題反思有助於抵抗西方霸權的集體認同，進而有機會進行重構。不過，近年來多元文化已成全球趨勢，多元文化素養是教師必備專

業，檢視教科書中的多元文化文本也發現香港和臺灣社會都已融入多元文化議題（王雅玄，2020）。

綜上所述，教科書可能隱含時代脈絡的問題、價值篩選的問題、知識簡化的問題、文化再現的問題，所呈現出來的是非中立的課程，是由知識上位者利用其優勢主宰教科書內容，透過合法化轉化為知識上的霸權。因此，儘管今日是一綱多本的教科書開放政策，已不同於以往一綱一本獨尊天下，但教科書的問題仍存在，故教科書批判自有其價值存在。

貳、批判什麼？教科書批判的特殊性

教科書批判的研究對象是教科書本身，舉凡教科書文本編寫、教科書的制定過程、教科書的選用過程，這些都算是教科書可以聚焦的重點，然而，無論是文本編寫、制定過程、選用過程，這些不同層面所涉及的焦點卻都是一樣的，也就是意識型態。

一、教科書充滿文本符號、文本符號傳遞論述

沒有符號，無法互動。人類的互動藉由符號，舉凡面部表情、肢體語言、口語圖片或書寫文字都是符號。教科書就是各類符號的集合，因此，教科書充滿足以互動的文本符號，文本符號串聯成論述進一步向人們傳遞思想。意識型態常常被表述或再製於溝通與論述中，包括非口語的符號訊息，例如：圖畫、照片、電影；意識型態也被以行為或互動的形式演出，意識型態的再製經常嵌入組織機構脈絡中。在這樣許多不同形式的再製與互動中，論述在意識型態命題扮演了顯性、口語形式與說服溝通中最主要也最常有的角色（van Dijk, 1995）。因此，教科書中的文本符號傳遞了形形色色的論述。

教科書研究者應當深度看待口語或文本的作用。van Dijk（1995）相信口語或文本都具有受意識型態控制的論述結構，呈現在字形語音學上的表面結構與語法語義結構，並且在有偏見的心智模式中有類似的表達類型與策略。表面結構暗含主要信念，語法組織可能傳達出社會成員組織角色的偏見心智模式，例如：人們會循著內心隱含的意思調整說話的用語和句子組織，

使之委婉看似中立客觀。語義方面的形式則會強調我群的善意行為與他群的負面行為。這種我們與他們的意識型態衝突的論述展現在很多方面，如說話聲調與強調、語法、字彙順序、語義否認。

　　教育脈絡中充滿論述，教科書尤然。每個論述代表一種或多種意識型態，作為規範人們社會實踐背後的文化政治。Luke（1997）指出，社會機構如學校都是由論述構成的。論述決定了在這樣的領域中，什麼可以被述說、被思考、被進行。後結構主義者的論述理論檢驗論述如何形塑人類主體的認同與實踐；傅柯的歷史作品分析論述的歷史形貌如何建構人類新主體；論述不是那麼顯而易見，而是被制度化了的，其包含特殊性的類別，能夠分類規定人們的認同、形體、公私領域的空間，以及在不同知識權力關係中的社會實踐。所有社會科學研究取向的本體論與認識論，都是論述的一種形式，所有的研究都是從某個特殊歷史知識論觀點針對一系列文本的閱讀與重寫。因此，所有社會學家所研究的社會事實都是研究者自己的論述與命名結果。

　　Giroux（1997）也認為教育通常被置入很多意識型態，特別是科技宰制模式主導了主流改革與教育計畫結構，教育課程多為實務性，少啟發性的課程，傳統以來均重視學校管理議題，強調規範與文憑，因此，教師行為逐漸標準化，這使得教師忽略身為公共知識分子，教師應當具備教育學生成為批判公民，也因此更需具備敏感的政治和倫理角色。社會上的主導勢力傾向將文化差異的現象給同化，鮮少注意學生承載不同社會的記憶，忽略了給予學生權力去追求自我決定與再現。過去教育者為了維護自己的專業性、科學性、客觀性，於是不願碰觸文化、知識與權力關係的問題。學校預設好了什麼是學生的文化認同與民族認同。學校教育是某些特權的空間，助長了不平等、他者的隸屬性，嵌入了主流文化資本的形式，肯定歐洲中心、父權主義、中產階級的歷史、社會認同與文化經驗，充滿了歧視與壓迫。

　　因此，沒有任何教育真理或實踐可以不研究論述。所有政策宣言、教科書或教室中面對面的談話，都是為了社會權力資本奮鬥的不同歷史階級文化旨趣所做的異質性解說。這些類似象徵暴力的複雜過程，需要針對特殊性、本土性的機構進行論述分析（Luke, 1997）。換言之，論述研究不能僅僅簡單分析文本表面的意思，必須置入文本產出的社會脈絡中才能呈現真實意義。

二、教科書文本承載文化意義、文化意義潛藏意識型態

　　教科書文本潛藏了意識型態，在此前提之下，教科書研究者需要分析意識型態，因為它是作為群體關係的社會結構與個人思想行動論述之間的社會認知介面。教科書分析中，類目架構是個關鍵工具，類目之所以重要，因為它會決定了分析的方向。由於教科書中的意識型態通常是刻意篩選的社會價值，或是由群體的個人基模不自覺所組織而成，在此基模中，類別（categories）扮演非常重要的角色，例如：認同、任務、目標、規範、地位、資源。這些意識型態有其社會功能，影響社會互動與合作、群體凝聚力、社會成員朝向共同目標的組織行為（van Dijk, 1995）。因此，類別左右了社會成員的行動方向，類別就是類目，不同類目的意識型態各自有其重要認知功能，其組織了社會成員的集體態度、監督其學習與改變。

　　論述的意識型態透過心智模式的控制來運作。要進行足夠的意識型態分析，我們需要考慮論述結構與意識型態結構的不同介面，特別是論述與社會之間的關係。意識型態透過模式「間接」控制人們的知識與態度，模式為個人經驗這些社會實踐的心智再現。這些模式受控於社會成員的生命經驗，以及其他成員的社會認知。模式控制著人們如何行動、說話、寫作、理解他人的社會實踐，這就連結了所謂個人與社會、微觀與鉅觀的分析，如表 2-1 所示（van Dijk, 1995）。

　　換言之，意識型態位於社會成員心智結構與社會結構之間，使社會成員可以將自己的社會特質轉譯成作為日常生活經驗模式的知識與信念，也就是行動與論述的再現。因此，意識型態藉由控制個人對於社會實踐的計畫與理解，也就控制了文本與話語。然而，意識型態僅能界定解釋社會成員共同的社會實踐，在變異性方面，非主流群體或反對群體也有共享的意識型態，由於個人同時屬於不同群體，擁有許多不同或有衝突的意識型態，因此，個人的群體基模是動態的、辯證性的。意識型態部分控制了人們的言行，但是具體的社會實踐與論述本身需要透過人們建構他人社會實踐的模式來獲得優位的社會知識態度與意識型態。意識型態不僅意指信念系統或個人心智特質，也不只是意識規準或假意識，而是意指非常特殊的社會認知基礎結構，伴隨著特殊的內化結構和特殊的認知與社會功能（van Dijk, 1995）。

表 2-1　意識型態與論述：分析的層面

1. 社會分析
   - 整個社會性結構，如：國會民主制度、資本主義
   - 機構組織結構，如：種族主義的政黨
   - 群體關係，如：歧視、種族主義、性別主義
   - 群體結構：認同、任務、目標、規範、地位、資源
2. 認知分析
   2.1 社會認知
      - 社會文化價值，如：智商、誠實、團結、平等
      - 意識型態，如：種族主義、性別主義、反種族主義、女性主義、生態學的
      - 態度系統，如：關於平權行動（affirmative action）、多元文化主義
      - 社會文化知識，如：關於社會、群體、語言
   2.2 個人認知
      2.2.1 普遍性（無脈絡）
         - 個人價值：個人篩選社會價值
         - 個人意識型態：群體意識型態的個人詮釋
         - 個人態度：個人觀念的系統
         - 個人知識：傳記史資料、過去經驗
      2.2.2 特殊性（脈絡中）
         - 模式：特殊時事事件的事後回溯再現
         - 脈絡模式：演說脈絡的事後回溯再現
         - 演說行動與論述的心智計畫和再現
         - 模式文本意義的心智結構：文本基礎
         - 論述結構的心智策略性篩選（風格等）
3. 論述分析
   - 文本與話語的各種結構

資料來源：整理自 van Dijk（1995）

　　綜上所述，我們可以了解為什麼許多教育社會學家紛紛指出教科書意識型態分析的重要性。英國 Bernstein、法國 Bourdieu 都認為學校教育中的課程教材與內容，通常只反映優勢階級的文化資本與語言形式；美國社會

學家 Bowles 與 Gintis（1976）在《資本主義美國的學校教育》（*Schooling in Capitalist America*）提出符應原則，說明教科書再製社會階級不平等；美國批判理論家 Apple（1999）在《意識型態與課程》（*Ideology and Curriculum*）一書中，提出教科書不是客觀的材料，而是價值認定的範例，也就是意識型態的製造廠或競技場。眾所周知，教科書暗藏無形宰制的幽靈，編纂者無論有意或無意都無法避免意識型態的作用，當我們藉由政策主導形成的官方知識，再透過各式明確的分類使之變成一種有規則、標準、機械化的知識，其內容引導學習者的是預設成果與僵化知識，讓學生在一個封閉的跑道按路徑完成目標，由於權力支配現象，造成意識型態的宰制，阻礙學生對真實知識的獲得，也造成權力決定知識的範圍及發展。

參、如何批判？教科書批判的研究方法

　　以上教科書必然存在某些意識型態的假設若是成立，那麼教科書就需要被批判。分析意識型態等於是分析論述，也就是分析社會實踐規約背後的文化政治。通常，教科書批判並不使用量化分析，因為量化分析主要是統計特定的詞彙、名稱、地點或日期出現在文本的頻率，涉及特定主題、事件的空間分配，提供一個廣度的分析，但本身沒有深入去解釋文本的價值觀，因此，教科書批判多使用質性分析，以深入了解資訊在文本中呈現的方式。

　　使用質性方式進行教科書批判的方法，也有相當多種類。Pingel（1999）指出多種分析方法，例如：解釋學分析可以用來發掘教科書中潛在意義和訊息；語言學分析用來檢測字詞和術語意義的爭論；跨文化分析用來進行兩國或多國教科書的比較檢驗研究以找出偏見；話語分析可以解構教科書內容以識別那些資訊、團體或事件被作者視為理所當然或不重要的價值觀；可能性分析結合質性和量化技巧去分析代表性的文字和圖像。Nicholls（2003）補充了以下幾種教科書質性分析方法：史學分析探討教科書以何種方式傳達歷史學科；圖像分析評估影像、圖表、地圖使用的方式；問題分析評估文本的問題是否能促進學生的記誦或批判性思考；批判分析識別並揭露教科書描繪的不平等社會關係；結構分析探討歷史事件和過程是如何被構成或傳達沒有被提及的事物；符號學分析識別文本中標示和示意符號以做文化上的推論。

　　在眾多教科書批判研究方法中，批判論述分析（critical discourse

analysis, CDA）的發展最為顯著，從 1950 年代發展於歐洲，近十年才引進臺灣，迄今已經發展出詳細而具體的研究步驟（王雅玄，2013a），其研究立場特別關注論述如何結合歷史脈絡來再製社會上的支配關係，抑或如何去挑戰這宰制行為。因此，CDA 可說是針對教育文化的研究方法論，能批判解構充斥於教育文化場域中的意識型態，揭穿滲透於教育脈絡中的論述之知識選擇過程與價值信念系統。Luke（1997）說得好，學校這種機構就像控制論述資源的守門人，每天在話語、文本、風格、語彙及語法建構上的語言使用，都可能與社會平等息息相關。論述和語言在每天的生活中被意識型態所運作，他們被使用在促進非對等的權力社會。因此，CDA 的任務兼具無建設性和有建設性的。無建設性的時刻裡，CDA 意圖回報並干擾我們每天說和寫當中難解決的主題，使之和權力關聯；建設性的效果則彰顯在批判讀寫課程的發展，期能擴展學生在批判和分析論述及社會關聯的學習能力，並有助於論述資源的公平分配。

　　批判論述分析最主要的單位是文本。文本是存在於社會性活動、有目的性、前後一致的或說或寫的語言使用，確切的文本風格形式提供約定俗成的社會使用和功能。因此，CDA 適用的分析範圍相當廣，包括正式寫作（商業用書信、體裁、政策及教科書）、面對面互動（臨床交流、服務交流、教室課程）以及多模式的、視覺的、電子的、手勢的文本（互聯網頁）。伴隨諸如與社會或文化有關的活動、風格，充滿精力並且持續地對革新產生臣服作用（Luke, 1997）。

　　以歷史教科書分析為例，重點是如何透過「我們」對外來者（如英國和歐洲殖民者）之於讀者所產生的定義和定位，帶著問題指引讀者分析和行動（如在閱讀後試著回答問題）。這些介於讀者和作者、學生和教科書之間的詞彙和語法的選擇，建造權力和政府特殊機構的不同關係。CDA 運用在文本分析的不同學科之間的技巧，可以觀察出文本是如何建構其對世界的呈現、社會一致性和社會關係。CDA 可分析政策文本、官方文件、教科書、教師指引和學生的寫作，也已被運用在觀察正式和非正式說話文本的範圍，包括教室裡的言談、行政的公開談話、參謀室的談話和父母與教師之間的訪談。一些學校知識的社會建構研究嘗試越過學校系統的文本範圍，以追蹤不一樣的論述（Lee, 1996）。此種 CDA 研究設計已被許多歐美國家研究者運用，在文本分析過程可能會使用不同的分析工具，但都融入於整體的社會理

論架構和社會學問題之中。

肆、何處批判？教科書批判的研究設計

教科書何處批判？隨機抽樣批判一本教科書能夠彰顯所欲批判議題的價值嗎？怎麼做才能凸顯出批判意味？也就是說，教科書批判需要有範疇嗎？需要進行妥善的研究設計嗎？需要嚴謹的研究架構嗎？試想，倘若一份研究僅僅批判一本教科書會有何問題呢？通常進行教科書批判就是要指出問題，如果研究設計本身缺乏系統性的規劃，那麼批判將可能冒著斷章取義或以管窺天的風險，而降低教科書批判研究的價值與意義。

考量知識簡化的問題，教科書批判範疇通常是系列的、成套的教科書。當研究者批判一本教科書缺乏某種知識，那麼這類知識可能呈現在同系列的另一本教科書，因此，教科書分析最好鎖定成套教科書。成套系列教科書意味著完整的知識系統，因此教科書批判的基本範疇是成套教科書，在此原則下，教科書批判範疇的設計尚可參照既有的課程綱要或能力指標進行學科專業知識內容的核對。

考量時代脈絡變遷的問題，教科書批判範疇很適合設計為綜覽教科書出版時間的縱軸分析，例如：分析臺灣百年教科書國族論述的變遷、臺灣解嚴前後教科書族群論述的變遷、臺灣近五十年來教科書性別意識型態的批判，教科書批判需要完整理解意識型態的立場，進行較為宏觀資料的分析，更能凸顯其中的意識型態。

考量價值篩選的問題，教科書批判範疇可以設計為群體對照的橫軸分析。教科書進行價值篩選的檢視時必須考量不同群體，例如：進行不同出版社的比較，以及教科書中如何篩選不同性別、階級、族群、宗教、國家、特殊性者的價值（Banks, 1999），這些都符合 Apple（1999）提醒我們必須質疑教科書傳達的是誰的知識？誰的知識最有價值？

考量文化再現的問題，教科書批判範疇可以設計為理論驗證與語言學的深度分析。文化再現所欲表達的意識型態會透過一系列符號的選擇與組合而表現出來，因此，思維地圖彰顯在語言系統中，語言系統則化身於所選的圖片、文字、形象中（Hall, 1997）。例如：教科書批判文化再現的研究可以針對某些特殊群體的形象如肥胖者，驗證是否文本再現的形象具有 Goffman

的汙名理論（參見王雅玄、陳亮君，2010）；或者站在批判的立場檢視文本是否充斥他者理論或後殖民理論等。

綜上所述，由於教科書批判就是找問題，由於教科書本身存在著時代脈絡的問題、知識簡化的問題、價值篩選的問題、文化再現的問題，因此，建議教科書批判研究者根據研究焦點考量的核心，嚴謹規劃出一個系統性的教科書批判範疇與設計，才能從完整的分析架構中進行合理的批判。

伍、批判之後？教科書批判的建設性

許多研究者在尋找教科書研究題目的過程中經常被質問：「你分析這些文本，然後呢？」這句問話的背後是質疑教科書分析有何價值？問這句話的人數一多，顯見的是教科書分析的地位尚未穩固。鮮少聽見有人質疑研究教育哲學有什麼用？有誰問過發放教育問卷跑統計之後有什麼用？又有誰會去質疑教學行動的價值？教育哪能立竿見影，學生有學習效益也不盡然是教師這一學期的教學置入產生的成效。可是，諸如教育行政、教育哲學、教學實驗……這些教育領域中的傳統主題被視為理所當然，反而作為教與學最核心的教科書研究卻常被質疑，分析出龐大的結果要做什麼呢？同樣地，進一步詢問教科書批判之後要做什麼呢？我們必須找出批判之後的建設性行動。

很多學者批評批判理論家總是破而不立，只拔草不種花的隱喻暗示批判理論缺乏建設性效益（Eisner, 1992）。教科書批判算是一種文本解構的層次，教師若能進行教科書批判，才有機會成為轉化型知識分子，除了有能力在教學中轉化課程知識，也能夠鼓勵學生成為批判的知識分子。教科書批判之後有哪些建設性效益呢？

首先，Giroux（1997）深信教育研究就是文化研究，它反對教學科技宰制教育，因為教學是一種文化實踐，唯有透過歷史、政治、權力、文化才能夠理解。因此，他認為教師需要將學習議題與文化差異、權力、歷史相連結，也需要進行語言與權力之分析、語言使用與階級優越，揭露教科書中系統性的沉默、排斥、從屬團體，重定課程疆界，建立新學科甚至發展學生經驗為主的脈絡學習，教師應提供各種差異與各種可能性的語言以便因應複雜性。因此，教科書批判之後，教師可以發展後現代公民身分論述（a discourse of postmodern citizenship），指導學生成為一個活在歷史之內而不是歷史之外的公民，進而將民主、邊緣、邊境予以重寫，重寫歷史將帶來多樣認同與文化的文化創生，是激進的民主社會所必要的一種的社會形式。可以教導學生自我批判、質疑公共形式、指出社會不正義、突破過去暴政；教師可以教導學生發展批判與可能性的語言（A language of imagination as a language of democratic possibilities），使他們能夠重新思考結構、運動、當代事物秩序，避免野蠻與暴政。教科書批判可以讓教學者了解知識與權力的關係，學習與可能性的關係，重振公共生活。教學者若能透過教科書批判進一步理解文化差異在教科書文本的作用，便能夠提升教學批判素養，進行一種了解正義、公平與社群的較寬廣的論述（Giroux, 1997）。

　　其次，教科書批判主要著墨點是文化意識型態的批判。批判文化再現有何效益呢？Eliot（1948）曾在其文化研究筆記中討論區域的統一性與多樣性時表達對異質文化的重視，他說：

> 如果要文化能蓬勃發展，人們就不應過度分化也不應過度統一。
> 過度統一可能由於野蠻主義（barbarism），會導致暴政；過度分化
> 可能由於墮落（decadence），也會導致暴政（Eliot, 1948, p. 50）。

　　Eliot（1948）的文化生態學主張文化共生的觀念。文化不應統一，也不應完全疏離，應該交流、互惠。社會衝突的重要性在於衝突能夠帶來創造與進步。人類的發展依賴著人們生命相遇的差異性與共同性，衝突與交感。兩個文化的關係必然是由兩種相對的力量來互相制衡：相吸（attraction）與相斥（repulsion）。單單是一個統一文化的世界文化，必然將沒有一點文化。所謂共通文化唯有在多樣性的局部表徵才是實際的，我們應該邁向一種不會消滅其他地區特殊性的全球文化。

　　最後，教科書不僅教導了所欲傳遞的知識，其知識也彰顯了所欲宣揚的價值，其價值則提升了符應該價值的文化認同。因此，教科書是種認同的產物。Rutherford（1990）主張教育上應採取差異的文化政治，也就是反對同質性，批判本質主義（essentialism）的單一文化性，承認認同的不可共量性以及具有自主性的政治權利，更承認認同彼此之間的互相依賴與關係。因此，教科書批判另有檢視差異文化之認同政治的價值性。教科書批判可

以提供教科書編輯者相當多元的認同檢視，特別是教科書經常會迴避具有文化政治意涵的爭議問題，迴避了爭議問題而納入政治正確的論述難免有失公允，因此，教科書編輯者可以採用議題討論的方式列入爭議問題以引導學生思辨批判，而非全以避而不談的消極方式處理。例如：歷史教科書缺乏女性意識未能加入女性貢獻事蹟，女性在歷史中淪為陪襯附屬角色（蔣淑如，2012）。女性被社會輕忽這件事本身就是一個史實，但教科書從來沒有試著這樣正面誠實地陳述或說明。

綜上所述，教科書批判不僅批判了文本，也批判了結構。就好像批判論述分析事實上是要分析論述結構與權力結構的關係，例如：直接的言說行動如命令或指示用來行使權力，並用來執行宰制或再製宰制。研究者可能要檢驗文本策略中所使用的風格、修辭、或意義，以便揭露社會權力關係，看究竟再現於文本中的事件如何隱諱地賦予有權力的社會成員責任與能動性，或如何矮化他者。然而，宰制關係的再製過程是相當複雜的，社會不平等並非僅僅是由言說行動的命令論述就可以再製成功，有可能還要經過個體對於日常權力關係的同意與接受，例如：在老師與學生之間、家長與孩子之間、上位者與附屬者之間、政府官員與市民之間，所有文本脈絡（text-context）關係都可能會有權力濫用的情形或是執行權力的負面效果（van Dijk, 1993）。因此，除了批判教科書之外，教學言說、公共言談也都很值得進行批判分析。

* 本章修改自：王雅玄（2016）。「批判教科書研究」方法論探究。**課程與教學季刊**，**19**（3），27-54。

第 三 章

批判論述分析

> 論述在不同的知識與權力關係上，分類了人們的認
> 同、身體、私人與公共空間與社會實踐。
>
> ~Luke（1997）

「我本人對原住民是沒有什麼偏見啦！但是很多人都發現原住民……」

帶有意識型態的語言，即是論述。

論述分析，就是意識型態的分析。

上述言談潛藏著某種意識型態，表面上用中立的話語呈現，事實上要表述的是隨之而來的價值判斷，只是習於用中立的語言進行包裝。所以，常聽人說，聽話要能聽得出話語中的言外之意、弦外之音，因為，話語潛藏著意識型態，話語傳遞著某種論述，而論述的分析就是意識型態的分析。

論述分析的出現，主要原因之一是來自對目前教科書研究中意識型態分析方法的不滿，這種不滿係出自後現代主義對現代政治將意識型態作為政治分析的基礎有過於簡化的缺陷之不滿（孟樊，2001）。在所有研究領域的方法論中，教科書分析方法論最被忽略，儘管已有不少關於教科書意識型態的分析或評述，通常僅呈現部分課文內容直接詮釋解讀批判，未有系統性的步驟與方法。多有學者結合理論分析，例如：從 Foucault（1980）的知識／權力觀點來檢視教科書如何定義知識價值與使用何種論述呈現知識，此類分析的理論取向，其精神接近批判論述分析，例如：張錦華等人（2003）從多元文化主義類型檢視新聞採寫的教科書呈現何種多元文化觀點。然而，此

種挪用理論予以批判檢視僅能呈現解構課程知識與社會重建觀點，並未具體提出教科書批判分析的可用工具或架構。Mannheim 認為，知識社會學必須超脫以因果直覺與粗略論斷來做研究的階段（Mannheim, 1929/1998）。綜覽國內外教科書研究文獻，教科書批判方法論取向可以運用批判論述分析（critical discourse analysis）的內涵，來建構一個批判檢視課程知識的方法架構。本章突破教科書分析方法論匱乏的困境，旨在發展批判論述分析作為教科書分析的方法論。

壹、文本、語言、論述

　　《透視教科書》主要關注教科書的課程知識所欲傳遞的價值觀、意義與知識形式。透視，是看穿、洞察、揭露的意思，那些原本隱隱約約、不明白表露的文本，需要洞察才能看穿其語言背後傳達的論述。

　　教科書內容的分析必須透過教科書所使用的語言，也就是必然涉及文本及其語言分析，但最終是以論述為焦點。到底什麼是論述（discourse）？它跟文本（text）、語言（language）有什麼關係？文本最平常的用法是表示不同形式的書寫，在文化研究中則意指一種中心概念，文本是透過表意實踐產生意義的一切事物。因此，書、雜誌、衣著、電視節目、圖像、運動賽事、流行歌手都可以被視為文本（Barker, 2000/2004）。而如同 Barthes（1977）指出，一個文本並不是由排列出來的字詞、句子、或一段文字所表達出的單一絕對意義，而且，文本的意義也是不穩定的，因為文本的解讀需要讀者的文化經驗與社會符碼的知識，這些都隨著讀者的階級、性別與國籍而有所不同。據此，教科書中所呈現的知識形式是一種文本，而分析教科書文本，需要透過語言以解釋文本中的論述。

　　語言並非中立的媒介，特別是對價值觀、意義與知識的形構和傳遞而言（Barker, 2000/2004）。這樣的語言觀是 60 年代以後所出現的重大轉折，過去傳統的語言觀視語言為客觀世界的真實再現，語言與其所指合而為一，也就是一種邏各斯中心主義（logocentrism）。建構主義者開始認為語言並非反映真實世界，而是在建構真實世界。後結構主義者更認為語言終究會被用來實踐特定知識活動，變成某種特定歷史與權力支配下的論述（倪炎元，1999）。例如：當我們說「欣賞辣妹」或「他真的很機車」，這樣的話語事

實上是同一社會脈絡下的人們建構出來的用語，因此真實世界是被人們建構出來的，甚至這些話語被用來褒揚或貶抑某些意義，就成了特定歷史與權力支配下的論述了。

這種在特定權力關係的支配之下透過語言的操弄被生產出來的知識，通常稱為論述（discourse）（Hall, 1997）。根據 Foucault（1985）的論述理論（discourse theory），論述不僅是用以表象的工具，它還選擇性的將某一事物納入對象領域，也就是進入了某知識領域，於是在語言中得以陳述、表述成為話題，進入論述領域，其中存在著一系列複雜的機制，這些機制的運轉真正使得事物得以被說出來（王志華，2003）。因此，論述是有規範性的。Chris Barker 將論述定義為，語言與實踐，是一種被規範的談論方式，修飾、建構產生了知識的客體（Barker, 2000/2004）；換言之，論述就是一種被管制的說話的方式。

論述也具有正當性。王祖龍（2004）將「論述」定義為「一種非正式的約束與指引，它規定了事物是什麼，以及該怎樣去談論它。」他舉日前染金髮的流行文化為例，將染金髮解釋為正當性的論述，而染鮮紅或純白色的頭髮則尚未得到其存在的正當性。因此，論述具有指導性與約束性，而此二功能共同賦予了那些合於論述的人、事、物具有所謂的「正當性」（legitimate）的存在，在這樣的正當性之下，論述便包含了具有此正當性的人、事、物，相對地也排除了那些不具有此正當性的人、事、物，或是剝奪了他們的正當性。正如 Foucault（1981）強調，論述是由一個塑造程序的複雜系統規範起來的：

> 在每個社會中，論述的產生是透過許多程序來控制、組織起來，並重新配置的。而這些程序原則是用來防止其他權力與危險，以獲得各種機會事件的優勢，並可規避有形實體（Foucault, 1981: 52）。

誠如 Foucault 所言，這樣看似建立在中立客觀原則之上的論述，便統一了語言與人的實踐作為，也就是說，人們透過有規範性的語言，管制性地產生了知識，這樣具有某意識型態的知識便可以賦予有形客體與社會實踐某種意義。論述以一種可理解的方式建構、定義與產生知識的要素，同時也排

除了其他被理性認為不可理解的形式。根據這些可理解的知識要素與形式，論述規範了我們在一個社會文化情境下什麼是可以說的、誰可以說、什麼時候說、在哪裡說。一旦劃定了論述領域，人們便可在不同的地方討論同一個話題，還能夠帶入類似的主題、知識、實踐或知識的形式。因此，主體是受論述的規範力量支配的（Barker, 2000/2004）。這種論述的規範力量，在兩性論述中特別明顯，Judith Bulter 指出論述不只是我們用來了解有形物體的方法，且就某種意義上，論述也以特別方式為物質加入了觀點。例如：社會對男女兩性存有固定的性別角色期待，是被論述構成的，這種建構形塑了男女主體，並且化約了男女身體的性別社會化，因此具有生物性的男女身體並無法從這個規約體系中抽離出來，無法逃脫此種性別化的表意狀態（Bulter, 1993）。例如：「男大當婚，女大當嫁」就是個有規範性的性別論述。

簡言之，論述是社會、歷史和制度構成的產物，意義也是由這些制式論述中產生出來的（O'Sullivan, Hartley, Saunder, Montgomery, & Fiske, 1994: 93-94）。學校與大學就是由論述所組成，是產生論述的地方。論述產生了深層、制度的符號的結構階層，人們在既定的類別與有目的的歷史下加以定義與建構。這些論述建構藉由官方權威的「權力技術」與自我規訓的「自我技術」產生作用（Luke, 1997）。正因為論述帶有意識型態運作的功能，以及知識正當性的規範，它也隱含著一種權力關係，宰制了人們對於事物的思考、人們對於他者論述的看待，以及人們接受何種論述與意識型態。

貳、批判論述分析的典範

批判論述分析所謂的論述是什麼？批判又是什麼？儘管論述的定義有許多種，諸如書寫與口語的文本（Wood & Kroger, 2000），或是語言的產品、心理過程的結果，但是由於批判論述分析的理論根源於批判理論[1]，因此偏向將論述視為一種社會實踐，在社會動力學中扮演一個批判的角色（Fairclough & Wodak, 1997; Lemke, 1995; Potter, 1997; Reisigl & Wodak, 2001）。批判論述分析的批判有兩種意義，一為以 Jurgen Habermas 為主

---

[1] Titscher et al.（2000）認為批判論述分析的理論架構衍生自 Louis Althusser 的意識型態理論、Mikhail Bakhtin 的文體理論、Antonio Gramsci 與法蘭克福學派的哲學傳統，並且融合了 Michael Foucault 的思想。

的法蘭克福學派所謂的批判，意即，批判的科學要能反省其所奠基的旨趣（interests），另一層意義是批判語言學所強調的「在組織中的語言使用」，這意味著論述的存在不可能沒有社會意義（Titscher et al., 2000）。因此，批判論述分析係以社會學觀點來解釋論述，將論述的意義依照社會習性（social habits）來解釋，而不是依照個人的心志，此種立基於文本政治的觀點也是一種互文性（intertextuality）的理論架構（Lemke, 1995）。換言之，論述的意義是在文本之間相互作用關係之下的產物，而且是來自不同社會不同意義的脈絡。

　　書本作為一種論述的形式，其權威與意義是在一種磋商與使用的領域中被形塑而成（Foucault, 1972）。許多研究（Blackburn, 1985; van Dijk, 1984, 1987）也發現，教科書會以不同的論述型態傳達出國家的控制、政治的意識型態、偏見、族群中心主義和種族主義。因此，使用論述觀點的社會政治分析，總體而言是要能夠仔細描述、理解、詮釋並評估所調查的對象（Howarth, 2000: 139）。論述的理論主張個體本身就是一個現場（site），社會所生產的、歷史所建立的各種論述，都會在此個體現場中進行再製與規範（O'Sullivan et al., 1994: 94）。論述分析的旨趣在於「文本即現場」（texts as sites），因為這樣有助於我們對於認同形構、霸權，以及結構與行動間互動之了解（Gee, Michaels, & O'Connor, 1992; Howarth, 2000）。

　　儘管許多論述分析的旨趣是在互動中的對話與言談，批判論述分析卻特別重視書寫和訪談的文本（Wood & Kroger, 2000: 23）。批判論述分析係指一組論述分析的觀點，能夠對社會文化實踐進行批判性的檢視，而且整體而言，它是最為鉅觀分析的一種論述（ibid.: 21）。正由於文本具有各式各樣文類、論述與敘說的多樣性，文本間的分析重點在於將語言與社會脈絡連結（Fairclough, 1992a: 195）。社會脈絡之所以重要，是因為每個人在學習語言的時候，都已經從自己身上挪用了許多已經存在的社會性的論述。例如：我們的階級、性別、國家、種族、年齡、家庭、個體性等，都在我們學習語言之前就已存在，我們的生成是混雜了如此多種論述的主體性，透過這些論述，我們建構了、經驗了我們自己（O'Sullivan et al., 1994: 94）。因此，論述的理解特別與社會問題有密切相關，也就是說，論述總是關乎性別、階級、文化、族群團體、社會結構與權力的比較廣大的社會結構關係。

　　直言之，批判論述分析即是直接就語言要素與形式加以分析的途徑，

有些學者稱為批判語言學，其關懷核心主要是探究論述、權力、支配、與社會不平等之間的關係；也就是說，批判論述分析旨在分析論述如何再製了社會上的支配關係或是如何挑戰這種宰制行為（Fairclough, 1995; Fowler, 1991）。倪炎元（1999）認為透過批判論述分析，針對語言學諸要素的分析，可以揭露媒介文本中被界定為他者的角色係如何被塑造、產生或被汙名化，將對他者的誤現（misrepresentation）與歧視揭露出來。這樣的取向非常接近批判的教科書政治分析，也就是去揭穿教科書中的課程知識的選擇過程，倪炎元（1999）認為這些選擇過程可能包括：何者被包含在內，而何者被排斥在外？何者是明示，而何者又是暗示？何者是焦點，而何者又是背景？何者是主題，而何者是副題？誰／什麼被選擇出現在文本中？誰／什麼在文本中被刻意刪除，或根本就不存在？

　　批判論述分析有許多不同的典範，例如：以 Norman Fairclough 等人為首的英國的傅柯式取向（British Foucaultian approach）；以 Teun van Dijk 為代表的荷蘭認知取向（Dutch cognitive-oriented approach）；以 Utz Maas, Siegfried Jager 和 Jurgen Link 為主的德國傅柯式批判論述分析學派（German Foucaultian Critical Discourse Analysis），以及 Ruth Wodak 等人創立的維也納學派（Vienna School）。

　　維也納學派的論述分析主要根源於 Bernstein 的社會語言學取向，此學派的論述分析自訂為批判論述分析，以批判理論的哲學與社會學傳統為基礎。此學派重視文本的歷史分析，其歷史論述的取向整合了歷史的、政治的議題和文本的分析，並溯源至歷史的歷時性起源。使用維也納學派的論述分析實證研究如下：Wodak, Cillia, Reisigl 與 Liebhart（1999）曾使用批判歷史論述分析的傳統，進行了一項紀念性演說的調查，同時使用焦點團體訪談與質性訪談，打算對認同情結進行概念化研究，特別要找出民族認同的論述建構。Reisigl 與 Wodak（2001）也對批判論述分析的實證研究有相當貢獻，他們廣泛分析政治演說、法律文件、電視新聞、媒體廣播，以及生活會話中的種族主義、反種族主義、反猶太的相關論述。更有許多其他學者使用此取向的批判論述分析來分析教科書、兒童漫畫、政治宣傳與學術研究報告中的認同、族群偏見與種族主義（Reisigl & Wodak, 2001; Wodak et al., 1999; van Dijk, 1984, 1987）。這些實證研究都使用批判論述分析，成功地解構文本中的知識形構與意識型態。

維也納學派的論述分析中問題化（problematisation）方法，主要是沿用Foucault（1985）的論述理論（discourse theory）。問題化是一種策略，主要是在議題分析中，特別去分析社會中歷史學家對此議題所欲質疑的問題，接著檢查此社會中偶發性的歷史政治緊急事件（Howarth, 2000: 72-73）。使用批判論述分析的取向，使研究者能夠完成以下的問題化任務：第一，產生假設；第二，檢驗現有詮釋，解構有問題的假設與概念；第三，形成另一種理論架構來分析研究問題（ibid.: 140）。換言之，問題化的方法除了幫助研究者對原有論述所持的假設進行批判，還可以對原有的分析再從另一個架構去進行分析。

　　儘管批判論述分析可以對所欲分析的議題不斷進行問題化的質疑，但是，對批判社會研究而言，無論研究者站在哪一種立場，都會有立場上的盲點，也就是說，問題化的方法總是有問題的，批判所持的不同立場會造成研究者的偏見。如何減少批判的偏見並避免將議題分析政治化呢？Reisigl & Wodak（2001: 35）建議，與其精準地分析，不如在方法論上採取三角檢驗（triangulation）的原則。例如：批判歷史論述分析取向的三角檢驗可以是跨學科的合作，使用多種方法、同時對同一主題進行不同的實證研究，並且要進行背景資料的分析。

參、批判論述分析方法論的重建

　　批判論述分析（critical discourse analysis）可以作為教科書政治分析的方法，因為它從批判語言學的觀點，針對教科書的文本加以分析，能夠批判性地指出文本中的論述。特別是社會領域教科書的分析需要批判性的方法論，以便檢視出教科書政治與意識型態，透過對於教科書的課程知識之解構帶來社會重建的希望。因此，筆者運用批判論述分析的原理原則，並結合過去使用的質性內容分析方法，建立一個解構課程知識的教科書分析架構。

　　本章對教科書分析採取批判觀點，並挪用了 Bingham（2001: 35）提出的公共映照（public mirroring）[2]，試圖以此發現教科書的書寫文本如何映照出

---

[2] 公共映照的產生係透過書寫文本，屬於文本映照（textual mirroring）之一，能夠被呈現在課程中的人，在教室中很可能獲得相當被肯定的理解（Bingham, 2001, p. 35）。

課程中「誰是重要的？」「誰是被肯定的？」茲以族群議題分析為例，使用批判論述分析取向，建立一個脈絡化（contextualised）的教科書分析工具。所謂「脈絡化」是指，此分析架構整合了社會的、歷史的、政治的議題文本分析，並溯源族群議題的歷時性。這樣的脈絡化教科書分析工具，事實上已回應了 Pinar 等人（1995）對課程進行「再概念化」（reconceptualisation）的要求與呼籲，因為「批判論述分析架構」所包含的三階段──知識論的選擇、方法論的處置、論述的引出──要求教科書分析者重新解構教科書所呈現的知識。

一、知識論的選擇

批判論述分析架構的第一階段是建立一個教科書分析的知識論取向，分析焦點是文本本身而非教科書的使用。本架構之所以聚焦於教科書知識論的選擇，最主要原因是：論述構成了知識的客體（the objects of knowledge）（Foucault, 1972），因此，所欲進行的論述分析，也就是對於知識客體形成的分析。

就知識論而言，此階段的研究取向主要是整合了兩個概念：一為 Weinbrenner（1992）在其發展的社會學教科書研究中所關注的知識理論，一為 Fritzsche（1992）在教科書分析中所使用的潛在假設（underlying assumptions）。關於社會學對知識理論的關懷，其意義也是使用了 Apple（1999: 169）的理念，旨在挖掘「誰的知識最有特權？」「足以與人競爭的知識基礎到底是建構在誰的根基上？」此種知識論關懷的教科書分析取向，也就等於關注教科書如何看待知識。因此，批判論述分析架構第一階段即是拓展意義政治的複雜議題，以及知識與權力的關聯，可以說是一種後設理論的（meta-theoretical）教科書分析，分析重點集中在學校教科書所依據的知識論基礎。

具體而言，分析架構在知識論選擇的分析關注下列問題（參考 Weinbrenner, 1992, p. 25）：

1. 教科書中提出／忽略了哪些問題？
2. 教科書所呈現的知識，將學生視為社會政治決策與行動中的主體或客體？

3. 能否讓學生看清楚了解教科書中所陳述的社會脈絡與相關問題？
4. 能否讓學生對教科書中的情境有興趣？這些情境有沒有認肯青少年學生們？

　　為了納入以上問題的思考點，分析架構採用 Weinbrenner（1992）的五個知識論範疇作為重建教科書典範的結構，這五個知識論範疇分別是：知識論的研究旨趣（epistemological research interest）、陳述分析（statement analysis）、概念形成（concept formation）、價值判斷（value judgements）、意識型態（ideologies）。第一，知識論的研究旨趣關心的是教科書內容與前提的研究旨趣之分析。第二，陳述分析關心的是以科學的廣泛分析系統來分析教科書之所指。第三，概念形成則是檢視概念的詮釋性觀點及其概念形成的路徑。第四，價值判斷關注學校想要教給學生的價值，也就是教科書中對待某些情境與終極關懷的態度與價值。第五，意識型態這個範疇則是對學校教科書重複灌輸學生某些一面倒的論述、傾向某種立場的社會觀做出批評。這五個知識論範疇構成分析架構所欲檢視教科書知識論的選擇，因為論述分析關心的不是語言學上文法語意之分析，而是關注於陳述（statements）的分析、口語表現的分析、主客體規則形成的分析等（Foucault, 1972），這些論述的形成過程就像 Fairclough（1992b: 27）所稱，必然與觀念上的意義（ideational meaning）密切相關，因為這種語言學上特殊處置係透過系統化的選擇，傳達了相當程度上的意識型態。茲將分析這五個知識論範疇的基準表，列如表 3-1 所示。

　　藉由表 3-1 所列五個知識論範疇的基準，可以衍生出哪些教科書分析的主題呢？現以族群議題為例，示範如何分析教科書關於族群與多元文化主義的知識論假設。首先，透過界定研究主題：教科書是否有意或無意地呈現族群偏見與刻板印象？接著，根據以上五個知識論範疇一一發展更具體的分析項目。以族群分析為例，可擬定教科書知識論分析的主題綱要如表 3-2 所示。

表 3-1　教科書研究的知識論範疇及其基準

範疇	基準
知識論的研究旨趣	• 研究旨趣作為教科書的前提與內容
陳述分析	• 語言形式（口語的敘說） • 語言學層次（事實陳述與概念） • 普遍化程度（特殊陳述與一般陳述） • 外在形式（決定性陳述與假設性陳述） • 可辯解性（解釋，可解釋的大綱與難解的說明）
概念形成	• 實際的或虛名的概念？ • 概念形成是歸納的或演繹的？ • 理想的或實際的概念？ • 定義、解釋、概念內容、範疇與使用頻率如何？ • 概念的使用是否前後一致？
價值判斷	• 對於權威、傳統、習俗、宗教、民族道德規範、憲法、法律規則，教科書呈現何種態度與價值？ • 對於家庭、族群、社群、學校、文化、社會、公共領域，教科書表現何種價值與態度？ • 哪類型的價值判斷被呈現於教科書：初級或次級的價值判斷、本體論述的價值判斷、無規範資訊內容的價值判斷（空泛的宣言）、有規範指導內容的價值判斷？
意識型態	• 是否兼具描述的陳述與指示的陳述？ • 結論所依據的前提是否被呈現的不夠完整或不夠正確？ • 根本假設是否隱含在前提裡面？ • 假設是否被宣稱如同斷言？ • 是否成立一種不正確的或單面的因果關係？ • 是否將個人旨趣呈現如普遍旨趣？ • 所發現的事實是否被類化成不可接受的類型？

資料來源：Weinbrenner（1992: 25-26）

| 表 3-2　教科書族群分析的主題綱要 |

範疇	主題
知識論的研究旨趣	• 爭議性議題的呈現 • 歷史與政治的意識 • 根本假設
陳述分析	• 少數族群的呈現 • 移民的原因 • 母國的資訊
概念形成	• 多元文化社會的分析 • 預防種族主義並破解對少數族群敵意之策略
價值判斷	• 對少數族群產生敵意與種族偏見的原因（如，優越感／劣勢感情結、代罪羔羊、政治因素） • 少數族群的自我觀與社會觀
意識型態	• 少數族群於新社會中面臨的問題與困境（如，就業、成家、就學、日常生活） • 對少數族群敵意之批判與後果、對種族偏見之批判與後果 • 種族主義的歷史向度

資料來源：參考 Fritzsche（1992: 52-59）；Weinbrenner（1992: 25-26）

聚焦於這些知識論的主題，可以了解教科書的「發言者位置」，經由知識論上的分析，我們要彰顯的是：教科書所欲證成的論述究竟隱含了何種權力關係？因此，我們還要分析哪些論述被形成、這些論述如何形成，以及如何構成這樣的權力關係。

二、方法論的處置

「批判論述分析架構」的第二階段是發展具體的方法論處置，這屬於跨領域的流動邊界，介於批判社會學家與歷史學家的內容分析之間。這個方法論取向合併了質性內容分析與批判歷史取向的社會科學方法論。批判歷史取向由維也納學派所創，在許多方面已經超越了傳統社會語言學家所關心的問題。如果擬定的教科書分析核心為族群議題，則可同時從微觀與鉅觀的脈絡

中來了解族群的意義，並透過教科書對待每個族群的態度之分析來揭露背後的意識型態。文本分析不僅限於書寫的文字，並且包括了呈現於教科書中的照片、圖表與地圖。因為這些文本也有可能有隱藏的族群意識型態，因此，教科書分析企圖兼具臺灣社會的微觀與鉅觀脈絡之分析。

據此，第一階段所選擇的知識論主題，將在此階段依序進行方法論處置。進行的方法論模式依序為：摘要（summary）、闡述（explication）、結構（structuring）。這個模式取自 Mayring 的質性內容分析程序。Philip Mayring 建立了一個包括三個分析過程九個階段的質性內容分析模式（Titscher et al., 2000: 62）[3]，簡介如下。

Mayring 的質性內容分析模式中的三個分析過程，包括：摘要（summary）、闡述（explication）、結構（structuring）。第一個分析過程是摘要，也就是精簡文本、對文本進行釋義、系統的分析，但要能保留其精要內容，藉由對文本進行摘要以便創造出一份可以反映原始內容的文獻主體。第二個分析過程是闡述，也就是先給予語義語法的定義，決定即將進行解析的內容，對摘要內容進行解釋、澄清並注釋，之後並進行狹窄的和廣闊的兩種脈絡分析——微觀的／鉅觀的脈絡分析[4]，再將以上文本的闡述與整體脈絡合併解釋。第三個分析過程是找出架構，也就是從內容中過濾出一個特殊的結構，這個結構使得文本的形成得以符應所要的內容、形式與規模。具體而言，Mayring 的質性內容分析模式包括九個階段：決定內容、分析文本最初的情境、內容的正式特性、決定分析方向、理論分化代答問題、篩選分

---

[3] Philip Mayring 於 1988 年著有《質性內容分析：基礎與技術》一書，然此書為德文著作，本研究者限於語言能力，無法進行原文閱讀，僅能間接引自 Titscher et al.（2000）書中的轉錄。

[4] Cicourel（1992: 295）區別了兩種脈絡：廣闊的和本地的脈絡（a broad and a local context）。Titscher et al.（2000）將 Cicourel 的本地脈絡解釋為微觀的脈絡（micro-contexts），而將廣闊的脈絡解釋為鉅觀脈絡（macro-contexts）。狹窄的脈絡分析（a narrow context analysis）收編文本，並賦予脈絡上的意義。廣闊的脈絡分析（a broad context analysis）包括分析組織與制度上關於人與情境的額外訊息。社會學的調查試圖在社會複雜性之下統合這兩個向度（p. 27, 64）。

析技術（摘要、闡述、結構）、定義分析單位、進行內容分析過程（摘要、闡述、結構）、詮釋（Titscher et al., 2000: 64）。

在分析教科書內容的方法上擷取Mayring模式的三程序[5]，另外在整體教科書分析的向度來說，也納入 Sleeter 與 Grant（1991）的分析路徑：圖片分析、語言分析、故事情節分析、多面向分析。第一，圖片分析包括檢視「誰在圖片中」，如何將族群分類、何種族群刻板印象、哪些社會階級背景、「哪些人」是解決問題者。第二，語言分析包括檢視文本中的語言是否具有我族中心主義的使用，是否有文化負載的用語，是否包含族群刻板印象，是否隱約透露出某種觀點或可能的衝突情境的字句。第三，故事情節分析包括分析哪個群體接受最多的支持（課本都在敘說誰的故事）？哪個群體最會解決問題？其他群體如何被呈現出來？這些群體製造問題或解決問題的程度如何？教科書作者意圖要讀者去同情誰或向誰學習？最後，還需要在以上三點之餘從多面向來分析檢視教科書如何對待不同的群體。

三、論述的引出

「批判論述分析架構」的第三階段是論述的引出，目標為分析文本序說的方式。透過質問以下五個問題找出具體的論述（Reisigl & Wodak, 2001: 44）：

1. 語言上，教科書如何稱呼不同類別的文化群體？
2. 教科書如何描述各文化群體的特徵、屬性與品質？
3. 教科書使用哪些策略來合法化不同文化群體或給予不同的價值（排斥、歧視、壓抑或剝削）？
4. 關於課程文本中不同文化群體使用的名稱與描述，哪些不同的觀點被表達出來？

---

[5] 本研究擷取 Mayring 模式的篩選分析技術與內容分析過程的三個重要程序——摘要、闡述、結構，來作為本架構第二階段「方法論的處置」。至於 Mayring 提出的九階段中，前五個階段雖類似本研究架構第一階段「知識論的選擇」，惟其在決定分析的知識內容上缺乏系統性的篩選。

5. 教科書如何強化或弱化對於這些不同文化群體的觀點？

　　以上五個問題的質問分別建構出教科書分析的五個論述：命名論述（nomination）、指稱論述（predication）、立論論述（argumentation）、包容／排斥論述（inclusion/exclusion）、強化／弱化論述（intensification/mitigation）。命名論述指出，在語言上人們如何被指名。指稱論述探測出這些人群如何被賦予特質、特徵、特性、形貌。立論論述則是去了解某些人或社會群體是透過何種論調或辯證基模，來合法化對他者的排斥、歧視、壓抑或剝削。包容／排斥論述是以語言為工具來排斥或限制他者對於某些利益相關議題，進行爭辯或協商的途徑（Dockery, 2000: 100）。也就是說，教科書透過哪些觀點來傳達出對於這些命名、指稱、立論的接納或排斥。強化／弱化論述則試著回答「上述歧視性的論述是公然表述的，是被強化或被弱化呢？」詳述這些論述形成的過程，可以讓我們了解論述如何建構出一個特定的概念領域，誠如 Foucault 分析「精神病」此論述：

　　「精神病是由所有陳述中所有所說部分所構成的，這些陳述命名之、區分之、描述之、解釋之、追溯其發展、表明其各種相互聯繫、判斷之，還可能通過從其名稱來表達被當作自身之言說的方式來賦予其語言」（Dreyfus & Rabinow, 1982/1995: 79）。

　　總而言之，以上五種論述均以一種批判的問題化方式圍繞著一個核心概念──檢視教科書是否具有「正面呈現自我，負面呈現他者」的論述。歸納上述內容與步驟所建構的「批判論述分析架構」，如圖 3-1 所示。

　　圖 3-1 顯示此架構將「知識論的選擇」置於最上方，意味著在進行教科書批判論述分析時，首先要決定論述分析的五大範疇：關於教科書的知識論旨趣、教科書對於特定主題的陳述、教科書對於特定概念的形成、教科書文本中流露出的價值判斷，以及教科書的意識型態。這五個範疇均反映出批判論述分析所關懷的面向，根據此五個範疇的核心概念進行分析主題的選擇，主題類目的選擇關注教科書的文本表面上「說什麼」（what to say），而從所選擇的主題類目進一步分析其背後的知識論旨趣、陳述、概念、價值、意識型態，則是關注教科書的文本深層面究竟要說的是什麼。第二階段「方法

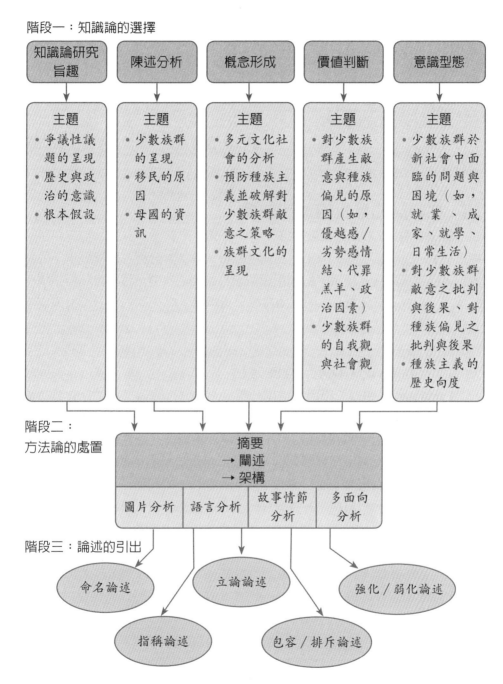

圖 3-1 批判論述分析架構

資料來源：整理自 Fritzsche（1992）；Reisigl 與 Wodak（2001）；Sleeter 與 Grant（1991）；Titscher et al.（2000）；Weinbrenner（1992）

論的處置」置於主題的下方，意味著在五大範疇決定主題之後，開始進行分析過程，也就是處理教科書文本「如何說」（how to say）的問題，以「摘要、闡述、架構」三個分析程序來尋找論述的問題，並透過圖片、語言、故事情節與其他面向的分析對所選主題進行五大範疇的批判反思。經過上述一系列批判語言學的論述分析，最後「論述的引出」使用五組批判論述來揭露出教科書的潛在假設、陳述、概念、價值、意識型態，如何規範了中心主題作為論述的合法性與有效性。

肆、批判論述分析的實作架構

回顧國內以 CDA 分析教科書文本的研究中，其操作方式大致有四類：1. 採納 Fairclough（1995）CDA 三向度分析——文本分析、過程分析、社會分析，此方式最廣為使用；2. 採用王雅玄（2005a）CDA 教科書分析架構；3. 採用 van Dijk 的 CDA 原則與語言學分析策略；4. 先採內容分析（或文本分析）步驟，再進行 CDA。

一、Fairclough 的 CDA 三向度分析

Fairclough（1995）提出「文本分析」、「過程分析」與「社會分析」三個向度作為 CDA 的研究架構，採描述、詮釋和解釋三個分析策略。為了精準掌握此三向度，Fairclough（2001）進一步提出五個具體分析步驟：第一，針對社會問題進行符號學分析，辨識出其宰制、差異與多樣性和抵抗的問題；第二，診斷出文本產出者的立場與論述秩序的關聯性，找出具支配性的文本；第三，分析結構中社會秩序對文本的回應過程；第四，揭露實踐過程中的矛盾並進一步批判；第五，反思批判分析成效是否有助於社會解放。茲圖示 Fairclough 的 CDA 三向度五步驟，如圖 3-2 所示。

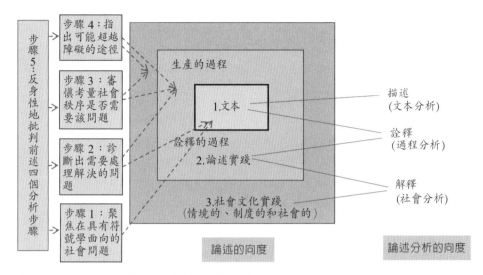

圖 3-2　Fairclough 的 CDA 三向度五步驟

資料來源：蔣淑如（2022，頁 87）

　　在實作方面，多數研究僅採用 Fairclough CDA 三向度分析，此類研究通常也僅著重第一層級的文本分析，而較為忽略過程分析與社會分析。研究者通常先對教科書作微觀的文本描述，從中發掘論述中隱含的威權思想與意識型態，但對教科書論述的生產與運作過程的詮釋，以及其與社會條件的辯證關係則往往簡略呈現（江佩璇，2008；江佳玫，2013；吳孟芬，2008；李世達，2010；李宜珈，2013；連家萱、陳昱名，2014；陳思尹，2012；陳家葳，2011a；曾曉昱，2008；黃書祥，2007；褚天安，2009；賴桂玲，2014）。

　　完整完成三向度歷程分析的典型，如江佩璇（2008）對中等教育社會科教科書中同性戀議題之探究，其透過「描述—詮釋—解釋」歷程，首先詳細描繪文本內對同性戀的相關敘述，並專注於編者所採用的字彙、句型與文本的整體脈絡性，從中發覺編者對同性戀議題的價值判斷與意識型態；爾後進一步著重文本生產過程，從編者對同性戀議題的詮釋角度推演文本生產者所欲傳遞的觀點及背後可能蘊含的假設；最後以前述分析內容與社會脈絡（如同志社團、同志運動、同志電影……）相互連結，探究社會文化與教科書可能的互動情形，以期反映出教科書內容和現實生活之關聯性。

　　通常研究者宣稱採取 CDA 三向度，但在詮釋與解釋的歷程研究偏弱，例如：吳孟芬（2008）分析教科書中的族群意識型態側重於「文本分析」，對「過程分析」與「社會分析」的闡述則較為不足，原因在於缺乏進一步的資料與證據，例如：過程分析需要文本生產與修訂過程，但此資料通常難以取得。為了克服「過程分析」的操作，黃書祥（2007）、陳家葳（2011a）和李宜珈（2013）則加入教師或教科書編審者的訪談，藉由教師及教科書編審者對教科書內容的認知與詮釋，來探究教科書的意識型態如何再製或轉化。

　　批判論述分析將論述視為一種社會實踐，與其他社會要素互為文本，因此強調分析上應更深層地探究教科書內容與社會脈絡相互建構關係。然而，社會脈絡廣大複雜又環環相扣，要全部包羅確有困難，因此在實證研究中多將所謂的「脈絡」化約成少數面向，有時更只是單向地對社會現象作介紹，而少與教科書進行對話。如江佩璇（2008）研究國高中職社會科教科書中的同志議題，僅將社會脈絡鎖定在同志社團、同志運動、同志電影等媒介；褚天安（2009）探討高中美術教科書中的「世界美術」的概念時，在社會實踐分析部分僅就「企業贊助的特展」、「網際網路」、「世界美術叢書」三個面向闡述，缺乏更鉅觀的政治、經濟、文化等社會條件的探討。也有研究僅擷取文本描述和社會分析兩個向度，例如：賴桂玲（2014）利用文獻分析、歷史研究輔以 CDA 探討戰後國（初）中公民教科書社會議題內涵的演變，其所採用的 CDA 近似 Fairclough 模式，但僅止於透過內容分析出教科書意識型態，並直接與社會變遷作對照。

　　誠如倪炎元（2012）指出，國內不少研究生採用 Fairclough 模式時，有理論引述不完整或出現「誤讀」或「誤用」的情況，如將之視為內容分析法附帶性的補充，或只挑選其架構中一兩個向度進行操作，且多半引用早期著作提出的架構，未進一步了解他後期著作的修正。上列這些研究都是引用他早期 1990 年代發展的三向度：文本、論述實踐和社會實踐，此架構後來在理論定位上受到不少批評；2000 年以後 Fairclough 陸續修正自己的論點和架構，改成從具體到抽象階梯遞升之社會事件／社會實踐／社會結構三層次，社會事件是指社會生活的具體事件，社會實踐是行事的制度化模式（institutionalized way of doing thing），而社會結構則指的是長期的社會條件。不過，倪炎元（2012）也建議若有以單一文本為個案進行 CDA，是可

選擇早期發展的「文本／論述／社會」三向度模型；但若想透過語言文本的範例去探討一個宏觀議題或總體社會政治的變遷，則不妨參考「社會事件／社會實踐／社會結構」三層次的分析途徑。

蔣淑如（2022）發展出 Fairclough 的 CDA 三向度五步驟分析模式，用來比較九年一貫課綱與 108 課綱發展下的國中歷史教科書性別論述之批判檢視，拆解了國族認同史觀與線性進步史觀脈絡下的性別化歷史論述。

二、王雅玄 CDA 教科書分析架構

王雅玄（2005a）提出 CDA 教科書分析架構，該架構包括「知識論選擇」、「方法論處置」和「論述引出」三層次階段，謝婷妮（2013）將其 CDA 三階段五問題細緻製作剖析圖如圖 3-3 所示。採用此法的研究者大多根據此三階段，針對研究主題分層檢視分析教科書的文本論述，並批判解析出其中隱含「正面呈現自我，負面呈現他者」的意識型態（王淑芬，2010；王雅玄，2008；王雅玄、余佳儒，2007；馮美滿，2014；謝婷妮，2013）。

此架構雖然有三層次的分析，但採用者多數著重於最後階段論述的引出，因為如此得以滿足教科書批判研究者以揭露不平等論述為核心，所以通常會從文本的批判語言學角度中獲得新論述。例如：王雅玄（2008）分析國中社會領域教科書獲得五個族群意識型態的批判論述：命名論述提供不同族群合法化的分類與認同基礎；指稱論述對不同族群進行優劣標籤化；立論論述建立各族群相對地位與屬性、認肯優勢族類；包容與排除論述建構出接納與排斥的論述空間，顯示臺灣社會面對多元族群的矛盾；強化與弱化論述給予不同族群厚此薄彼的再合理化，揭露了未能認肯多元族群的意識型態。王淑芬（2010）分析國小社會領域教科書中的臺灣歷史人物，歸結幾種意識型態論述：排斥外族統治之正當性、推崇漢族政權的合法性、歌頌漢人開發臺灣的貢獻、避談原住民的智慧與貢獻、強調原漢族群及文化大融合而粉飾壓迫的史實、外族和女性是歷史中沉默的他者。

更為精準採用此架構三階段分析的研究者，則會分別在知識論、方法論與論述引出獲得三層次的研究結果。例如：王雅玄、余佳儒（2007）分析國小社會領域教科書政治意識型態發現，知識論選擇充滿「表現政府的知識旨趣」、「單面正向的知識呈現模式」、「忽視學生的主體性」；方法論

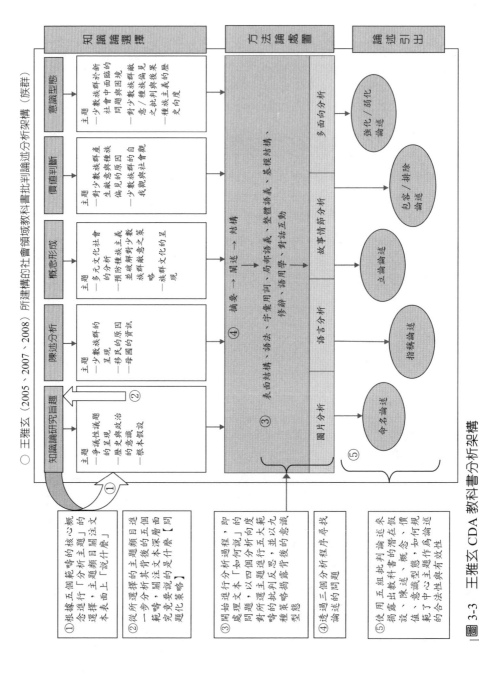

圖 3-3 王雅玄 CDA 教科書分析架構

資料來源：王雅玄（2013a，頁 246）

處置使用「政府至上的語言表面結構」、「呼口號的語法」、「有利我群的專有辭彙」、「政府為主、人民為輔、避重就輕的基模結構」及「誇張與委婉說詞的修辭法」；論述引出包含「充斥政策置入性行銷之立論」、「強化政府之角色，弱化人民抗拒之可能」、「排斥過去政府、褒揚今日政府」之政治論述。謝婷妮（2013）分析馬來西亞小學公民教科書的國家認同發現，知識論選擇以表現馬來西亞各民族傳統文化認同與社會文化認同的知識旨趣、強調尊重與維護多元文化的概念、呈現文化共榮意象但隱含各民族文化刻板印象；方法論處置使用「呈現高位階族群文化的故事情節」、「陳列各族傳統文化櫥窗般的多面向策略」、「形塑五大民族傳統文化為主的表面結構」、「塑造馬來西亞多元文化特色的文本基模結構」；論述引出包含「五大民族文化認同的命名論述」、「馬來西亞五大民族刻板文化產物的指稱論述」、「建立五大民族地位的立論論述」、「接納文化傳承排斥文化交融的論述」、「強化文化共榮削弱文化衝突的論述」。

　　採用此模式進行分析的研究，因有一個具體的參照架構，在操作上有便於依循的指引，能分別透過「知識論選擇、方法論處置與論述引出」這三階段獲得三類不同的研究結果，提供了「說什麼、如何說、論述樣貌」的具體批判策略，可以看到別人所看不到的批判面向。然而，由於使用如此具體的分析架構，倘若研究教材內容或主題相同，極有可能得出相同的研究結果。例如：馮美滿（2014）研究國中臺灣史教科書的政治意識型態，其獲得的結論與王雅玄、余佳儒（2007）研究國小社會領域教科書的政治意識型態幾乎一致。比較這兩份研究，同為臺灣史教材，且皆以政治意識型態為分析主題，皆採納王雅玄（2005a）CDA 架構的三層次分析之後，兩者的研究發現幾乎是一樣的，這有兩種可能性的解釋，第一，不同的研究者使用相同架構分析相同主題獲得相同結果，顯示此架構具有分析信度。第二，近幾年臺灣的社會領域教科書中的政治論述並無明顯改變，其中所篩選的政治意識型態、使用的描述手法、潛藏的政治論述都雷同。第三，此法預設教科書中存有明顯的他者論述，因此引導研究者往「正面呈現自我，負面呈現他者」的方向分析，較難涵蓋更為寬廣的論述。

三、van Dijk 的 CDA 原則與語言學分析策略

　　荷蘭學派 CDA 學者 van Dijk（1985）的分析架構包括文本結構、文本生產過程、文本理解過程，且特別關注三者與社會脈絡的連結。文本結構就是在對文本進行語言性的分析，而文本生產過程、文本理解過程則涉及論述在文本中的微觀情境與在真實社會中的宏觀脈絡，以進一步了解論述、權力、意識型態和社會間的關係（陳家葳，2011b）。van Dijk（1993）特別指出 CDA 關注的四個向度，第一，社會權力（social power）：CDA 關注的是社會權力而非個人權力。社會權力是指對於社會價值資源有特權的進路，如教育、知識、群體會員、力量、地位、位置、收入、財富。第二，權力濫用（power abuse）：CDA 特別關注權力濫用。若無受到挑戰，支配似乎是自然的，就像男人對女人的宰制、白人對黑人的支配、富人對窮人的宰制。如果受支配者的心靈已經能夠接受這種支配，那就是霸權。支配性的論述具有使宰制獲得同意、接受、合法性的功能。第三，權力階層（a hierarchy of power）：權力與宰制通常是有組織的、制度化的。群體支配除了受到其他群體成員的支持之外，還受到法庭的批准、法律的合法化、警方的強化、媒體或教科書在意識型態上的維持與再製。這種支配的政治社會文化組織影射了權力的階層化。第四，權力菁英（power elites）：權力菁英擁有論述的特殊管道，菁英為擁有象徵性權力的人，依據所擁有的論述資源和溝通規模的程度而定。

　　van Dijk（1995）進一步發展 CDA 的原則與策略，主張意識型態的分析，因為意識型態的概念允許我們建立鉅觀層面的分析與微觀層面的研究的重要連結。鉅觀分析是指群體、社會慣例、與社會結構，微觀研究是指被界定的個人互動與論述。因此，他偏好從微觀的語言學批判分析中影射鉅觀社會結構。他提出九種語言學上的論述分析策略：表面結構（surface structures）、語法（syntax）、辭彙（lexicon）、局部語義（local semantics）、整體語義（global semantics）、基模結構（schematic structures）、修辭學（rhetoric）、語用學（pragmatics）、對話互動（dialogical interaction）。林世傑（2013）採用功能語言學分析方式對教科書文本進行解析，進一步以 van Dijk 的 CDA 原則搜尋國小教科書課文深層結構底下不利原住民形象的論述，但在執行上未明確說明如何採行 van Dijk

策略以得出結論。目前國內使用此法的研究論文，還有開展的空間。

四、採內容分析步驟，取 CDA 精神

　　對於教科書研究者而言，內容分析法結構嚴謹鉅細靡遺但令人乏味，而批判論述分析結構鬆散、散漫無邊但令人著迷，因此想要結合兩者進行研究的大有人在。這類的研究以內容分析或文件分析先取得基本系統化的資料作為討論的基礎，再針對所得資料進行批判論述分析。批判論述的方式有修改自王雅玄（2005a）發展的「社會領域教科書批判論述分析架構」（王淑芬，2010），或採用近似 Fairclough 的分析模式（賴桂玲，2014），或僅取 CDA 精神而無依循既定分析架構（王雅玄、彭致翎，2015；林慧文、游美惠，2010；柯保同，2015）。除王淑芬（2010）和賴桂玲（2014）二文有明顯的分析架構之外，其他可說是立基於 CDA 精神，但並無遵循哪一派的步驟。何謂 CDA 精神？van Dijk（1993）指出 CDA 加強對社會議題的興趣，希望透過論述分析獲得較好的理解，其採取明顯的社會政治立場，希望對社會不平等與宰制的再製有較深入的貢獻。不過他也指出，CDA 是否成功視其分析的有效性與關聯性，也就是對於改革的貢獻。

　　王雅玄、彭致翎（2015）以他者論述分析美國教科書眼中的臺灣意象，在文本分析方面，先總體描繪其所再現的臺灣意象歸納八個主題：臺灣地理、國共政爭、臺灣民主、臺灣文化、臺灣經濟、中臺關係、臺美關係及亞洲比較；再針對文本中對於臺灣意象係「說什麼」與「如何說」的向度，全盤檢視言說意識型態與解構他者論述之策略。王淑芬（2010）批判分析國小社會領域教科書中臺灣歷史人物及文本論述，先以內容分析法針對歷史人物的論述作探究，歸結其類型及特色；其次根據 CDA 就文本論述進行檢視及批判，參考王雅玄（2005a、2008）提出的社會領域教科書批判論述分析之三層次架構，檢視教科書文本論述，並批判、解析其意識型態之特色。林慧文、游美惠（2010）進行中年級國語教科書家庭概念的內容分析，並輔以 CDA 及教師訪談，在分析過程及結論之論據主要來自圖文內容分析與教師訪談，其所稱的 CDA 並未說明根據何理論或分析架構，僅採取 CDA 精神便獲得「家庭是幸福美滿的象徵」以及「家務分工充滿刻板的性別分化」兩項結論。柯保同（2015）分析日治時期公學校國史教科書意識型態，同時採

用內容分析法了解國史教科書中意識型態於類目中的分布情形,並輔以文獻分析及 CDA 要義,就此類目進行各種量化比較及質性探究,同時採半結構訪談法,探詢相關耆老的觀點,以作為結果檢證之參考。

　　此種研究方式底下,有些文章雖指明採用批判論述分析以挖掘出教科書的意識型態和威權關係,並且強調將研究發現置於社會脈絡中一併觀察,但卻比較像是精神上宣稱目標如此,實際操作上反而接近質性內容分析法或論述分析,闡述過程和結論停留在「揭露」權力的存在,而未更進一步探索權力是如何在社會情境間運作。

伍、CDA 解放宰制論述

　　教科書分析須置入當代社會文化脈絡之下,必須兼具詮釋性與批判性,以解構課程的潛在假設,揭露教科書論述與政治、文化、歷史的關聯性。因此,筆者綜合質性內容分析與批判論述分析的內涵,發展出一個教科書 CDA 架構,此架構的特色在於解構課程知識的假設與其論述的形成,包括三個階段,知識論的選擇、方法論的處置、論述的引出。此外,也根據 CDA 的理念與內涵,提出幾個系統性的 CDA 架構以補足教科書分析研究的空缺。那麼,透過 CDA 架構直接從語言使用切入,澈底檢查教科書中的教育論述。這樣的批判語言分析對於教科書檢視有什麼好處呢?教科書使用批判論述分析會有什麼問題與限制呢?

一、CDA 教科書批判的使用與問題

　　批判論述分析可以作為教科書分析的批判方法論,特別是針對批判社會研究而言特別有用,因為該取向特別重視教科書政治的複雜性,以及文本背後潛藏的意識型態。Dockery（2000）認為,教育論述可以作為一種排除工具,排除掉那些不知道這些祕密語言或圈內人語言的人。透過批判論述分析檢視教科書,我們可以知道,教科書中是否使用排他性語言以建構某一論述領域。此檢視非常重要,因為透過排他性語言所建立出來的論述領域使得許多利益相關者（如文化不利者）無法辯駁或討論。專業人員所使用的術語或行話由於跟讀者的常用語言沒有交集,也就阻隔了對話的可能性,甚至混淆了讀者的知覺（Dockery, 2000: 100）。因此,我們有必要檢視教科書是否呈

現了孩童無法了解的專門術語。本架構初步以社會領域的族群議題為例，已經在本架構中根據批判論述分析的知識論選擇階段推演出所應分析的主題與論述。由於族群論述整體而言很容易散播到各個不同的政治領域和歷史行動中，因此總是涉及許多不同的文本主題。而這些表面上給讀者看的文本，常會嵌入了許多排他性或接納性的語言，這些語言，事實上再現了作者各種不同的心理的、社會的、政治的目的或利益（Reisigl & Wodak, 2001: 47）。

　　然而，CDA 在教科書批判運用中的問題，大致可分為三大問題：步驟問題、脈絡問題、批判問題。

（一）CDA 的步驟問題

　　有些文章宣稱採用批判論述分析，側重 CDA 精神旨在挖掘教科書意識型態和權力關係，且強調將研究發現置於社會脈絡中觀察。但實質上缺乏具體操作步驟，僅止於精神上的宣示，與質性內容分析法或論述分析並無差異。

（二）CDA 的脈絡問題

　　與論述主題相關的「脈絡」那麼廣大複雜，即使有些做了選擇，例如：研究教科書中的同志議題，研究者選擇將社會脈絡鎖定在同志社團、同志運動、同志電影等，但這樣是否就足夠把社會脈絡包羅？批判論述分析特別強調的「脈絡」要怎麼設定？如何選擇？如何界定脈絡的範圍？

（三）CDA 的批判問題

　　批判論述分析本身並非步驟方法論，因此隨著各研究者詮釋能力不同，對研究主題的「批判」力道也各有差異。陳家蓁（2011b）綜合法蘭克福學派、批判語言學派及 Fairclough 對「批判」的定義，認為批判論述分析的「批判」概念至少包括：「反省語言與社會關係、揭露並呈現現況表面、改變現狀等三種基本含義。」可見，CDA 的目的除了要揭露文本潛藏的不平等，進而激發批判意識，最終還是希望能達到實踐與改變的目標，以期能協助弱勢者增權賦能，提升社會正義（張芬芬，2012）。綜觀目前針對教科書進行的 CDA 研究，多數都還停留在文本的描述和論述表面結構的詮釋

上，對教科書論述與社會認知及社會脈絡間的辯證分析則較為缺乏。或許在基礎的分析外，也可運用多元的策略予以輔助，如訪談法、觀察法、系統功能語言學、互文性分析、對話分析……，透過採集更多元的觀點以擴充分析的深度與廣度，並減少先入為主的盲點。

二、批判論述分析的研究限制

批判論述分析架構有若干限制，分述如下：

第一，在應用範圍方面，由於批判論述分析的理論應用範圍廣泛，適用於媒體新聞文本，可以解構文本對於性別、種族、階級、宗教等各類團體的論述分析。至於所建構的架構係以社會領域的族群議題為教科書知識分析對象，是否適用於其他領域與主題？是否在進行相同主題的不同教科書上的分析也同樣有效？以上這些關於研究工具的使用與信效度的問題，都是未能探究之處，均值得未來以實證研究進一步探討。

第二，CDA 架構從批判語言分析的取向來進行文本的論述批判，此處的論述批判並非象徵著陳述主體（speaking subject）本身的意識型態，由於並無訪問教科書執筆者，這是因為教科書分析立場不在於追究執筆者所欲傳達的論述為何，而是直接分析其文本已傳達的論述。二者是否吻合或有出入，則須另行探討。

第三，CDA 架構雖在知識本質的來源與假設的分析上重視歷史的影響，但無法揭露在臺灣脈絡中其他詮釋歷史的途徑，在這方面，James Banks 提出兩個問題值得我們省思：現有歷史與過去發生的事實有怎樣的出入？當那些被排除在外的人們開始在社會重構中扮演重要角色時，歷史該如何被重寫？（Banks, 1996: 343）。由於多數臺灣族群在不同階段均受到壓迫，因此在一個以臺灣為主體的新教科書中，探索重寫歷史的可能性或許非常有用，此舉有助於了解過去受壓迫的臺灣人如今擁有權力之後將會如何重寫他們的歷史。

CDA 架構限於僅分析教科書文本，對於歷史的詮釋與重寫並無法全盤兼顧。然而，由於此點係批判歷史論述分析的核心概念，更由於教科書分析旨趣在於呈現不同族群之間的張力，因此，對於此一研究限制，該架構的補足方式是在語言分析方面納入人稱代名詞的分析，分析問題包括：是否在

「我們—他們」的使用有族群定位的區別？是否這種人我區別只是一種群體認同，在社會上是無可避免的（Fritzsche, 1992: 55）？從人稱代名詞「我們—他們」的使用可以檢視文本中是否含有包容／排斥的論述，亦可凸顯不同族群之間的對待關係，這樣的關係也就是各族群認同之間的張力關係，端視其如何在教科書中被反映出來。

　　總之，批判論述分析作為一種詮釋批判的教科書分析方法論，可以揭露教科書政治的複雜性，教科書政治係隱藏在文本背後，是被壓抑的、值得去懷疑的。未來進一步研究需要拓展的是，使用此架構來分析教科書文本中可能具有哪些複雜的教科書政治？以及教師本身是否可以使用此架構來檢視自己對教科書的批判意識與批判實踐。新版的教科書通常代表了政府社會改革後的理想實踐，例如：在 1998 年推行的「認識臺灣」便是在多元文化潮流中為提升臺灣四大族群被提出作為族群歷史廣泛了解的教科書，如今面臨多版本教科書的時代，教師必須能夠批判教科書所傳遞出來的意識型態，有了這層意識，才能夠批判地解讀文本。誠如 Manning 與 Cullum-Swan（1998: 252）所言，「任何文本的符號都依詮釋而定，詮釋者改變了，符號的意義也就改變了。」因此，未來可以進一步研究教師如何解釋教科書中的論述，甚至可以試驗教師是否能成功地使用「批判論述架構」來解構課程知識，以驗證此架構是否能作為教科書詮釋與批判的工具，是否能將教科書政治的複雜性與文本背後隱含的意識型態呈現出來。

* 本章改寫自兩篇文章：王雅玄（2005a）。社會領域教科書的批判論述分析：方法論的重建。**教育研究集刊**，51（2），67-97。王雅玄（2016）。「批判教科書研究」方法論探究。**課程與教學季刊**，19（3），27-54。

第 ④ 章

他者批判論述

> 人類學的「暴力」產生於那一刻：異文化的空間
> 由外人的驚鴻一瞥而塑成並重新定位
>
> ～德希達 *Of Grammatology*

　　德希達認為書寫（writing）是一種反抗形式，在此過程中，人們在自我的認知對抗體系中重構異文化，就此看來，人類學的歷史無異於是在以己文化之短進行的文字遊戲中發生的，誤述他者的歷史（Layton, 1997/2005, p. 174）。

壹、誰是歷史他者？

　　何謂歷史？在歷史教科書中，歷史是眾多史料與文本的匯集。然而，文化研究對歷史的觀點，並非「本真主義」[1]立場。歷史不是既定、客觀、永恆的，而是永遠處在不斷建構的動盪過程中，透過語言符號跟話語牽扯到各種利益角逐的競合。歷史是建構的、也是權力的，抽掉了語言符號話語系統、抽掉了文本，歷史便空無一物。因此，歷史是文本的歷史（李英明，2005）。歷史教科書的分析宜關注再現歷史的文本之話語建構與權力系統。

　　歷史教科書是歷史教學的主要依據。王汎森（2008）認為歷史的教學使

---

[1] 李英明（2005）以「本真主義」一詞說明追求歷史的本真性（authenticity）是種信仰，本真主義者相信存在一種真真實實的歷史，相信可以找到歷史的真相與原貌。

得歷史知識同質化，特別是由於審定教科書之故。審定教科書形成於 1900
年代，由過去鬆散的、在地的，甚至個人化的歷史教材，轉向少數幾種教科
書的壟斷，政府官方意識型態的介入，使得教科書中所傳達的歷史意識愈來
愈統一，尤其是 1928 年以三民主義為教育基礎檢定教科書，是教科書內容
一致化的第一次高峰，這批教科書對歷史上的異族採取貶抑的態度。歷史教
科書不能納入爭議的歷史討論，否則會動搖民族自信力，國民政府有一套框
架用以規範國民的歷史記憶。在政治變革中，歷史教科書的編纂者通常在劃
分「我族」與「你群」。如此一來，歷史教學等同於傳達已被建構好的己他
關係。

　　不同的文本，形成了不同的歷史。文本與史料，事實上就是一套套的
意識型態，針對文本中語境的分析與話語的拆解，是文化研究的重點（李英
明，2005）。而論述分析就是意識型態的分析（van Dijk, 1995），批判論
述分析則是針對文本史料中的意識型態進行批判工作，與文化研究的精神相
輔相成。著重於文本語境的分析與論述拆解，批判論述分析很適合作為歷史
教科書的解構工具（王雅玄，2008）。CDA 可以作為他者論述的批判工具，
特別是面對傳播媒介的文本，我們更應該審慎解讀，倪炎元（1999）指出：

> 臺灣有諸多社會角色被再現為「他者」。他們被刻板印象化，被
> 標籤化，甚至被汙名化，他們大部分在媒介的再現中無法發聲，
> 也不擁有優勢的發言位置，因而處在一種被建構、被塑造、甚至
> 被發明的劣勢處境，而透過語言學的分析、符號學的詮釋，以及
> 後結構主義歷史或社會學的批判，我們可以逐一的揭露這些他者
> 被再現的形式、策略與後設的歷史與權力機制……他者在媒介文
> 本中被建構，同時也再現了我群與他者的支配關係，而透過不同
> 進路解讀他者在媒介文本中如何、為何被再現，重建他者的主體
> 性，甚至嘗試改革他者不平等的處境，其實也是媒介批判工作者
> 的政略（political projects）之一（倪炎元，1999，頁 22）。

　　重建他者的主體性，是一種人道關懷。而，拒斥（abjection）是主體形
成的開端，也是驅逐暴力的原型，是一種象徵秩序的情感使人強烈排斥抗拒
外在的威脅（劉紀蕙，2003）。以臺灣文學史為例，隨著文化場域本土意識

高升的同時，對於西方或中國這兩種文化他者的拒斥也開始展開，臺灣文學論述中存在著反覆被清洗排除的負面意識傳統，面對極端異化的文化他者，負面的他者書寫可拒斥那些外來集體壓抑的文化創傷，有助於尋找自我並展現本土化的主動性（劉紀蕙，2000）。臺灣在日本殖民者長達五十一年的直接教化下，仍是殖民主體凝視中永遠的他者。有許多學者針對臺灣與其他殖民者之間衍生出來的他者論述進行各類研究，例如：許光武（2006）分析日本知識分子眼中的他者臺灣圖像如下：異國情趣的營造、殖民能力的誇耀、自治不足的認定、同化皇民化政策的擇定、民族認同的質疑。這些他者論述發生在相對文本中，分析時需著墨於文本產生的脈絡中的拒斥感所傳遞的主體性。

　　誰是歷史他者？如何透視歷史教科書中的我群與他者？從政治社會文化脈絡中尋繹當代歷史教科書的歷史情境，可以從中探討教科書文本中己他論述之呈現。本章聚焦於他者批判論述，分析自日治時期以來經歷戒嚴時期與解嚴時期的政治變遷與社會變遷，關注臺灣近七十年來歷史教科書中他者論述之演變。茲以批判論述分析檢視教科書中「他者命名」如何反映教育體系外的鉅觀脈絡及其歷史演變，因為歷史教科書的批判論述分析就是對歷史文本的解構，目的在於揭露歷史教科書中「正面呈現自我，負面呈現他者」的論述。

貳、他者理論與文化再現

一、何謂他者？

　　他者是文化研究中非常重要的概念。由於人類歷史、地域、族群和社會的複雜，文化的差異性無可避免。Giddens（1999）認為文化是一套連貫的概念以決定哪些是重要、有價值、有需要的事物，進而成為人們在生活環境中所依循的行為規範。不同文化相互交匯時，不同主體常依一己制度傳統與思維模式解讀異文化，因而引發己他關係之間明顯或潛隱的矛盾與衝突。所以，文化是相互滲透、混雜、非單一純粹的。Jameson（1993）也認為，每一個群體的存在需透過接觸觀察另一個群體而生，沒有任何一個文化群體的存在不需要藉由觀察另一個文化群體氛圍而生。「Said 師承 Vico

和 Foucault 的歷史學和知識論傳統，認為每種文化的發展和維持都需要某種對手即『他者』的存在，每個時代、每個社會都一再創造它的『他者』」（陶東風，2000，頁 151-152）。故，文化是一種他者思想。對 Foucault 而言，在「我思」中不曾加以思考之物（unthought）就被貶為他者（陶東風，2000）。

　　自我與他者是相互牽連，彼此映照的，如何觀看他者，以何種心態面對他者，不但反身形塑自我，也同時映照自我的樣貌（李有成，2012）。然而，我們使用的語言符號並非如同鏡射般反映真實世界，而是在建構世界。在追索他者的意義時，他者之所以成為他者，其意義並非源自於他者本身，而是透過語言的概念與符號所建構（倪炎元，1999、2003）。所以要了解的是文本如何透過語言、文字、圖像，呈現我文化定義自身與觀看他者文化的視角與立場？如何透過再現過程賦予他者連結特定之概念意涵（劉紀蕙，2001）？以離散者為例，離散者是陌生且不同的存在，他們相當於「異鄉人」，在社會關係中，如同他者與自我間的反比關係，離散者與原來住民之間也存在這種反比關係──自我是主要的，他者則必然成了次要的，在自我的普遍性中離散者也自然成為了他者（尹錫珉、金兌勇，2018）。他者即所謂外部，是被排除於構成同一性的「共同體」的他者（劉紀蕙，2008）。

　　所謂「他者」（Other），相對於「自我」（Self）或主體，是已被定義者之外的另一個、相對的、相反的、不被包含者（alien）、相異者（different），是相對於有主見者（inner-directed）的聽命他人者（other-directed），而他者文化相對於我文化，是被觀看的、被定義的、被書寫的、被符號化的，是在我們思想的限度之外，不可思者（王雅玄，2012c、2013b；劉紀蕙，2004）。因此，「他」與「我」的區分標準與內外疆界的設定界線，是他者論述中的深層問題，這涉及不同歷史與文本形式在區隔修辭或空間化操作的差異，在吸納與排除的歷史過程中必須壓抑清除異己，他者於焉產生，值得追問的是，我們何時渴望他者？這個被渴望的他者意象是否只是自我意識的反射（劉紀蕙，2006）？

　　那麼，他者如何被稱呼呢？從地域層面來看，亞洲是歐洲的他者，第三世界是第一世界的他者，從屬階級是個沒有主體的他者。他者是地域，絕對他者，大寫他者，神祕全能的他者，符號他者，他者之域；另一個場景，陰性他者，內在他者，內在親密的分裂。從文化層面來看，他者意識如亞洲他

者，陌生人，外地人，異鄉人，殖民他者，邊緣人（劉紀蕙，2006）。

他者如何被觀看呢？他者雖是「相異者」，然而在描繪他者時卻又往往侷限於己身的觀點與利益，因為：

> 笛卡兒式主體的存在必然表現為對於他者的排除與壓制，正如現代理性常常把一個危險的他者塑造成一個不正常的形象，他也透過暴力壓制所有的文化差異（陶東風，2000，頁 46）。

最明顯的例子是歐洲對於異族（Other People）的感知，Sardar, Nandy 與 Davies（1993）在《野蠻的他者：關於西方種族主義的宣言》一書中提到，哥倫布登陸新大陸前幾個世紀裡，歐洲對於異族的認識或想像，主要來自於盤旋於西方心靈內部的恐懼、幻想和魔鬼，而不是來自於與他者的實際接觸經驗，這是因為這些異族或他者（the Others）生活在歐洲的觸角未及之處。而此種對於異族的認識過於根深蒂固，以致構成歐洲自我認同的一部分（彭榮邦，2014）。西方眼中的東方也是如此，Said（1978）以「知識／權力」說明東方與西方權力不對稱的位置關係。東方主義視野中的東方呈現落後原始、粗俗野蠻，而西方則是象徵進步優越、理性文明。如此視角下的東方，東方成為靜默、臣服從屬於西方文化主導知識權力之下的對象，是將東方鑲嵌注入西方意識型態與帝國主義的論述生產體系中，並從這知識體系中衍生出對東方的殖民統治（宋國誠，2003、2004）。「作為一個被剝奪了話語權的他者，東方是不會表達自己的，它必須由西方來替它表達」（陶東風，2000，頁 86）。西方為指涉主體的我者，東方則為被建構、概念化的他者。透過東方主義的表述或再現，以排斥和換位將東方真正的東西變得多餘和不重要。價值意義的闡釋取決於西方，東方被再現的同時，也再現西方文化主體與權力關係，印證了文化霸權之所在（張京媛，2007）。東方是西方的他者，臺灣地處遠東，是否被西方世界他者化，是否他者化（Othering）其他對象，皆值得關注。

二、他者的場域

　　他者會發生在哪些場域呢？就歷史而言，心理學最早再現的非歐洲他者，是「種族他者」（racial Other）。種族是一種最為明顯的差異（difference），用來區分「我族」（the "Us race"）和「他族」（the "Other race"）的概念（彭榮邦，2014）。對於當時的歐洲人而言，黑色註記著他族和我族的差異，同是諾亞子孫，但他們源自被詛咒，永遠命定只配當劣等人（Richards, 1997）。後來由於反種族主義論述使得「種族」一詞成為禁忌，他者理論從種族他者到文化他者，不僅僅是源自於社會心理學對社會脈絡重要性的強調，更源自戰後來自歐洲的移民潮劇烈地改變了美國人口的顏色組成，是文化他者出現的序曲（彭榮邦，2014）。文化他者開啟了他者理論的多重面貌。

　　首先，劉紀蕙（2001）在《他者之域：文化身分與再現策略》區分四個他者的「展演場域」：一是「符號中國」，分別從文學、法國壁毯圖繪、義大利歌劇、臺灣攝影作品中探尋他者的中國意象；二是「思索臺灣」，企圖在現代文學、劇場、電影作品中思索中國與臺灣的文化關聯；三是「中國？亞洲？他域」，則把視域擴及亞裔與華人世界，觀看其在他域的後殖民情境；四則鎖定「異質疆界與政治版圖」，特以加拿大這個多族裔的國家為例，探討異質文化在這個政治疆域的抗爭性與容存度。這裡的他者界定係在國家疆界中發生。

　　然而，己／他之別是人類思想的一個基本類別。女性主義者認為，男人從一開始便為自己正名為「己」、女人則為「他」，男女關係就像己他關係：自我在集體他者（collective Other）如輿論或社會規範的強力凝視下，將他者的意識內化成為虛偽的自我─自體存在，倘若他者對自我構成威脅，自我就會使他者臣服。例如：當女人對男人構成威脅，如果男人希望保持自由，就必須使女人屈居次位，臣服於男人。為了要成為自覺存在，男人便將女人貶抑為只具自體存在（女人等於是沒有自覺的客體）。儘管女人並非唯一受壓迫的族群，但西蒙波娃指出，有別於其他的己／他關係皆具有相互認定性，唯獨性別，女人永遠是他者，一向受制於男人，從無例外，不像種族或階級的壓迫那樣具備特定的歷史條件，有時還會情勢反轉。甚至女人自身還會內化這種「男人異化女人」的觀點，認同男尊女卑，變成是女人壓迫女

人而不自覺（顧燕翎主編，1997）。這裡的他者界定係在性別疆界中發生。

　　東／西方之別是人類社會的另一個類別。許光武（2006）描繪東西方世界對他者的不同圖像，西方世界中的他者理論主要立基於黑格爾的主奴辯證，此種類別通常是黑白之間的種族疆界。然而，東方世界中早存在著他者論述，例如：中華文化中的華夷思想係透過朝貢體系來實踐傳統中國與周邊夷狄之邦的秩序體系，作為華夏民族與外族的族群疆界之分，而日本也曾延續傳統儒家禮儀移植尊王攘夷的華夷思想，但明治維新成功與中日甲午戰爭之後，日本轉為脫亞入歐，將原先奉為主體的中華霸權視為夷狄他者，以大和民族優位之姿與大漢民族切割。這裡的他者界定係在族群疆界中發生。

　　高／低之別也是人類社會的另一個類別。邱雅芳（2004）發現在文學作品中充滿了他者論述的觀看角度。例如：清朝中國來臺遊宦文士描寫蕃人風俗的作品顯見漢人優越感，「蕃」字眼流露文明與野蠻的對比，是漢人對臺灣原住民的「異化」描寫。而旅臺日人作家透過佐藤春夫的〈霧社〉與中村地平的〈霧之蕃社〉，描寫荒廢的臺灣南部風物或蠻荒待墾的蕃地部落，是一種將臺灣「他者化」的書寫。上述的觀看政治，無論從日本或清朝中國的主觀位置來對照臺灣或原住民，潛意識流露出「進步／荒廢」、「文明／蠻荒」，用來指稱我高你低的區隔，是最典型的他者論述。這裡的他者界定係在階級疆界中發生。

　　綜上所述，劉紀蕙（2001）《他者之域：文化身分與再現策略》一書中所闡述的他者主要發生在國家疆界。而，西蒙波娃則主張他者主要互古不變的場域是性別疆界，她認為有別於其他的己／他關係皆具有相互認定性，唯獨性別，女人永遠是他者，一向受制於男人，從無例外，屬於「性別他者」。許光武（2006）以華夷思想透過朝貢體系來實踐傳統中國與周邊夷狄之邦的秩序體系，認為他者的場域在族群疆界，屬於「族群他者」。邱雅芳（2004）從文學作品中發現潛意識流露出進步／荒廢、文明／蠻荒，臺灣在日本殖民者長達半世紀的直接教化下，仍是殖民主體凝視中永遠的他者，此種最典型的他者論述主要發生在階級疆界，屬於「階級他者」。

三、歷史教科書之他者研究

　　回顧歷年來歷史教科書研究成果，綜合整理歷史教科書研究的類目範疇大致已經涉及以下三個他者場域：

　　第一，政治場域：此處議題側重於探討政治發展史中政黨輪替與政治思想的轉變如何投射於教科書。例如：政治價值，以三民主義實現世界大同的理想，共匪是反人性、反倫理、反道德為核心價值；政權形式，中華民國基於三民主義為民有、民治、民享之民主共和國，有關政府的角色與功能，包括政府權力分配、安排及運作；政治規範，提供規範公式，約定權力、特權與義務，例如：聲明、憲章、法律、命令、典章制度、宣言等；政治領袖，政治領導人物的談話、訓勉、行誼和風範；政治團體，各種政治團體或組織，如國民黨、共產黨（林孟瑩，2005；林明華，2006；郭豐榮，2008；廖容辰，2005）。

　　第二，國家場域：此處議題側重於探討文明發展史中，國家建設與國家意識的轉變如何投射於教科書。例如：愛國情操，認同國家，對國家奉獻，強調犧牲小我，完成大我，為國盡忠，為國爭光，好國民必須熱愛國家；國家建設，國家在各方面的建設，包括政治、經濟、文教等建設成就；精神建設：維護政策、振奮人心之口號或精神訓勉，如實踐三民主義，光復大陸國土，復興民族文化，堅守民主陣容的口號（王前龍，2000；王麗蘭，2009；余剛式，2005；吳國華，2004；李旻憓，2008；施正鋒，2003；陳采憶，2009；曾俊瑋，2007；魏素玲，2006）。

　　第三，族群場域：此處議題側重於探討民族發展史中族群關係與族群認同的轉變如何投射於教科書。例如：強調共同血緣、歷史事件、古代傳說、民族偉人，民族精神，促使族群團結禦侮，抵抗他族侵略；民族優越信仰，我國有五千年悠久歷史，博大精深的孔孟思想；大中華意識，將漢、滿、蒙、回、藏、苗、傜融合而成的偉大中華民族；華夏文化，我們同胞都是炎黃子孫，有共同的中華文化思想；同仇敵愾，仇外的敵意態度，反對不同的政治信念，如反日抗日，萬惡共匪反共，反攻復國，光復大陸的思想（張期玲，2004；陳敏華，2007；葉玉賢，2010；蕭文淵，2007）。

　　分析其使用的論述方式，大致也可發現使用正反論述或二元對立，例如：典型表揚，塑造具有代表性或特定的人、事、物、團體，藉以使讀者產生學習仿效的心理；攻擊，讚揚，選擇撰述。Baumeister 和 Hastings（1997）研究也具體指出集體記憶經常使用的策略，例如：「選擇性遺漏」：選擇性地遺漏令人不悅的事實；「怪罪仇敵」：藉由歸咎敵人或對手，來降低自己的罪責，把自己的罪行解釋為只是對敵人的回應而已，甚至將責任完全推給

敵人，以及「歸咎環境」以使自己要負的責任降到最低等，都是集體記憶運作的機制。這些機制都可以在上述許多歷史記憶的研究結果中看到，例如：主流媒介在過去的二十年裡，刻意地不去報導美麗島事件（除了 77、78 年對許信良的報導及 88 年對於黃信介去世的報導是例外）。又如當年主流報紙的記者在口述歷史中，將責任推給大環境等。他者理論與文化再現，都是藉由特定主體間權力關係的運作而生。他者若要找回主體性，需先破除普遍性的偏見迷思，解構統一性，方有利於重獲主體性（倪炎元，2003；許光武，2006）。

　　解構乃為建構主體的先要條件，在全球化脈絡下我們需要尋求文化他者對我們的覺知，作為開展相互對話的關係，才能有自我解構之契機（王雅玄，2013b）。那麼，如何從他者被書寫的過程中解構呢？倪炎元（1999）認為書寫他者包含一連串的選擇過程：何者被接納／何者被排斥？何者明示／何者暗示？何者是焦點／何者為背景？誰存在／誰消隱？肯定誰／否定誰？承認誰／歧視誰？這些不僅止於當下的選擇，更是深層意識型態的操作，涉及建構者的目的與利益。根據前述眾多學者（王雅玄，2012c、2013b；宋國誠，2003；倪炎元，1999、2003；許光武，2006；劉紀蕙，2004；Said, 1978）討論他者理論的核心概念，可歸納為：殖民／被殖民、中心／邊陲、主人／奴隸、承認／歧視、褒揚／貶抑、崇拜／剝削、接納／排斥、肯定／否定，這些重要的二元論述，可作為他者論述類目架構之參考。綜合以上文獻探討與前人研究，茲整理他者化論述的理念架構如圖4-1。

參、他者論述分析脈絡

　　本章根據上述他者論述分析之概念架構，考究臺灣自學校教育開始迄今歷經七十年來教科書中他者論述的轉變。茲將脈絡回溯到日治時期、戰後戒嚴與解嚴時期與當代歷史，從政治、社會、經濟、文化脈絡來探討歷史教科書他者命名之古今比較。分析樣本選自民國 37 年至 108 年發行的課綱，也就是從 1952 年到 2022 年這七十年間出版的國中歷史教科書共 10 套。分析焦點為呈現出己他關係的他者論述。採取批判語言學的批判論述分析取向，歷史教科書文本中的他者論述向度聚焦於國族他者、族群他者、階級他者、性別他者，並嘗試比較這七十年來他者論述的演變。探詢以下問題：

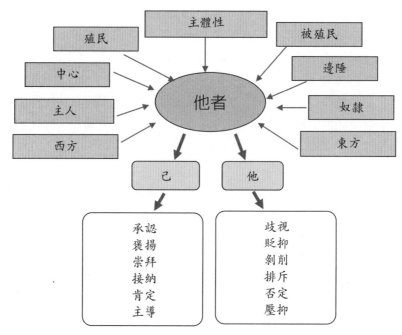

圖 4-1　他者論述之概念架構

1. 教科書中出現哪些揚己貶他的文化群體（國家、族群、階級、性別）？
2. 對這些文化群體的特徵、屬性與品質的文字描述為何？
3. 對這些文化群體的價值賦予（排斥、歧視、壓抑或剝削）為何？
4. 對這些文化群體的名稱與描述為何？「己／他」之別的立場與觀點為何？
5. 這些文化群體的定位如何被強調或削弱？

　　資料涵蓋廣度在年代選擇上橫跨臺灣自正式出版教科書以來迄今約七十年。研究主題「他者命名考」分析在臺出版的歷史教科書，考量歷史脈絡所蒐集的資料需涵蓋解嚴前後，由官方發行的國民中學歷史教科書。由於國中課程標準變革需考量時代劃分，將歷史時期依照政治氣候分為威權時代與民主時代，古今比較主要是以解嚴年代作為區分，1987 年以前為古，屬威權時代，1987 年以後為今，屬民主時代。時代劃分是個歷史分界點，並非意味著課程意識型態的論述也依此年代二分為威權與民主。
　　回顧國民中學課程標準發展過程，自從 1968 年訂頒「國民中學暫行課

程標準」以來，課程標準分別於 1972、1983、1985 年修訂過三次，此時期隸屬本研究所謂的威權時代。1987 年解嚴之後，國中課程標準並未立即修改，教科書也沒有隨著解嚴後立刻變革。直到 1994 年才修訂新的「國民中學課程標準」，1997 年才正式實施。從 1987 年解嚴後到 1997 年新課程標準正式實施計有十一年，在這段屬於民主政治的時期由於政治快速變遷，儘管新課程標準尚未推出，舊版的社會科教科書亦配合時代變遷而經歷多次修訂再版，這些修訂再版的教科書對本研究而言仍屬於民主時代的用書。因此，本研究所指威權時代是以 1987 年前根據戒嚴時期制定的課程標準所編定的教科書，民主時代則是以 1987 年後所出版的教科書。解嚴之後開啟了臺灣相當激進的教育改革，1994 年新課程標準才於 1997 年正式實施一年後，1998 年又澈底將課程標準改為《國民教育階段九年一貫課程綱要總綱》以七大領域取代了原有詳細的分科課程，不同於以往全國統一的課程標準（游家政，1999）。於是民主時代的教科書包括了三個階段：1987 年後再版的歷史教科書、1998 年後根據新課程標準所編的教科書（認識臺灣、國中歷史）、2002-2022 年分別根據九年一貫課程綱要與 108 課程綱要所編的教科書。這些不同時期所頒定的課程標準與課程綱要，是否會造成教科書意識型態上的差異是關注重點。

　　根據上述時代背景脈絡考量，本研究所分析的歷史教科書在教科書政策開放之前皆為教育部審定由國立編譯館出版，包括民 41、民 43、民 56、民 63、民 76、民 84、民 87、民 94。在教科書政策開放之後，選定教育部審定通過由康軒與翰林文教事業出版，包括民 101、民 108-111。教科書文本涵蓋編輯大意、目次、版權頁、課文文本、課文圖片、問題與作業（見表 4-1）。

表 4-1　他者命名考之歷史教科書分析樣本

年代版本代號	介紹
民 41，冊 1-6	本教材《初級中學歷史》遵照中華民國 37 年 12 月教育部修訂初級中學歷史課程標準編輯。民國 41 年 11 月教育部審定臺二版，由正中書局發行，王樹昭、李樹桐編著。共六冊。

年代版本代號	介紹
民 43，冊 1-6	本教材《初級中學歷史》遵照中華民國 41 年 12 月教育部修訂初級中學歷史課程標準編輯。民國 43 年教育部審定初版，由臺灣省政府教育廳發行，中學標準教育書歷史科編輯委員會編輯。共六冊。
民 56，冊 1-6	本教材《初中歷史》遵照中華民國 51 年 7 月修正公布初級中學歷史課程標準編輯。民國 56 年 12 月四版，由中學標準教科書歷史科編輯委員會編輯。共六冊。
民 63，冊 1-6	本教材《國民中學歷史》依據中華民國 61 年 10 月教育部公布的國民中學歷史課程標準編輯。民國 63 年 8 月初版，由國立編譯館出版。共六冊。
民 76，冊 1-6	本教材《國民中學歷史》依據中華民國 72 年 7 月教育部公布的國民中學歷史課程標準編輯。民國 76 年 8 月正式本初版。由國民中學歷史科教科用書編審委員會編審，國立編譯館出版。共六冊。
民 84，冊 1-6	本教材《國民中學歷史》依據中華民國 74 年 4 月教育部修訂公布的國民中學歷史課程標準編輯，經適用、修訂，自民國 78 年起參酌使用意見再次改編而成。本書為民國 84 年 8 月所改編的第六版使用至 86 年。由國民中學歷史科教科用書編審委員會編審，國立編譯館出版。共六冊。
民 87	本教材《認識臺灣（歷史篇）》依據中華民國 83 年 10 月教育部修訂發布之國民中學認識臺灣（歷史篇）課程標準編輯。民國 86 年 8 月試用本，87 年 8 月正式本初版。由國民中學認識臺灣（歷史篇）科教科用書編審委員會編審，國立編譯館主編出版。共一冊。
民 94，冊 1-6	本教材《國民中學歷史》依據中華民國 92 年 1 月教育部公布的《國民中小學九年一貫課程綱要》編撰。第二冊為民國 94 年 2 月初版、95 年 2 月修訂，第三冊為民國 94 年 8 月初版，第四冊為民國 94 年 2 月初版。
民 101，冊 1-6	本教材《國民中學社會》依據民國 97 年教育部發布之《國民中小學九年一貫課程綱要》編輯，由國家教育研究院民國 100 年 9 月初版、101 年 9 月修訂再版，康軒文教事業發行。共六冊。

年代版本代號	介紹
民 108，冊 1 民 109，冊 2-3 民 110，冊 4-5 民 111，冊 6	本教材《國民中學社會》依據民國 107 年教育部發布之《十二年國民基本教育課程綱要國民中小學暨普通型高級中等學校—社會領域》編輯而成，由翰林文教事業出版。第 1 冊爲民國 108 年 8 月初版、第 2 冊爲 109 年 2 月初版、第 3 冊爲 109 年 8 月出版、第 4 冊爲 110 年 2 月初版、第 5 冊爲 110 年 8 月初版、第 6 冊爲 111 年 2 月出版。共六冊。

肆、他者命名考——教科書古今演變

本研究以他者概念爲經、古今爲緯，觀看古今歷史教科書他者化對象的變遷，茲以 1952-2022 年出版的歷史教科書共 10 套，分析「他者化」意涵的文本與圖片，觀看誰是當代歷史教科書中的他者。針對教科書圖文中可能出現「他者」意涵進行全面探討，觀看歷史教科書中的他者論述爲何。茲依臺灣史、中國史、世界史分別歸納出古今他者論述之演變。

一、臺灣史：殖民秩序體系

早期的國中歷史教科書對臺灣著墨不多，臺灣在歷史洪流裡，可說是一部殖民史。針對我族被殖民的部分，歷史教科書多能從壓迫的角度詮釋西方對臺灣的殖民，例如：說明改信奉基督教的過程採強迫手段：

> 荷蘭人占領臺灣後……強迫娶原住民爲妻的漢人改信基督教，嚴禁漢人私藏武器和自由集會。由此可見臺灣在荷據時代，漢人受到嚴重的壓迫，終於在一六五二年爆發郭懷一抗荷事件，被殺的漢人達數千人（民 87，頁 20）。

儘管如此，內部殖民論述猶存，教科書中經常出現「漢族論述」，以肯定漢化與歌頌撫蕃政策的方式流露漢化中心思想。例如：

> 爲促進後山（臺灣東部）和內山的發展，沈氏積極推展開山「撫

番」工作。除廢除限制漢人渡臺、禁止漢人入原住民活動區及禁止
漢人娶原住民為妻等法令外，……並鼓勵漢人入山拓墾……[沈氏]
積極推動「化番為民」政策，從此清廷更能有效的控制內山和後山
地帶。沈氏在臺的作為，為此後臺灣的建設奠下基礎（民87，頁
51）。
劉氏的另一政治措施是征討和綏撫原住民，其方針是恩威並用，
撫剿兼施。對未降服的原住民，施以軍事討伐；對降服的則設撫
墾局和「番學堂」，施以生產技術和漢語、漢文教育（民87，頁
52）。

　　至於當代臺灣史方面，從教科書文本的編排與結構來看，整體課文的
文字敘述皆盡可能中立、少價值判斷或褒貶立場。惟各單元補充新知的「充
電站」、「動動腦」、「課後閱讀」，是立場較為鮮明的部分。例如：日治
時期的臺灣社會以蔣渭水的臨床講義〈為名叫臺灣的病人而寫〉，列出診斷
書，診斷為「世界文化的低能兒」，病症為「智識營養不良症」，病歷描述
如下：

幼年時（即鄭成功時代），身體頗為強壯，頭腦清晰，意志堅強，
品行高尚，身手矯健。自入清朝，因受政策毒害，身體逐漸衰
弱。至轉日本帝國後，接受不完整的治療，稍見恢復，惟因慢性
中毒達兩百年之久，不易豁然而癒（民101，冊1，頁96）。

　　其開列處方為「最大量接受正規學校教育」，以便提升臺人的文化素
養。上述這份診斷書揭露了華夏中心主義（強壯幼年）與對異族滿清的拒
斥（清朝毒害），認為日治時期的臺灣文化遠不如日本文化（日本帝國）、
不及世界文化。雖然蔣渭水與林獻堂成立臺灣文化協會試圖喚起臺人民族意
識，但這樣的臺灣意識仍不脫離自我矮化、把臺灣他者化之嫌。臺灣史再現
了以歐美日為主體，臺灣為他者的殖民秩序體系。
　　不過，臺灣意識仍是當代歷史教科書的核心，到了戰後時期，對臺灣
的描繪則以對抗中共思想的方式，強調臺灣積極的外交關係、對峙的兩岸

關係、完善的經濟建設與文化教育，最後以〈壓不扁的玫瑰——楊逵〉[2]（民101，冊1，頁106）和〈唱我們的歌〉[3]（民101，冊1，頁124）凸顯臺灣論述。十二年國教108課綱最新版本的歷史教科書更是大幅改寫臺灣歷史，將焦點轉移至移民社會的多元文化視野，從大航海時代外來者競逐到清帝國統治、日本帝國的統治、戰後臺灣……，教科書都在文本末置入歷史踏查，提供正反論述讓學生討論生活在不同殖民體制下的人民感受與反思，例如：〈戰或和？不同立場的抉擇〉（民109，冊2，頁117）、〈功與過——日本統治下的臺灣〉（民109，冊2，頁118）、〈臺灣棄留爭議〉（民109，冊2，頁120）、〈圖說臺灣歷史〉（民109，冊2，頁142-143）。

綜上所述，歷史教科書的臺灣史內容不多，主要反映殖民秩序體系，早期是以漢族論述殖民原住民族，而面對外來政權則同時出現對臺灣自身的肯定與否定，始終懷抱著矛盾的雙重意識——貶己揚他的崇洋論述與揚己貶他的臺灣論述，彰顯在不同時期面對不同他者的脈絡，而教科書中的「他者」也不斷地隨著臺灣主體性的變動而改變。日治時期對臺灣的描繪係以迎接日本思想的姿態，戰後時期則以對抗中共思想的方式，逐漸又展開區分中華民國與中華人民共和國的兩岸差異，強調臺灣積極的外交關係、對峙的兩岸關係、完善的經濟建設與文化教育，直到當代則凸顯臺灣論述，更具批判多元文化素養。

二、中國史：華夷秩序體系

中國的歷史，在教科書中占有相當分量，在歷史洪流裡，中國史可說是一部展現華夷秩序體系的朝代盛事史，這顯見於歷史教科書中的華夏論述、國族論述、黨化論述。

---

[2] 〈壓不扁的玫瑰——楊逵〉這是一篇放在第四課戰後臺灣政治變遷的課後閱讀，原收錄於國中國文教科書簡介遭受白色恐怖迫害的楊逵生平，內容以楊逵一生之不平遭遇，描寫他投入農民運動、臺灣新文學、遭受二二八迫害的政治生涯，彰顯楊逵強烈的臺灣意識與愛國情操。

[3] 〈唱我們的歌〉這是一篇放在第六課戰後臺灣經濟與社會變遷的課後閱讀，原收錄於遠流出版的《臺灣世紀回味——文化流轉》一書，內容記載1970年代校園民歌的興起凸顯臺灣的本土意識。

（一）華夏論述

在華夏論述方面，歷史教科書只承認正統的華夏民族，貶抑非正統的蠻夷之邦：

> 唐代國勢隆盛，對外族兼容並包，諸夷 番將 ，或由唐帝賜姓，或由自己改用漢姓，契丹人、奚人、高麗人等， 同化 於漢族的都為數不少。……金人且至入據中原，宋室因而南渡，但他們都重用漢人，嚮慕漢族文化，入居中原後都一一 漢化 了（民41，冊6，頁166）。

教科書再現「華夏／蠻夷」論述，經常出現口號為「驅除韃虜、滿清腐敗、漢奸、大中華主義」。例如：「光緒二十年（西元1894年），國父在檀香山創立興中會……以『驅逐韃虜，恢復中華，創立合眾政府』為誓詞（民63，冊3，頁62）。」「光緒三十一年（西元1905年）組成中國革命同盟會……以『驅逐韃虜，恢復中華，創立民國，平均地權』為四大綱領（民63，冊3，頁63）。」誓詞中的「韃虜」指滿族，要恢復中華必須先將滿族趕出，可見滿族被拒斥。不過，中華民國一誕生後則改為主張「五族共和」，一掃先前「驅逐韃虜」。另外，從教科書各目次中標示「外患的加劇」和「邊疆藩屬的喪失」（目次第二十一章），將邊疆的民族視為「藩屬」都顯示漢族中心的思考模式，忽略少數族群，流露我族優越感。

華夏正統性的強調特別出現於推翻滿清的正當性，由於清廷為滿人外族的統治，國中歷史教科書提到清廷無不是以一面倒的腐敗論述說明之，例如：

> 清朝的政治 更趨腐化 ，外國的強勢如排山倒海而來，加上領土的掠奪，經濟的迫害，不平等條約的約束，使中國喪失了獨立國應有的地位。太平天國的運動，本含有充分的民族革命性，但是那些領導起事的人 無知無能 ，竟使這一運動因爭權奪利而失敗了。戊戌變法本是清政府的一箇生機，不料也被 頑固分子 所破壞。再經義和團之亂，引起八國聯軍之禍，清政府的威信更是 掃地無餘 。

中國到了這箇地步，只有國民革命才能挽救危亡（民56，冊4，頁11）。

這時很有些人渴望立憲，而清政府的措施卻與立憲的要求相反。雖然先後頒布許多法令，總 不愜人心 。而且親貴擅權，更是違反立憲的精神。於是清政府的假立憲全被人民看透了。無怪革命的潮流一天天擴大起來，而同情於革命的人也一天天的增加了（民56，冊4，頁20）。

對於清朝政府，教科書使用形容詞如腐化、排山倒海、無知無能、掃地無餘……盡可能描述當時清廷時局的動盪不安。在這當中也可觀察到編者巧妙的安排：先呈現正面他族，再呈現對他者的負面評價。如上述「太平天國的運動，本含有充分的民族革命性，但是那些領導起事的人無知無能。」透過「……，但是……」的論述方式，來減緩呈現出對於他者的排斥，同時也透過「但是」的語句強調負面的他者呈現。這是透過層層對於清末時期負面用詞與誇張修辭之堆疊，去強調清政府的無能無為，又如「清廷到這時才感覺東北的危險，不能再如從前那樣漫不經心了」（頁10）、「日俄兩國以遼東為戰場，我國（清廷）無可奈何……」（頁8）。這意味著，滿人統治並不符合華夏人民的期待，唯有華夏論述才是中華民族人民的依歸。

整個中國史充滿了各朝各代的豐功偉業，朝代盛事的歌功頌德可以說是歷史教科書的主角，例如：「貞觀之治、康雍乾盛事」（民94，冊3，頁105）。又如春秋戰國政局動亂，比較強勢的諸侯各據一方，春秋五霸與戰國七雄的命名論述用來對該時代政局的歸納，形成當時的政局代表，顯示出亂中有序：

齊桓公與後來的宋襄公、晉文公、秦穆公、楚莊王合稱「春秋五霸」。……戰國時期各國君主紛紛僭號稱王，實力最強的有齊、楚、燕、趙、魏、韓、秦，史稱「戰國七雄」（民94，冊2，頁89）。

從上述歷史教科書充斥著歌功頌德的盛世論述以及褒揚知識分子，不難看出教科書隱藏著的「階級論述」，經常性的將知識分子與文盲併陳，強調

褒揚知識分子、貶抑文盲農民：

> 軍隊中文盲占絕大多數，很容易爲有野心的軍事將領所利用，形
> 成私軍，這都是軍閥形成的原因。……在地盤內爲所欲爲，橫征爆
> 斂，所搜括的民脂民膏，大多用來畜養其私軍（民84，冊4，頁
> 47-48）。

在面對我族殖民他族的部分，仍是以己爲尊、歧視外族的論述：

> 東征的同時，擴大實施封建，此舉具有武裝殖民性質；而營建雒邑
> （今河南洛陽），也有控制東方新領地之意（頁87）。……齊桓公
> 在管仲的輔佐下，對內改革政治，對外號召尊王攘夷，成爲春秋
> 時代第一個霸主（頁89）（民94，冊2）。
> 圖7-9說明善騎射的番將，戰力頗強（頁71）。……宋太祖爲消弭
> 唐中葉以來藩鎮割據之害（頁83）（民94，冊3）。

此種華夷秩序發揮到最極致的朝貢體制：

> 明清帝國在對外關係上，以天朝自居，透過冊封的方式，建立以
> 中國爲中心的朝貢貿易體制。周邊各國，例如：朝鮮、琉球等國藉
> 此與中國建立關係……。南海諸國陸續向明帝國朝貢，擴大了朝
> 貢貿易的規模（民109，冊3，頁122）。

　　整體而言，教科書的中國歷史文本再現了華夏論述，使用「武裝殖民、
尊王攘夷、番將、藩鎮、藩屬」等命名論述，指稱自己爲王、他者爲番夷，
肯定武力控制外族領地的獨大心態，將蠻夷收編爲朝貢體制的他者，再現了
華夷秩序論述。

（二）國族論述

　　在國族論述方面，原本瀰漫著華夏與漢族沙文主義的中華論述，最後延
續發展成國族論述：

我們身為中國人，對於中國過去的光榮歷史和優秀文化，更應當有詳盡的了解。……尤其注重闡揚我國悠久文化和民族精神，藉以啟發每一位國民的民族自尊心和復國建國責任感（民63，冊3，編輯大意）。

在教科書的編輯大意中經常可見「國家」與「民族」併述，顯然將「國家」和「民族」等同看待。國民黨主政下常見的「炎黃子孫」、「中華兒女」，使學生以為「國家」與「民族」是相同的，所以對臺灣的國家認同，便很自然的以血緣、種族、文化為判斷標準。而中國北京政權和臺灣國民黨政權，也都習慣以「中華民族」作為其民族及國家認同的代表名詞。這也可能是形成中國對臺統戰與打擊臺灣國際生存空間的理論根據。民國63年版的國中歷史是以中華民族認同為基礎。

教科書中的國族論述再現了「中國中心／臺灣邊陲」、「唯我獨尊／歧視敵國：日本小國、俄帝鷹犬」，例如：民國63年第三冊國中歷史教科書文本中稱俄國為「俄帝鷹犬」（p. 90），稱日本為「凶狠的日寇」（p. 92）。伴隨著上述的命名論述，經常出現的指稱論述是不堪的修辭敘述：「日軍……，如瘋狂的禽獸一般」（p. 95）、「以一個維新不久的日本小國，竟然先後擊敗了中、俄兩個大國」（p. 67）、「俄帝所扶植的中國共產黨」（p. 87）、「我國大陸的沉淪，都是這個赤色帝國主義者——俄國所造成的惡果」（p. 104）、「日本兵在南京之大屠殺（手拎人頭面露猙獰之色）」（p. 95附圖）。無論從課文、目次或附圖文字中，多處可見教科書的中國中心論述，對周遭敵國以偏見不屑字眼命名指稱，深具他者化論述。

民國六年（西元一九一七年）十一月，俄國建立赤色政權。八年，組織第三國際，進行赤化世界的 陰謀（民43，冊4，頁86）。
於是在國際間確定了蘇俄阻撓我恢復東北主權，扶植共產黨 叛亂，竊占 中國大陸的違約罪行（民43，冊4，頁91）。

「陰謀」、「叛亂」、「竊占」都是負面語詞。用一連串負面指稱將讀者激起「俄國共產黨為狡詐之徒」（陰謀隱含狡詐不軌之意）；用叛亂、竊

占都影射中國共產黨取得中國大陸的政權為不法，但事實上其取得政權的過程並無疑義。

> 日本國力充實，便想對外發展，光緒五年（西元一八七九年），
> 併吞 了琉球，同時還 侵略 朝鮮（民 43，冊 3，頁 116）。
> 從此臺灣被日本 占有，凡五十年，直到第二次世界大戰以後，才
> 為中國所收復（民 43，冊 3，頁 119）。

「併吞」、「侵略」、「占有」此種野心用詞都屬於負面指稱。帶出野心強大的日本對臺灣的霸占。但還原歷史，當初是因為甲午戰敗，清廷與日本簽訂的條約內容便是割讓臺灣，這在國際來說是一合法行為，並非是像土匪一樣「占山為王」。「占有」一詞暗指日本非法強奪。從另一個角度來看，臺灣因清廷戰敗而被割讓，也顯示出臺灣的附屬地位。

此種「中國中心／臺灣邊陲」的史觀論述持續蔓延於教科書：「被日寇占據了五十一年的臺、澎，又重新回到祖國的懷抱」（民 63，冊 3，頁 98）；「所有日本從中國竊奪之領土，如臺灣、澎湖及東北四省，均須歸還中華民國」（民 63，冊 3，頁 98 注釋）；「政府遷臺以後的施政重點，是積極的建設臺灣為三民主義的模範省，作為反攻大陸建設三民主義新中國的藍本」（民 63，冊 3，頁 106）。

直到當代，國族論述依然隱藏著褒己貶他的他者論述，例如：「日本唐化程度更加激底，因而有君子國之稱。」（民 94，冊 3，頁 78）對於日本因為同化於唐朝文化而稱之為君子國，則是貶低日本、褒揚自己是高尚風範君子的論述。

（三）黨化論述

在黨化論述方面，歷史教科書最常使用褒揚我黨／醜化異黨的方式。早期教科書透過不斷褒揚國民革命軍的精神，以中國國民黨為核心強化革命黨或興中會，國民革命在早期國中歷史教科書占有相當重的分量，例如：民國 56 年第四冊充滿三種革命內涵，推翻滿清的革命、對內（軍閥割據）的革命、對日抗戰：

> 光緒二十年十月（西元一八九四年十一月），中山先生在檀香山創
> 立興中會，發表宣言，號召同志，共救中國危亡。這是中國近代
> 的 第一個革命組織 。……中日戰爭爆發，清海陸軍均潰敗，更暴
> 露清政府的昏愚和社會風氣的頹廢，中山先生的革命意志因此更
> 加堅定（民56，冊4，頁13）。
> 第十次的起義……不顧危險，和清廷死拼，異常激烈的一次。
> 事雖不成，但清廷對於革命黨的恐懼，全國人民對於革命黨的同
> 情，都一天一天的增加（民56，冊4，頁17）。

　　先賦予國民革命軍重要地位，它是第一個革命組織。事實上，在國民革
命軍成立之前已經有反對清廷的組織，例如：「太平天國」，同樣是革命，
卻給予不同的論述方式，國民革命軍是個被賦予正當性地位的革命組織，而
太平天國則被賦予負面評價。接著，使用正面修辭對國民革命軍的正面指稱
則如：運用誇張論述「不顧危險，和清廷死拼」、「全國人民對於革命黨的
同情」；運用忽略論述「事雖不成，但……」只用四個字說明起義的失敗，
卻用加倍語句描述革命軍的英勇奮戰，帶給清廷的衝擊，強化為國救國的精
神。透過描述社會結構面來凸顯國民革命的正當性外，亦運用大量正面詞語
建構出國民革命精神，也透過讚揚國民革命軍，間接讚揚國民黨的領導能
力。

> 中山先生憑著多年的經驗，認為勘定中國的戰亂，解除人民的痛
> 苦，非努力整頓黨務，繼續革命不可。……召開中國國民黨第一次
> 全國代表大會，改定黨章，成立中央執行委員會，發表宣言，說
> 明中國政治受外力壓迫，只有從事國民革命，實行三民主義，才
> 能將中國自「次殖民地」解救出來（民56，冊4，頁42）。

　　在描述發動推翻滿清的革命則以被動論述方式，讓人民相信其中的正當
性；同樣也使用「因為……，只有……」語法，強調之所以要再次發動革
命運動是不得已的、是被迫的，是為了解救中國。也運用誇張修辭讚揚國民
革命軍，例如：「國民革命軍 所向皆捷 ，民國十六年二月攻克了杭州，三
月克上海，光復南京。」（民56，冊4，頁44）。強調國民革命軍的貢獻，

讓讀者對於國民革命軍的印象是出類拔萃，賦予國民革命軍神話形象。

> 民國八年，學生愛國運動（即五四運動）風起雲湧以後，全國思
> 想界起了極大的變化，民族意識也得到普遍的覺醒。愛國必須救
> 國。救國就必須對內掃除軍閥，統一全國；對外取消不平等條約，
> 以建立國際間自由平等的地位。國民革命軍的北伐既完成了統一
> 全國的大業，同時更因廢除不平等條約的要求，而促進中國國民
> 革命運動的進展（民56，冊4，頁49）。

上述將民族意識等同於「愛國必須救國」，強調國民革命運動的豐功
偉業，從其中的因果關係之鋪陳，讓人民打從心底相信這套論述。一方面讚
揚國民革命軍，使讀者敬佩，另一方面是要培養人民的愛國心，愛國必須救
國，愛國就必須奉獻自我。

> 淞滬戰事發生後，我軍奮勇應戰，日本雖屢次增援，兵力達二十
> 萬以上，終為我軍所阻（民56，冊4，頁56）。

使用的修辭語法強調了日本兵力強大，也襯托了國民革命軍英勇抵抗的
精神。表面上可塑造國民革命軍強大的意象，同時也暗示中國國民黨英勇形
象。從上述種種論述策略可以發現執政黨為了鞏固其政權，保全其革命的正
當性，語言學上運用許多命名語法修辭，例如：民國63年第三冊出現大量
的褒揚論述有助於形塑人民對國家的認同，進而培養愛國心，對國家政黨效
忠：

> 革命黨人捨身救國的犧牲精神，卻使國人更加敬慕（p. 64）。……
> 但因辛亥革命全是同盟會所策動，所以大多選舉　國父，表示
> 尊重他的領導地位（p. 74，注釋一）。……國父為了促進政黨
> 政治，乃以同盟會為基礎，並吸收若干較小政黨，組成國民黨
> （p. 75）。……國民黨受到全國同胞的愛戴，獲得選舉的絕大勝利
> （p. 79，注釋二）（民63，冊3）。

　　除了強化黨國論述之外，也同時以打壓他黨（如共產黨、義和團、白蓮教的餘孽）等論述為主軸，自身的存在經常需要透過對他人的否定與拒斥才能成立，因此，共產黨、義和團等白蓮教的餘孽，都成了襯托革命黨的他者：

> 義和團原名義和拳，是白蓮教的餘孽，領導的人自稱有法術，不怕槍礮，詆騙愚民。……打著「扶清滅洋」的旗號，常有仇殺洋教士的舉動（民56，冊4，頁5）。
>
> 太平天國的運動，本含有充分的民族革命性，但是那些領導起事的人無知無能，竟使……。戊戌變法本是清政府的一個生機，不料也被頑固分子所破壞……（民56，冊4，頁11）。
>
> 在此以後，共產黨實行 武裝暴動 策略，先在江西南昌 暴動。繼在廣州 暴動，都失敗了（民43，冊4，頁87）。

　　使用「暴動」一詞，視共產黨為動亂的始作俑者，而凡是中華民國政府的武裝行動都稱為「革命」或「起義」。「暴動」或「革命起義」皆為政治行動並無二致，但二者的立論論述卻有著意識型態的迥異。

> 在此，舉國危疑震撼之際，共產黨更加緊政治宣傳攻勢，一部分朝野人士被其 欺騙，紛紛 妄言 和平（民43，冊4，頁89）。
>
> 最近幾年，中共對我們發動和平攻勢，但政府 洞察 其 陰謀，除非中共放棄共產主義，決不與其接觸談判。……民國六十年，美國國務卿季辛吉（Herry Kissenger）祕密訪問北平，與中共 勾搭，不久聯合國通過接納中共排斥我國的決議，我國代表團 毅然 宣布退出此一國際組織（民76，冊3，頁129-131）。

　　上述第一段文本將朝野投向中國共產黨的行為闡述為被「欺騙」，再現共產黨居心不軌、狡詐奸險之負面意涵，投靠共產黨「妄言」和平，將共產黨與動亂劃上等號，表明想要和平絕不能選擇共產黨統治下的生活。第二段文本將美國與中共的合作稱為「勾搭」（意指引誘和他人相互串通一起為惡），表示和共產黨同陣線則為惡，而臺灣政府能「洞察」他者「陰謀」，

顯示自身英明能將局勢觀察透澈清楚；「毅然」流露出政府不為強權屈服之傲骨。在敘述共產黨和政府兩造的語詞，明顯使用負面描寫他者（共產黨）的弱化論述，正面描寫我群（臺灣政府）的強化論述。

> 世界 $\boxed{禍患的根源}$ 在共產黨，目前中共與蘇俄表面上雖然分裂，但其赤化世界的 $\boxed{陰謀}$ 始終一貫。越南、寮國、高棉的相繼變色及非洲的 $\boxed{赤禍}$ 蔓延……而共產集團 $\boxed{經濟的失敗}$，尤其是在中共統治下的大陸，$\boxed{民生困苦}$，已到了 $\boxed{不能忍受}$ 的地步，人民對共產主義已 $\boxed{失去信心}$。這兩種趨勢，對反共前途，大為有力（民 76，冊 3，頁 142）。
> 同樣的三十多年，中共在大陸實行共產主義，導致 $\boxed{政治專制混亂}$，$\boxed{經濟貧窮落後}$，$\boxed{社會動亂封閉}$，$\boxed{民生凋敝困苦}$，可見共產主義已 $\boxed{澈底失敗}$（民 76，冊 3，頁 143）。

上述二段文本一連串運用排比句加強語氣，強化共產黨領導下的國家經濟、政治、社會、民生落後不堪，都是因為「實行共產主義」。

> 近年來，在民主國家陣營中，姑息氣氛充斥，主張聯合中共以制蘇俄，使我國在國際關係中，一直陷入逆境。但由於我全國軍民團結一致，莊敬自強，積極推展國民外交與實質關係，以使情勢逐漸扭轉（民 76，冊 3，頁 141）。

此段有譴責各國不應該自斷民主陣營而聯合中國共產黨，最後並以「全國」一詞催化團結精神，試圖說明此精神造成我國外交成功，扭轉原本不利我們的情勢，高抬我國的國際地位。由於此版本教科書的出版背景接近民國六十年我國因中共加入聯合國而退出聯合國，因此教科書文本充斥著國共敵對情結。

教科書也經常運用基模結構論述方式，建構黨化論述的立論基礎。例如：民國 56 年第四冊「中華民國的成立」該章節使用的副標題為「武昌起義」、「各省的光復」，透過副標題合理化表達意涵，強調「起義」與「光復」作為中華民國成立的正當性。若是其他政黨想取得政權就不是正

當行動或神聖革命，而是叛亂。例如：「袁世凱的爪牙，收買流氓……」
（p. 30）、「不料二十日晚上，他（袁世凱）竟促使北京兵變。」
（p. 25）、「國民革命軍克復武漢之後，……布滿了『共產黨』，……
想乘機奪取國民政府領導權，然後樹立共產黨政權。」（民56，冊4，頁
45）。教科書的黨化論述僅承認執政黨，對於在野黨的描述傾向汙衊描述。
無論何種黨派為了取得政權，革命過程大同小異，但是教科書指稱國民黨是
「革命」，而其他黨則是「兵變」、「奪取」，這些指稱論述可合理化其政
權之取得，其推翻滿清並非造反而是歷史起義，是替天行道、弔民伐罪，拯
救老百姓之舉，所以國民黨所建立的中華民國才是正統，其餘皆為他者，應
以叛亂視之。此種他者論述使人民認同執政黨，有利執政。

　　綜上所述，中國史教科書所彰顯的華夷秩序體系，從最初的「華夏論
述」延續到「國族論述」，最後發展成「黨化論述」。古代中國史呈現各朝
代對蠻夷外邦的統治，如春秋戰國「尊王攘夷」口號用來團結各諸侯王對王
室的奉承與愛戴，意指夷狄進犯邊界侵擾各國，重視結盟尊王以禦夷狄。而
近代中國史則主要呈現世界各國列強對中國的侵逼，拒斥對象為滿清與共產
中國。本章分析結果反映出中國史教科書所描述各個朝代的東亞國際秩序樣
貌，大致以「朝貢體系」、「華夷秩序」、「冊封體制」這幾個架構為主，
存在著中國中心論述。以中國為中心，外圍配置「藩部」，更外側圍上一
圈朝貢國，由外國向中國進貢，這種國際關係從西元一世紀的東漢時期開始
至1895年馬關條約中，朝鮮成為獨立國家在壓力下斷絕對清朝的朝貢關係
為止。那是一種根植於「中國乃先進強大國度」優越感的華夷觀[4]（岩井茂樹
著，廖怡錚譯，2022）。

　　整體而言，國中歷史教科書在「中國史」編排的組織結構上，大抵是
「中國為主、外邦為蠻」的敵我關係，對於唐、宋、元、明、清的史實說
明，以讚頌唐、宋盛世為主，至於外族為王的元朝與清朝則較少讚頌。可以
這麼說，外邦，是中國的「他者」，中國史再現了中國型華夷秩序體系。

---

[4] 此種蕃夷諸國臣服於中華天子天下觀的「天朝」理念隨著「西洋的衝擊」而土
崩瓦解，十九世紀下半葉，全球普遍改為「條約體系」（岩井茂樹著，廖怡錚
譯，2022）。

三、世界史：國家他者、族群他者、階級他者、性別他者

　　自古以來，教科書總愛提歐美大國，隱含崇洋媚外立場，例如：親美論述：

> 光緒二十五年的英俄協約：英國承認長城以北是俄國的勢力範圍，
> 俄國承認長江流域是英國的勢力範圍。日本也要求福建不租讓與他
> 國，而以福建為其勢力範圍。中國被瓜分的命運，差不多就要定
> 奪了。幸虧美國感覺到遠東局面的嚴重性，恐怕引起各國間的戰爭，
> 於是美國國務卿海約翰發表了一篇開放中國門戶的宣言，通知
> 英、俄、德、法、日、義六國，一面維持各國勢力範圍內的中國
> 主權，同時將勢力範圍改為機會均等。因此列強間的競爭比較緩
> 和，中國才能維持一個「苟延殘喘」的局面（民 43，冊 3，頁
> 122）。

　　上段描述清末中國被各國瓜分併吞的危機，美國有如中國救星般為中國解圍，暫時解除危機。各國列強在中國畫地為王，其屬地的所有經濟效益皆為該國所有，或許美國發現為時已晚，列強早已各自在中國劃定界線，因此美國介入各國協調，避免各國占據中國。教科書沒有深入脈絡討論，僅呈現美國為了避免戰爭極力協調各國在中國土地上的勢力，這種書寫方式弱化了美國對自己利益的考量，而強化美國愛好和平的形象。

　　除了親美論述，教科書中偶爾出現國際聯盟論述，例如：民國 43 年第三冊凸顯了與中、美、菲、日、韓之友好關係，強化中美關係：「四十三年十二月，中美簽定共同防禦條約……中美關係因此安危利害相共，更趨密切。」強化中菲關係：「蔣總統曾於民國三十八年七月應邀訪菲，並與菲總統季里諾發表聲明。」強化中韓關係：「韓總統又來臺北，與蔣總統共同發表聲明，表示團結一致，抵抗侵略。」這些國際聯盟論述，目的是塑造當年與鄰國和睦相處共同對抗共產主義的威脅，連一向仇視的日本，也可轉為友好關係：

> 我國為結束中日兩國的戰爭狀態，恢復友好關係起見……，經兩

月餘的努力，簽訂合約。……從此兩國共同負起維護亞洲安全的責任，以冀消除國際共產主義的威脅（民43，冊3，頁96）。

但這也顯示國家他者論述的流動性，沒有永遠的朋友也沒有永遠的敵人，迫於國際現實，曾經的日本他者也可立即言和修好，若回顧當時有關日本殖民時代的文化影視全面遭封殺，民間對於日本仇視仍深，顯然與日本和好僅是國際局勢現實環境改變使然。

到了當代，歷史教科書中的世界史方國除了「古文明的發展」提到亞非（西亞印度、北非埃及），整個世界史依然是歐洲文明發展史，還是以美國為核心討論美國與其他主要國家（歐洲、中國、日本、俄國）的關聯性，教科書幾乎是歐美大國的舞臺，如表4-2。

表4-2　國中世界史重要時期、國家與代表人物

重要時期	國家	代表人物
古典文明	希臘 義大利	亞歷山大、君士坦丁、蘇格拉底、伯拉圖、亞里斯多德、凱撒、耶穌
文藝復興	義大利 英國 西班牙	但丁、佩脫拉克、薄伽丘、米開朗基羅、達文西、馬基維利、拉斐爾、喬叟、莎士比亞、塞凡提斯
王權國家	英、法、西班牙	諾曼第公爵、聖女貞德
地理大發現	葡萄牙、西班牙	哥倫布（海外殖民）
科學革命	歐洲科學人才輩出	哥白尼、伽利略、培根、牛頓、笛卡兒
啟蒙運動	英國 法國	洛克、孟德斯鳩、狄德羅、盧梭 （沙龍聚會名流聞人）
國家革命	歐洲民主政治 英國議會政治 美國獨立 法國大革命	路易十四、華盛頓、林肯、拿破崙、梅特涅、伏爾泰、洛克、盧梭、培根

資料來源：整理自民101，冊4，頁87-142

　　歷史教科書在「世界史」編排的組織結構上，大抵是「歐美為主、亞非為奴」的主奴關係，也可以說，亞、非是整個世界的「他者」。整個世界史大量正面呈現歐美主流國家，沒有介紹非主流國家的歷史，偶爾呈現的是少數弱勢國家的負面片段，例如：「動動腦」單元引述羅馬教宗對教徒的一段話，並設計選擇題項指稱「伊斯蘭教＝異教徒」（民101，冊4，頁110）。不過，近年來由於多元文化意識抬頭，108課綱新版教科書增加一節〈伊斯蘭教的興起與擴張〉（民110，冊5，頁116-118），強化阿拉伯文化差異的中東論述，教科書中首度出現阿拉伯文，也新增一節〈近代東南亞與南亞〉（民110，冊5，頁136-137），教科書中首度見到東南亞歷史介紹印尼與印度，少許加入文物正面論述，仍以政經局勢的殖民論述為主。儘管歷史教科書依然以政經發展與戰爭為主軸，值得稱許的是新增一節〈東亞人民的苦難〉（民110，冊4，頁108-109）透露和平教育的曙光。

　　而世界史在推崇西方文明歷程中也流露性別論述。女性在歷史教科書中極少出現，聖女貞德雖被歌頌，但其出現是為了激勵男性，地位仍從屬於男性：「農家少女貞德的出現，成為激勵法軍士氣與擊敗英軍的關鍵」（民101，冊4，頁114）。歷史教科書多負面呈現女性，如「諷刺凱薩琳二世」（民101，冊4，頁132），如同中國史描述「慈禧太后的惡行」（民101，冊3，頁97、103）、「文成公主下嫁吐番和親」（民101，冊2，頁111）。顯見歷史教科書為男性中心論述，對女性的貶抑，古今中外皆然[5]。

---

[5] 在整個歷史教科書幾乎是男性社會，以民國63年發行的國中歷史第四冊教科書計算，共計出現70名男性全名，但提到女性僅有以下三種情況：一、不見姓名，只見稱謂。例如：國父的母親，「國父天資聰穎，幼年曾在私塾讀書，後來隨母親去檀香山」（民63，冊3，頁61）。二、作惡多端影響國政的「壞」女人，例如：「慈禧太后經過八國聯軍的沉痛教訓以後，自己感到愧對國人⋯⋯」（民63，冊3，頁66）。三、被強暴迫害的女性同胞，例如：「婦女橫被辱暴，財產被擄掠一空，首都遭受空前的浩劫⋯⋯」（民63，冊3，頁95）。所呈現的女性都是弱勢，如有正面形象則不外乎是神蹟人物，如媽祖林默娘、聖女貞德、秋瑾，要不就是偉人的母親或太太：王太夫人及宋美齡女士，未提及普通階層女性。檢視編輯委員名冊以男性居多。

惟近年來由於性別意識抬頭，已有增加女性論述[6]。

此外，教科書也透露出階級論述。介紹主流國家的富強，如稱頌英國工業革命，或者介紹非主流國家的崛起，如再現印度上層社會之文物：

> 工業革命首先出現在英國，然後陸續傳播到鄰近的歐陸及美國。英國的政治相對安定，資金累積快速，煤鐵資源豐富，國內外商品市場廣大，皆是促進工業革命發生的因素（民101，冊4，頁128）。
>
> 圖2-5-9 英國東印度公司在印度發行的貨幣／銅幣正面為英國東印度公司的紋章，反面則為蒙兀兒帝國上層社會使用的波斯文（民110，冊5，頁137）。

教科書中諸如上述將已開發國家與高階盛事相連的文字敘述與圖片屢見不鮮，惟近年來教科書已能呈現正反論述反思高度發展的工業革命，對於過去一再被視為落後蠻荒的非洲國家也能呈現其綠色環保正面論述，例如：

> 工業區旁的貧民窟。工業革命帶來繁榮與發展，也帶來貧窮與汙染。汙穢且過度擁擠的貧民窟，往往成為疾病與犯罪的溫床（民101，冊4，頁129）。
>
> 圖2-4-17 非洲綠色長城／因非洲嚴重沙漠化，非洲聯盟召集非洲國家種植綠色植物，以防止環境繼續惡化（民111，冊6，頁106）。

整體而言，國中歷史教科書幾乎是高階盛事史，無論臺灣史、中國史、世界史都是對各朝代武功盛事的歌功頌德，這反映了正面呈現上層階

---

[6] 根據108課綱發行的國中歷史教科書在中國史晚清時期新增一節〈家族與婦女角色的轉變〉，增加了五張具有性別意識的圖照：秋瑾像、中國女報、晚清公立女學堂的設立、勸放腳圖說、上海怡和絲廠的女工（民109，冊3，頁142-143）。

級，負面呈現下層階級，教科書中將下層階級他者化的論述最顯而不隱，階級顯然是教科書中最為明顯的他者論述。歷史，就是一部階級進化史。

伍、歷史他者的攀附情結

綜合上述分析國中歷史教科書他者命名考之古今比較，發現他者論述隨著時代脈絡有所鬆動，解嚴前歷史教科書中的歷史他者，包括蠻夷外邦等「非華夏論述」，日本、俄國、臺灣等「非中國論述」，共產黨、義和團等「非國民黨論述」，以及不被列入文字說明的非主流國家、偶被列入但被輕蔑的女性與低階分子，且以各種論述策略形塑歷史他者的意識型態。相對而言，當代歷史教科書已大量縮減他者化的對象，歸納解嚴後國中歷史教科書的他者論述，僅存相對於「漢族論述、高階盛世論述、殖民論述、國際論述、臺灣論述」以外的他者，且以隱微不顯的論述策略流露當代他者的意識型態。整體而言，過去歷史教科書的他者論述立場顯得較為絕對，而當代歷史教科書中的他者論述立場顯得較為相對，顯見歷史教科書在面對差異已隨著時代而更為進步多元。

無論古今，歷史教科書中的他者論述皆有以下共同性，臺灣史再現了以歐美日為主體，臺灣為他者的殖民秩序體系；中國史再現了中國型華夷秩序體系；世界史再現了脫亞入歐的秩序體系。當代他者論述出現在族群、國家、性別、階級等場域，尤以族群與國家最被強調，而以階級他者論述最顯而不隱。

在「族群他者」方面，教科書拒斥「漢族論述」之外的外邦蠻夷。在「國家他者」方面，教科書拒斥「第一世界國家」與「臺灣論述」之外的第三世界未開發國家。在「性別他者」方面，教科書拒斥「男性論述」之外的女性。在「階級他者」方面，教科書拒斥「高階盛世論述」之外的下層階級。

上述皆以隱微不顯的論述策略流露當代他者的意識型態。而這些他者論述可能隱含著「攀附情結」。王明珂（2002）在「論攀附」一文中以近代炎黃子孫國族建構的古代基礎，尋繹史料討論華夏邊緣者對皇帝的攀附，發現人們攀附皇帝的情感叢結事實上是一種模仿慾望，希望藉由模仿而獲得某種身分、利益與保障，由於華夏與「華夏邊緣」間的社會文化差距反映中國在政治對邊疆地區的征服、漢人對土著的歧視，形成了我族中心對異族他者的

區分（distinction）：

> 對他者文化與歷史的歧視，以及自身文化與歷史所做的誇耀，造
> 成人群間的「區分」。……如此區分孰為核心、孰為邊緣，孰為主
> 體、孰為分支，或孰為征服統治者後裔、孰為被征服者或受統治
> 者之後裔，在此情境下，常造成邊緣之政治或文化弱勢者的攀附
> 動機（王明珂，2002，頁 611-612）。

歷史教科書中透過己他之別區分出各種文化群體的崇尚與歧視，於
是，邊緣攀附核心、分支攀附主體，兩造之間在文化與歷史的歧視、誇耀與
攀附，也造成不堪受歧視者的模仿慾望，於是那些文化、社會界線相當模糊
的群體會產生認同危機：

> 在文化誇耀者的薰染下，接受一種文化與歷史價值觀（什麼是高尚
> 的文化，什麼是高貴的祖先源流）而愛慕、欣賞誇耀者之文化，因
> 而以模仿、攀附來改變族群界線（王明珂，2002，頁 612）。

關於他者命名考結果的批判，筆者認為歷史教科書無法不偏不倚地呈現
任何史料，所有文本皆反映當時時代脈絡的限制。以黨化論述為例，過去的
教科書傳達國民黨建國過程的艱苦與偉大（雖然是史實），從而樹立國民黨
一黨獨大的地位，這是為了成全當時的統一理想與政黨正統地位，史實呈現
的過程並未考量其所破壞的地區獨特性、斷送的人民家庭幸福、埋沒的他人
聰明才智。此時的歷史教科書是以某個中心立場為其史觀，這使得在列國並
立的局面中即使人民生活安定繁榮也不具正當性（如三國時代、戰國七雄、
春秋五霸……），只要能使天下歸於「一統」，即使生靈塗炭、生活困苦，
也是人民必須忍受與接受的。此種史觀的歷史教科書傳遞的歷史判準屬「霸
者的私天下」，同樣是發揮帝國霸權，國民黨的行徑是「國民革命」，而日
本、清廷、袁世凱或俄國的相同行徑則是強奪、侵略、戰爭、榨取、昏庸無
能、陰謀顛覆，此等他者命名所生產的歷史記憶是：他者行為即「蠶食鯨
吞、貪得無厭、狡詐取巧」，我族行為則是「武功極盛、聲威遠播」，可見
歷史的立場論決定了誰是他者。

　　總之，歷史教科書的他者論述形成己他區分，進而可能引發攀附情結，造成認同危機。認同危機的形成，不是與己群無法和平相處，就是與他群形成對立敵意，這也是戰爭的起源。因此，從歷史教科書的他者論述來看，若能以多元論述的相對論立場取代他者二元對立的絕對論立場，是邁向和平教育的契機。

* 本章擴充改寫自：王雅玄（2012c）。當代歷史教科書中的他者論述。**教科書研究**，**5**（3），131-142。

第 ⑤ 章

政治批判論述

羅馬人是高度政治化的人群……
「活著」和「在人們中間」、「死去」和「終止公
共生活」是同一表達。

～漢娜·鄂蘭《人類的處境》

「亞里斯多德將人類稱為城邦動物，具備政治本性的生命。政治的職責在於阻止糾紛，疏導矛盾，將衝突儀式化，在矛盾演變成毀滅社會肌體的癌症之前將其制止」（Savater 著，魏然譯，2015）。

「政治，必須加以提升，超越權力崇拜、欺詐與操縱，恢復其最高的目的：謀求最多數人的最大幸福」（McLaughlin & Davidson 著，陳蒼多譯，1998）。

壹、教科書與政治

政治，是處理眾人之事。自教育改革走向多元開放進路，同時受到政黨輪替帶來的本土意識抬頭等影響下，我們發現教科書也普遍反映此一趨勢，不但從統編本走向一綱多本，在內容與編排形式上也呈現多樣化與本土化樣貌。在多版本教科書的時代，當代政治如何處理教科書議題？我們亟需採取批判的教科書分析，以協助我們檢驗社會政治勢力如何在課程知識上運作，視為一種「教科書政治」的分析（王雅玄，2005a）。國內外許多批判理論學家指出（陳伯璋，1988；姜添輝，2002; Apple, 1990; Kelly, 1999），課程

隱含的價值不可能是中立的，而是經過某種意識型態所篩選過的，其文本呈現具有某些價值判斷。我們可以這樣思考：課程的內容對誰有利？課程的安排由誰主導？課程中是否潛藏某種意識型態、知識霸權與社會文化的再製？這些檢視都可以說明課程並非價值中立。通常，課程與教科書反映的是國家霸權的支配，內容不僅僅是一種知識體系，而是代表政治社群中共有的一套信仰與規範，可能造成政治意識型態的灌輸（譚光鼎，2000）。尤其是社會領域教科書教導學生認識國家社會制度、生活規範、民主素養與人際關係的範疇，傳遞的是國家意識型態的文本，透過看似合理的社會結構，成功再製統治者的意識型態，作為政治社會化（political socialization）的工具。教科書是學生學習政治社會化的途徑之一，傳遞政治人格價值觀、政治態度等攸關政治定向與政治行為規範的過程，因此，分析教科書中的政治意識型態有其重要性。

回顧早期有關教科書分析大多採用量化的內容分析法，僅能粗略以量的多寡呈現教科書表面上可能隱含的意圖和所欲傳達的意識型態，忽略文本的重要性與頻率的不同（周珮儀，2003）。後期加入質性的內容分析法，雖然較為深入複雜性的深層結構，將文本置於社會脈絡下檢視，但也僅限於文本意義的詮釋與理解，並未針對文本進行批判（王雅玄，2005a）。這樣的教科書分析方法無法滿足我們對於教科書與政治的微妙牽扯，教科書中不乏政治意識型態，但是我們如何透視文本背後的意識型態分析呢？倪炎元（2003）認為，讀者在進入主題之前應該先確立文本對語言與真實世界關係的背後假設，批判語言學家認為語言並非如鏡像般地再現真實世界，而是在建構真實世界，而內容分析可說是以「鏡像再現觀」為後設基礎，而論述分析則是一種「建構再現觀」背後的「意識型態再發現」（頁46）。特別是教科書中傳遞著執政者的政治意識型態，這些意識型態通常以「論述」樣貌呈現，因此，讀者必須先認識何謂論述，並且能夠進行論述分析，能夠批判的進行意識型態的再發現。

有鑑於此，本章運用批判論述分析架構來解構社會領域教科書中隱含的潛在假設，同時揭露教科書論述中的政治、文化、歷史的關聯性，透過解構文本揭露教科書中所隱含的政治霸權支配與意識型態宰制。

貳、透視政治意識型態

一、教科書中的政治意識型態

何謂政治意識型態（political ideologies）？Sargent（2009）認為政治意識型態最為簡單的解釋，就是專注於政治的意識型態。Heywood（2017）認為政治意識型態是一個政治信仰體系、以行動為導向的政治理念、統治階層的理念、特定社會階層對於世界的看法、體現或表達階層或社會利益的政治理念、在被剝削或被壓迫者中傳播虛假意識的思想、將個人置於社會背景中並產生集體歸屬感的觀念、是官方認可的一套觀念、用於使政治制度或政權合法化、聲稱壟斷真理且包羅萬象的政治學說、一套抽象的高度系統的政治思想。顏慶祥（1997）在《教科書政治意識型態分析──兩岸國（初）中歷史教科書比較》一書中，將政治意識型態分為政治信念、政治態度、政治楷模、政治策略四大向度，其中政治信念包含所尊崇的政治價值、理想政體的政治形式、政治規範三項；政治態度包含愛國情操、民族精神、敵意態度；政治楷模包含政治領袖、政治團體、政府人員；政治策略包含政治建設、經濟建設、國防軍事建設、文教科技建設、精神建設、兩岸政策。

教科書的意識型態研究早在 70 年代就已出現，政治意識型態的研究最多，其次是性別意識型態，而族群意識型態只是極少數，沒有發現階級意識型態之研究[1]（藍順德，2004）。筆者進一步綜合期刊、專書與學位論文整體檢視，特別回顧社會領域教科書分析的研究方法，發現兩個主要研究取向，一為內容分析，一為理論分析。

內容分析法包括量化內容分析、質性內容分析或採質量並用。社會領域教科書研究採量化內容分析最多，主題聚焦於政治社會化、國家認同、性別、族群、歷史人物、道德觀、世界觀、社會學與經濟概念等，分析方法以發展內容類目表並進行統計分析，計算該類目內容數量。質性內容分析研究較少，有些以文件分析檢視國家認同、意識型態、歷史人物等議題（尤玉文，2003；胡育仁，2000；許佩賢，1994；袁筱梅，2000），旨在解讀教

---

[1] 最早出現的學位論文是國小社會領域教科書的「階級意識型態」分析（林雅倩，2007）。

科書文本所欲傳達的價值或意識型態。有些並用內容分析與歷史分析來探討教科書政治變遷，發現教科書內容始終充斥著政治神話與國家意識型態（石計生，1993；姜添輝，2002；歐用生，1989；顏慶祥，1997）。也有學者使用質性內容分析輔以社會鉅觀脈絡或編審人員的意識型態考察，深入探討政治意識型態的形成與變化（姜添輝，2000；姜添輝、陳伯璋，2006）。更有許多研究採用質量並用的內容分析檢視政治社會化、政治學概念、愛國主義、國家認同與原住民內涵等，例如：宋銘桓（2004）使用類目計算的量化內容分析檢視《認識臺灣》的政治意識型態，同時使用主題分析的質性內容分析研究教科書宗旨、精神與國家意識型態。這些質量並用的內容分析研究多能仔細定量分析步驟並列出類目表，卻在質性部分未能清楚說明分析方法 [2]，僅指出針對教材進行質性分析，檢視某種意識型態或偏見。

　　國小教科書之社會科領域內容包括歷史文化、地理環境、社會制度、道德規範、政治發展、經濟活動、人際互動、公民責任、鄉土教育、生活應用、愛護環境與實踐等方面的學習。這些看似中立的文本，一旦放在教科書作為官方知識，就具有合法性、正當性、規範性的力量。社會領域中的知識大多被教師與學生們不假思索地接受與認同，也因此形成了大眾的共識，這些作用就是政治意識型態的本質。因此，社會領域中的政治意識型態，其課程重點可分為三個層面：經濟與生活（消費與生活、儲蓄與投資、生產與生活、臺灣經濟發展素描、臺灣經濟生活願景）、政治與生活（政府組織、政府功能與運作、憲法與人民、臺灣民主化過程、民主參與）、法治與生活（自由與規範、認識法律、社會問題面面觀、優質國民）。這些社會領域中政治意識型態的內容，通常化身為課程綱要中社會領域之分段能力指標與十大基本能力（教育部，2006），從課程綱要中的能力指標，我們可以發現，社會領域教科書目的是希望學生了解臺灣的經濟發展歷程、制度與正確的消

2　蕭昭君（2002）試圖說明如何使用質性內容分析來檢視教科書中的性別議題：「[研究者] 埋在行文當中，在不同教科書的文本中來回思索、玩味，有的論述明顯清楚地呈現或不呈現性別意涵，有的論述則比較幽微，必須費心推敲。有時針對性別的議題，在同一本教科書中尋找不同的案例，進行比對……」（p. 25）。儘管如此說明質性內容分析精神，但對於分析方法與步驟仍未能清楚交代。

費、儲蓄與投資等觀念（能力指標 7-3-2、4-3-1、7-3-3、7-3-5）；其次是介紹臺灣的政治型態、政府組織和功能（能力指標 5-3-5、6-3-2、6-3-4、2-3-1）；最後一個單元則說明法律與生活之間的關聯，期望小朋友能做一個優質的國民（能力指標 5-3-5）。其中，最富含政治論述的文本則展現在「政治與生活」單元，該單元探討有關政府組織、功能與運作和臺灣民主化的形成與現況，值得我們以批判論述分析好好審視其隱藏著的政治意識型態。

二、教科書分析視角的駑鈍

　　回顧社會領域教科書分析文獻，多數採用內容分析。國內近二十年來以「中小學教科書研究」為範圍的博碩士論文共 272 篇，有關教科書內容的 169 篇中有 91 篇都是採內容分析法（藍順德，2004），顯示教科書的內容檢視仍偏向以內容分析為主。周珮儀、鄭明長（2006）進一步從教科書研究資料庫的資料分析發現，內容分析法在教科書分析中的使用占了六成，其分析的二大焦點為意識型態分析與學科概念分析。內容分析法是社會科學廣泛使用的文本分析研究方法，係以客觀、系統和統計方法發展各種技術，對文本意義的內容進行描述，這些具體的量化數據可以找出課程教材中有哪些要素脫離對「真實世界」的客觀描述、分析和解釋，運用在教科書內容的意識型態批判則是扮演解開偏見與扭曲的角色（周珮儀，2003）。無論量化、質性或質量並用的內容分析，多數將課文內容分成若干類目，進行主題式的解讀與批判，藉著陳列教科書所選擇類目的屬性與多寡來推估課程知識偏重何種文化與意識型態。使用內容分析來探討意識型態問題之侷限，在於未能深入文化脈絡，除了在分析文本方面會受限於類目表之外，還會忽略其他文本以及文本背後的意義。這種以輔佐的角色作為意識型態分析的分析視角顯得相當駑鈍，因其無法犀利指出文本背後的意識型態與價值判斷。無論是質性內容分析或量化內容分析，都可以針對教科書內容的特定主題了解教科書的全貌，但無法揭露文本的意識型態。

　　另一分析視角為理論分析。歐用生（1989）以潛在課程理論分析社會科教科書內容，可說是最早將理論分析運用在教科書研究。單文經（2000）聚焦於政治社會化，從歷史角度來考察臺灣歷代公民教育中臺灣人意識的形塑；譚光鼎（2000）以霸權概念來剖析《認識臺灣》；王前龍（2000）從自

由主義與民族主義的觀點解析《社會篇》中族群認同、文化認同、制度認同的實質內涵；蔡佩如（2003）以殖民概念剖析歷年來歷史教科書文化霸權與意識型態的內容；張期玲（2004）以集體記憶、民族主義及政治社會化理論來分析歷史教科書的國家認同問題。上述研究皆能精闢闡釋理論深入解析教科書中隱藏的概念，惜未系統探討分析方法論。使用理論分析來探討意識型態問題的侷限在於未能深入本土歷史脈絡，理論分析往往借用國外理論來對教科書中出現的相關主題進行解讀與批判，套用西方理論與概念直接對教科書中心思想予以批評，可能會忽略西方論述之外從本土歷史社會脈絡下形塑出來的特殊論述。

　　綜上所述，國內社會領域教科書研究多關注文本主題與內容呈現，研究方法的說明與討論不多。雖然量化內容分析研究多能詳述分析步驟，具體列出分析類目表並說明計算單位與百分比，但恐難闡釋隱藏於教科書中的意識型態；而質性內容分析與理論分析已經試圖深度解釋教科書意識型態，但缺乏明確步驟與流程，且有理論殖民與缺乏歷史感之憾。

三、意識型態的分析

　　論述分析的興起可以彌補傳統內容分析的限制，主要是從文本中萃取語言中或隱或顯表述的論述，足以揭露那些無法計算、沒有出現於文本的事物，以及語言使用本身的意識型態（周珮儀、鄭明長，2006；Luke, 1997）。論述的原始字義是論理、交談之進程，以及論理、交談所呈現的具體形式內容，其關鍵乃在於語言文字成為獲得理論、溝通的工具，藉由語言運用形成意義往返運動的過程（蘇峰山，2004）。論述是在特定權力關係的支配之下，透過語言的操弄被生產出來的知識；也是一種被管制的說話方式（王雅玄，2005a）。

　　Van Dijk（1993, 1995）認為論述分析就是意識型態分析，可以連結鉅觀層面與微觀層面的分析，鉅觀層面的分析包括團體、社會結構和社會架構，微觀層面則是環境、個人互動和論述。批判論述分析針對文本進行語言學的批判分析，其對文本與語言的基本看法是將文本實踐和語言使用視同社會和文化的實踐（Fairclough, 1992）。關於 CDA 的理論基礎，部分源自後結構主義的觀點，認為文本對形塑人類認同和行動具有建構性功能，而論述

則滲透於本土的制度場域中；其接納 Bourdieu 的社會學假定，可以從文化資本的具體形式看出真實的文本化實踐與文本的互動；亦採取新馬克思主義文化理論，假想這些論述是在政治經濟中被生產和利用，並且在那些領域內產生且表達出更廣的意識型態興趣、社會形構與運動（Hall, 1996; Luke, 1997）。CDA 的實用技術則取自各種領域中的分析工具，例如：語用學、敘事學、言談行為分析，其將文本視為社會行動形式於複雜社會脈絡中的反映；又如系統功能語言學，認為從語言中可以看出社會和意識型態功能有著系統性地關係。CDA 使用這些領域中的分析工具，對那些與鉅觀系統關聯的階級、性別、文化持續提出質疑，在教育研究中則轉向檢視知識和認同如何透過學校制度場景中的文本而建構出來（Halliday, 1985; Luke, 1997）。

　　Liu（2005）以 CDA 檢視中國小學國語教科書如何建構文化價值與信念、行使何種意識型態，發現教科書論述符合政府及文化菁英的旨趣，並不符合孩童興趣。特別是在社會領域的教科書中，其文本經常反映鉅觀層面的社會結構，暗示個人應有的互動原則，其知識認同論述也具有較強烈的政治社會化色彩，誠如 Hyman 指出「政治社會化」是一個人透過各種社會機構去學習各種符合其社會地位之行為模式的過程，而國家也須透過教育關係去建立一個「倫理－智識」的領導，以達成其公民社會的統治，從政治社會化的角度觀察，學校的課程教學大都具有政治目的，尤其是小學的語文科與社會科教科書（引自譚光鼎，2000）。課程的政治社會化正是國家霸權運用意識型態的操弄，而獲得群眾同意的正當性，如當前社會領域教材普遍傾向以臺灣為本位的意識型態，其中心價值即是執政團體所欲傳達的訊息──臺灣本土化，試圖激發臺灣人民對臺灣的認同，間接認肯國家政府統治的正當性與合法性。

　　有鑑於此，課程的意識型態批判一直是個很重要的議題（王前龍，2000；周珮儀，2003），課程包括正式課程、非正式課程、潛在課程等類型，教科書視為學校中的正式課程，幾乎主宰了教師所教授與學生所接收的課程知識，但它並非是完全價值中立，其中仍存在某些支配性的霸權、控制與意識型態。CDA 有助於教育工作者採取批判觀點進一步探究教科書的知識結構、內容形式、價值、意識型態與研究範式，檢驗社會政治勢力如何在課程知識上運作，才能揭露隱藏於社會事件背後的實體，解構不合理的霸權與意識型態（王雅玄，2005a）。針對社會領域教科書進行批判研究，王雅

玄（2005a）以 CDA 作為教科書分析方法論，發展一套分析架構，有詳細的分析步驟與方法論解說，或許可作為教科書批判分析的有效方法。

參、如何走入政治？

　　本章分析國小五年級下學期的社會教科書，其主要內容從經濟、政治與法律等方面介紹臺灣，不同於五年級上學期著重臺灣的自然與人文，本冊教科書目的旨在透過國小學生從對臺灣的經濟發展、民主政治演進與法律制度等學習，了解我們追求自由經濟、政治民主、社會公平的過程和問題，以更寬廣的角度關懷並參與臺灣社會的發展（南一，2006）。此教科書的編撰委員包括：主編為臺北教育大學社會科教學系副教授，編撰指導委員為 2 位國小校長和 1 位屏東教育大學社會科教育學系教授，課程縱向與橫向統整諮詢委員共有 7 位國小教師與 37 位教授或校長，撰述委員則分別為 7 位國小教師和 1 位高中教師，2006 年 1 月依正式課程綱要初版。其課程內容目次編排涵蓋三個單元：經濟與生活（消費與生活、儲蓄與投資、生產與生活、臺灣經濟發展素描、臺灣經濟生活願景）、政治與生活（政府組織、政府功能與運作、憲法與人民、臺灣民主化過程、民主參與）、法治與生活（自由與規範、認識法律、社會問題面面觀、優質國民）。

　　本章採用批判論述分析作為社會科教科書分析之工具。批判論述分析是一種研究語言、權力與意識型態連結的分析架構，基於教科書文本以不同的論述型態傳達出國家的控制、政治的意識型態、偏見、族群中心主義和種族主義，批判論述分析可透過一組論述分析的觀點，對社會文化實踐進行批判性的檢視（王雅玄，2005a）。我們可藉由批判論述分析架構深入對社會領域教科書中的政治意識型態進行批判分析。具體實施的方法同時並用 Fairclough 與 van Dijk 的方法，採用 Fairclough（1995）的摘述、闡述、結構，以及 van Dijk（1995）提出的九種策略來進行文本的解構：表面架構、語法、字彙用詞、局部語義、整體語義、基模架構、修辭、語用學和對話互動。

　　限於使用批判論述分析進行教科書檢視，對於「有問題的」資料之詮釋推理是 CDA 的旨趣，因此，僅能揭露有問題的、負面的意識型態。這種批判論述並不代表陳述主體（speaking subject）本身的意識型態，教科書的

編寫者原意為何，並非 CDA 所欲探討，因為讀者僅讀到文本，無法與編寫者對談，對教科書可能產生的個人偏見與誤讀，也是源自文本。因此，使用 CDA 直指「文本」進行批判語言學分析，以揭露文本所使用的語言與呈現的論述，並非代表執筆者所欲傳達的論述，而是直接分析其文本已傳達的論述。至於此二者是否吻合或有出入，不在批判論述分析的範疇。

　　本分析架構修改自王雅玄（2005a）所發展的「社會領域教科書批判論述分析架構」，在主題方面，係參酌所欲分析的教科書內容予以修改，在方法論方面，係納入 van Dijk（1995）的幾個策略而予以修改，分析架構含有三階段，分別是：知識論的選擇、方法論的處置與論述的引出，如圖 5-1。

　　如圖 5-1 所示，第一階段是「知識論的選擇」，此階段聚焦於分析教科書的知識論取向，包括有五個範疇分析政治主題的選擇，主要重點是教科書文本表面「說什麼」（what to say），再從政治主題類目的選擇進一步分析其背後的知識旨趣、陳述、概念、價值、意識型態，即關注教科書的文本深層面說的是什麼。

　　第二階段是「方法論的處置」，此階段的重點是要分析教科書文本「如何說」（how to say）的問題，方法論取向結合質性內容分析與批判歷史取向的社會科學方法論，以「摘要、闡述、結構」分析程序尋找論述的問題，從政治相關的圖片、語言、故事情節與其他面向的分析，對政治主題進行五大範疇的批判反思。結合 van Dijk（1995）的論述分析方式，透過教科書對待政治與民主的態度之分析來揭露背後的意識型態，分析的對象包括教科書中書寫的文字、照片與圖表。van Dijk（1995）認為論述分析即意識型態的分析，它同時兼具微觀的與鉅觀的分析，也結合了社會分析與認知分析。社會分析包括社會結構、制度與組織結構、團體關係和團體結構；而認知分析是分析社會認知與個人認知層面，社會認知方面包含社會文化的價值、意識型態、態度和社會文化知識；個人認知則又分成沒有脈絡的普遍認知，如：個人價值、意識型態、態度和知識，另一種是具有脈絡的特定認知，如：模式、脈絡模式等。

　　第三階段是「論述的引出」，其目標為分析文本敘說的方式，建構出分析教科書的五個論述，即命名論述、指稱論述、立論論述、包容／排斥論述、強化／弱化論述（王雅玄，2005a）。透過知識論的選擇與方法論的處置，批判論述分析架構要檢視教科書的內容取向是否存在有「正面呈現自

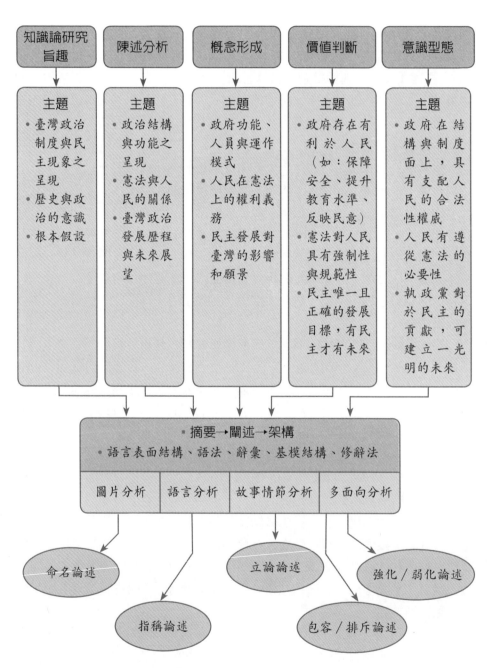

圖 5-1　政治批判論述分析架構

資料來源：修改自王雅玄（2005a：89）

我，負面呈現他者」的論述特性？是否如同王前龍（2000）研究教科書意識型態發現國家透過學校教育的課程，來傳遞主流的國家認同論述，整合人民在共同政治體系中的互動所產生的意識，打造公民的臺灣民族，而這些論述也被視為是當權者建構國族的工具之一。

肆、教科書中的政治論述

使用「政治批判論述分析架構」分析社會領域教科書中的政治意識型態，依照「知識論的選擇」、「方法論的處置」與「論述的引出」，逐一呈現研究成果如下。

一、知識論的選擇

根據分析架構第一階段的重要概念逐一檢視本教科書中的政治議題，可以獲得以下幾項知識論的選擇：

（一）表現政府的知識旨趣

檢視本教科書選擇呈現的文本內容，發現政治議題方面的主題類目大致分成三項：政府組織與功能、憲法與人民的關係、民主制度的歷史與前景。顯見，教科書的知識內容選擇係以表現政府為其知識旨趣。

（二）單面正向的知識呈現模式

從知識的表面結構來看，教科書透過圖照組合配合文本，表現出政府在治安、社會福利、教育與交通建設所發揮的功能，其呈現的模式是藉由向人民表達政府政策作為的成功，以取得人民對其統治權的同意。該圖照組合有四張圖片（南一，2006，頁 42）：一為警察維護治安保障人民安全、二為實施全民健保與健全社會福利制度的文件、三為辦理教育提升文化水準的國小教室圖像、四為呈現交通建設促進經濟發展的俯視高速公路壯觀圖。另外配合文字敘述如下：

政府機關透過各種施政措施，滿足人民的需求，讓國家走向富強康樂。例如：更新國家武器設備、維持良好的外交邦誼、確保國家

安全；警民聯防、打擊犯罪，保障人民的生命財產；保障殘障者就
業、設立無障礙設施，健全社會福利制度；廣設學校、普及教育，
提升教育文化水準；興建高速公路，促進經濟發展（南一，2006，
頁 42）。

此種運用文圖併陳方式流露官方知識的單向論述特權，以一種正面、單
向的觀點看待教科書的知識。然而，此種從意識型態對人民施行支配統治的
權力運作，可能會壓迫人民使其放棄抗拒的權利。

（三）忽視學生的主體性

教科書呈現的知識將學生視為政治決策與行動中的客體，不管在文字上
或圖片裡都看不到學生增權賦能的可能途徑，如：過去學生曾發動過好幾次
抗爭運動，在民主社會單元中都被排除在外，恐有消極抑制學生抗拒行動之
可能性。

此外，學生也無法從教科書所陳述的內容了解社會脈絡與相關問題，因
為片斷和偏頗的知識陳述，缺少社會情境之連續性與完整性，例如：在臺灣
民主發展過程之介紹相關內容中，僅從國民政府戒嚴開始敘述，大多偏重解
嚴後政治發展歷程（參見南一，2006，頁 50-55），這些敘述容易使學生產
生見樹不見林的錯誤意識，以為現今政治型態才是正統，過去都是壓迫、獨
裁和不合理的，導致學生無法了解全面性地社會發展脈絡，連帶也無法作出
公正的評價。此種單向塑造的教科書情境學生無法產生興趣，因為這些情境
並沒有考慮學生本身能動性與主體性，容易使學生成為毫無批判意識的知識
接受者。

回顧教科書知識的編排方式，首先陳述政府對人民做了若干貢獻之事
實，今日社會的富強安樂看似政府的功勞；其次說明政府的組織運作，讓人
民產生其作為均合法、合理，遵照民主正義的程序，人民可以放心地將權力
交付予政府（參見南一，2006，頁 34-49），這樣的知識編排彰顯了政府即
民意的潛在意識，人民的權利義務在憲法上均條列式清楚規定，人民須服從
憲法的規範，顯得抗爭行動不具合法性。此外，在結語部分，文本另刻意塑
造臺灣民主化過程是揮別過去獨裁政權，走向開放自主的康莊大道的前景，

加強人民對國家的認同感（參見南一，2006，頁 50-61）。此種知識論的選擇模式是先以事實的陳述取信於大眾，再以歸納方式形成臺灣政治即代表民主的概念，在權威、憲法、法律規則上，教科書呈現一種正向積極大有為政府的態度與價值，兼具描述的陳述與指示的陳述，同時隱含政府擁有至高無上權力的根本假設，顯現一種非正確、單向的因果關係。

二、方法論的處置

　　根據第二階段的方法論程序逐一檢視本教科書中的政治議題，可以獲得以下幾項方法論處置之結果：

（一）使用「政府至上」的語言表面結構（surface structure）

　　表面結構（例如：書中的標題）可以表達或掌控演說參與者解釋事件的方式，也可以讓「潛藏的」意義以任何方式「揭露」（van Dijk, 1995）。本章分析明顯標示於本教科書中的標題等表面結構，傳達出政府至上的核心概念，亦即一種階層化的權力結構。這個核心概念可以從該書中「政府組織」此標題下所呈現的語言表面結構看出，該書以階層化的組織樹狀圖來凸顯組織中的上層力量，例如：談到「地方政府」，則畫出以中央政府為首的「地方政府組織架構圖」（南一，2006，頁 39）；談到「中央政府」，則列出以總統為首的「中央政府組織架構圖」（南一，2006，頁 41）。

　　除了上述以階層化的組織結構樹狀圖來凸顯政府至上的語言表面結構之外，接著本教科書繼續陳述「政府的功能」（南一，2006，頁 42）、「公職人員」的功能（南一，2006，頁 43-44）、「政府的運作」（南一，2006，頁 45-46）。最後，教科書章節結構安排才落到人民身上，但是人民部分的論述也是配合政府的體制，例如：在「憲法與人民」單元中可以發現為了支撐上述階層化組織結構的論述，文本開始強調人民權利與應盡的義務（南一，2006，頁 47-49）。

　　綜合分析以上教科書表面結構安排，均顯示出一種「政府至上」的語言表面結構，其所使用的標題大多呈現政府的重要性，忽略人民主體，可能讓學生產生人民應該以政府為重的深層意識。

（二）呼口號的語法（syntax）

　　語法句型結構中的意識型態與文本有密切相關，包括字句順序和轉譯結構的編碼、外來語的使用及句子的複雜性（van Dijk, 1995）。分析本教科書在政治意識型態方面的語法，發現其充斥著行話（口號），預設民主是理所當然的事實，也預設學生已具備應有的法治觀念與民主素養，例如：以下段落：

> 臺灣已是民主國家，如何適應民主生活，了解民主政治的影響，是我們要學習的課題（南一，2006，頁34）。
>
> 理想的生活是政治民主、經濟繁榮、社會和諧安定，人人擁有充分的自由，各項權益都得到應有的保障。要達到這個目標，我們必須從自己做起，遵守團體規範，培養良好的民主素養及法治精神，這樣才能建立一個和諧有秩序的理想社會（南一，2006，頁91）。

　　如同上述語法多次頌揚「民主」，在語法上使學生感受到民主至上，但比較少在實質民主實踐過程上著墨，顯得一味呈現抽象的民主口號，忽略了是否每個人對於民主的認知不盡相同？能否使每個學生都能理解？這些更深刻的問題，在如此使用呼口號語法的教科書中，並未看見其處理方式。

　　此外，句子的複雜性與發言者的教育或社會地位有關，菁英發言者和組織會利用句子的複雜性來限制論述的可理解性，控制公開論述（van Dijk, 1995）。例如：本教科書在政治與生活方面的論述主軸，主要圍繞在政治制度、憲法上權利與義務和民主制度（參見南一，2006，頁34-61），使用複雜語言來增加論述的專業性，例如：

> 依據憲法規定，中央政府分為總統及行政院、立法院、司法院、考試院和監察院五院。彼此同心協力、分工合作來處理全國性的公共事務，並協調整合地方政府，完成全國性的建設及重大事物的處置（南一，2006，頁41）。

　　本教科書充斥著這些具有複雜性的組織制度，或許國小五年級學生不能完全理解，或許也不能應用於日常生活、結合實際生活情境，但重要的是這種呼口號的語法，或許已強化了學生心中偉大政府的意象與認同。

（三）使用有利我群的專有辭彙（lexicon）

　　描述相同的人物、團體、社會關係或社會議題，語言使用者仍可依論述的型態、個人背景、社會情境和社會文化背景從多個字彙中選擇，控制論述的意識型態使負面描述他群、正向描述我群（van Dijk, 1995）。分析本教科書中部分使用有利我群的詞彙，特別是在「美麗島事件」的鋪陳，利用古今照片的對比，呈現了「負面描述他群、正向描述我群」的效果，例如：

> 戒嚴時期，警戒人員荷槍實彈，管制行人與車輛的通行（南一，2006，頁51，黑白照片下的文字解說）。
> 戒嚴時期，人民購買收音機聽廣播需經過政府許可，人民的自由受到限制（南一，2006，頁51，黑白照片下的文字解說）。
> 黨禁開放後，各政黨紛紛成立（南一，2006，頁52，彩色照片下的文字解說）。
> 中央民意代表全面改選後，據民意基礎的國會正式形成（南一，2006，頁53，彩色照片下的文字解說）。

　　由於圖片與文字的精簡剪接，除了讓學生了解美麗島事件是爆發於臺灣社會的戒嚴時期之外，並沒有任何歷史脈絡的說明，因此，呈現於本教科書中的「美麗島事件」被理解為當時政府反對人權的獨裁手段。如此一來，教科書的詞彙顯得對現今執政者有利，對過去執政者不利。

（四）「政府為主、人民為輔、避重就輕」的基模結構（schematic structure）

　　基模種類可定義論述的次序，標出重要性或相關性，它的結構由上到下分別是最先的摘要、主題及故事（van Dijk, 1995）。檢視本教科書的結構表現出政府的重要性之基模結構，呈現政府很多施政措施都是對人民有利，透

過圖照組合表現中央政府統籌指揮規劃交通建設、災後重建、增進人民福利
的公共建設。例如：該圖照組合有四張圖片（南一，2006，頁 40）：

> 政府興建福爾摩沙高速公路，連接南北交通，促進經濟發展（南
> 一，2006，頁 40，彩色照片下的文字解說）。
> 政府徵用民間重型機具，展開救災及重建工作（南一，2006，頁
> 40，彩色照片下的文字解說）。
> 行政院九二一重建委員會透過與民眾座談協助災後重建（南一，
> 2006，頁 40，彩色照片下的文字解說）。
> 行政院經濟建設委員會規劃高速鐵路的興建（南一，2006，頁
> 40，彩色照片下的文字解說）。

　　從本教科書來看，政府正向的施政作為占了該書內容的大部分，對於負
面的問題則較少著墨，而人民的地位是明確規定在憲法上的權利義務，僅占
本教科書內容的少數，同時也忽略人民在政治運作當中的主體性與抗拒之可
能性，顯示其基模結構以政府為主，人民為輔。

　　其次，教科書以政府為書中的主要介紹內容，忽略族群、性別與文化等
相關社會議題，但事實上，不同族群、性別和文化團體對於政治與民主制度
形成皆具有影響力，如二二八事件也是因為不同族群間的對立而影響政治情
勢的轉變，在民主形成的過程中具有舉足輕重的地位，這是族群政治最好的
例子，但在本教科書的相關單元中並未提及，僅略帶過「美麗島事件」（參
見南一，2006，頁 52）。

（五）誇張與委婉說詞的修辭法（rhetoric）

　　修辭上語義運用（如：誇張法、委婉說詞、弱化和隱喻）與基本模式和
社會信念有密切相關，如描述種族主義和女性主義可能使用貶損的字彙，或
用有損人格的隱喻來貶低他人，把他人邊緣化（van Dijk, 1995）。縱覽本教
科書在描述臺灣的政治、經濟、法律方面的修辭，經常以誇張法強調臺灣的
富強，以委婉說詞合理化臺灣的缺失，例如：在「臺灣經濟發展素描」中，
對於臺灣貧富懸殊的現象略過不提，以誇張法強調臺灣經濟富足：

現在大多數人的生活衣食無缺，家裡有各式的電器產品，出門都
開汽車或騎機車，甚至常常利用假日出國旅遊。能有這種富足的
生活，都是靠著政府與人民長期的努力，促進了經濟發展，創造
出「經濟奇蹟」的結果（南一，2006，頁 20）。
由於臺灣經濟發展的成功，不論都市或鄉村，大多數的民眾，都
過著相當富足的生活（南一，2006，頁 20，兩幅都市化與高級鄉
村住宅的彩色圖片的文字說明）。

　　而在「展望民主的未來」這個標題下，對於臺灣的民主亂象隻字不提，
只約略以委婉說詞帶過：

我國雖已是民主國家，但是由於民眾的民主政治觀念尚未成熟，
以及法令的執行不夠落實，加上議會的議事品質有待加強，所以
民主的基礎還不夠穩固。另外，政府政策無法貫徹、言論自由被
濫用、賄選等，使人民對民主價值信心產生動搖，這些都是臺灣
民主政治還要努力的地方（南一，2006，頁 60）。

　　最重要的是，儘管本段已經觸及臺灣的民主現象可能有問題，但插圖仍
是配置以井然有序的民主典範，整本教科書看不到可能會引發族群對立、性
別歧視等爭議性語句或圖片，這種「誇張描述我群正面」與「委婉描述我群
負面」的修辭法有刻意強化人民的國家認同，弱化人民對政府政策不滿之可
能。

三、論述的引出

　　從上述批判論述分析架構的三階段分析結果，我們可以具體歸納出三個
存在於本教科書中的國家霸權論述：

（一）充斥政策置入性行銷之立論

　　教科書中對於政府的各種施政措施皆以正面觀點呈現，例如：詳述北
宜高速公路和高鐵的興建，將政府的作為透過文字與圖片的呈現，塑造和樂
富強的社會圖像，試圖給予學生大有為政府的觀點（參見南一，2006，頁

36），這是屬於一種政策的置入性行銷策略，行銷政府的施政作為與政策制定方向的正確性，此種策略忽略了社會實際現況描述與問題，譬如：政府的政策錯誤、貪汙弊案或公權力執行不張等問題，學生會從此種偏頗論述中以為政府對於人民的貢獻只有好處而沒有任何壞處，顯現官方知識透過虛假意識的灌輸，建構「宰制－順從」之國家霸權。

　　另一方面，「政府組織」這個單元中談到組織的形成、地方政府與中央政府，將政府定位於為滿足人民的需要，增進人民的福利，而必須透過政府各部門來規劃、推動各項公共建設，從文字的敘述與政府組織架構圖（如圖 5-2），我們都可以看到教科書呈現的是階層化的結構功能論模式，強調

圖 5-2　中央政府組織科層體制架構圖

資料來源：南一書局（2006，頁 41）

社會分工，社會上成員是相互依存且和諧存在的，此種文本呈現的方式是特意凸顯政府居於權力上層位階的重要性，隱藏國家霸權運作的權力關係，例如：

> 依據憲法規定，中央政府分成總統及行政院、立法院、司法院、考試院和監察院五院。彼此同心協力、分工合作來處理全國性的公共事務，並協調整合地方政府，完成全國性的建設及重大事務的處置（南一，2006，頁41）。

（二）強化政府角色，弱化人民抗拒之可能

教科書內容缺乏人民參與政治事物與政策決定的積極行動，重點在於說明政府組織、機關人員和民意代表，人民是被憲法所規範，只能消極的執行憲法上規定的法定權利並履行應盡的義務，顯露出政府位居權力結構的至高點，人民僅能服從權力的支配，例如：從照片中看不到人民抗議、反抗的情形，反覆呈現政府及民意機構開會協商共謀人民福利或政府執行公權力、和平選舉活動等圖片，且出現一張學生規矩的坐在臺下聽老師上課的照片或人民安居樂業的圖像（參見南一，2006，頁42），顯現將學生和人民視為政治決策與行動中的客體，人民不能質疑政府的權力運作，對國家一切作為順從，刻意弱化人民本身的權益與主體能動性。例如：在「人民的義務」單元中提到：

> 憲法雖然保障了我們的基本權利，卻也相對的規定人民應盡的三項基本義務：納稅、服兵役及受國民教育。國家有了稅收，才可以維持政府行政服務工作、推行公共建設、辦理社會福利；服兵役可以防衛國家安全，抵抗外來的侵略；受國民教育是為了使國民有良好的智能和道德，提升國民的素質與素養（南一，2006，頁49）。

（三）排斥過去政府，褒揚今日政府

在「臺灣民主化過程」單元中，教科書僅略述國民政府遷臺初期執行戒嚴的情況，在課本中排列了「戒嚴令」、「警戒人員荷槍實彈管制人民」和「限制人民自由」三張圖片（參見圖 5-3），從這樣的圖片展示中，學生可以感受到過去國民政府的負面、暴力圖像。

圖 5-3　呈現戒嚴時期的各項禁令對照出今日臺灣的民主發展

資料來源：南一書局（2006，頁 51）

反之，對於民國六十八年以後的黨外運動力量（也就是當今政府）對過去政府的制衡之歷史發展卻有詳細的敘述，例如：

民國六十八年，許多人士在高雄舉辦世界人權紀念日的大會及

遊行，想彰顯人權的重要性，但是當時政府認為集會遊行是非法的，採取鎮壓與逮捕的手段，而爆發「美麗島事件」，許多人因而入獄，臺灣政治改革運動受挫（南一，2006，頁52）。
民國七十六年，政府在強大的社會輿論壓力下，終於順應民主潮流，宣布解嚴，進而開放黨禁、報禁，並修改人民團體法。此後大小政黨如雨後春筍般成立，憲法中所規定人民的權利才逐漸恢復（南一，2006，頁52）。

上述文句表達出現今執政黨在臺灣的歷史發展中如何努力開啟了臺灣的人權運動，其對於臺灣民主政治的貢獻功不可沒。而過去政府對民主運動的鎮壓與暴力也都歷歷在目，這種「排斥過去政府，頌揚今日政府」的強烈對比，恰好反映了意識型態用來看待人們怎麼區分你我的結構，此種「正面描述我群，負面描述他群」的特色，即彰顯自我利益團體的觀點立場（van Dijk, 1995）。

伍、邁向政治社會化：解放的國家霸權

本章以南一版國小五下社會領域之教科書為例，分析國家霸權和政治社會化的關係，為了能呈現教科書中隱藏的政治意識型態，選擇以批判論述分析架構為研究工具，目的是跳脫過去單純以量化內容分析模式，試圖解構文本中的政治論述。分析結果發現：國小五年級南一版社會科教科書中的政治意識型態，在知識論的選擇上充滿了「表現政府的知識旨趣」、「單面正向的知識呈現模式」、「忽略學生的主體性」；在方法論的處置上，本教科書使用了「政府至上的語言表面結構」、「呼口號的語法」、「有利我群的專有辭彙」、「政府為主、人民為輔、避重就輕的基模結構」，以及「誇張與委婉說詞的修辭法」；在論述的引出方面，本教科書包含了三種政治論述：「充斥政策置入性行銷之立論」、「強化政府角色、弱化人民抗拒之可能」、「排斥過去政府、褒揚今日政府」。

上述結果發現本教科書中的政治意識型態符合「負面描述他群、正向描述我群」的特性（參見 van Dijk, 1995），也吻合國家統治團體的意識型態，為國家霸權的再製，這是否表示統治階層操控學校這個意識型態國家機器，再製其霸權文化，並予以合法化之意圖（譚光鼎，2000），值得深究。

但需注意的是，儘管結果呈現負面論述，但並不代表該教科書僅呈現負面論述，限於使用 CDA 作為研究工具，其旨在揭露教科書文本中呈現「負面描述他群、正向描述我群」之政治意識型態，揭露有問題的論述，該研究法並未涵蓋正面論述，因此本章僅能直指教科書原文，謹慎指出負面論述的文本特性。而這些特性與九年一貫課程原本的教育目的有所違背，例如：在「了解自我與發展潛能」基本能力中，其能力指標是了解自己可以決定自我的發展，突破傳統風俗或社會制度的期待與限制，並了解各種角色的特徵、變遷及角色間的互動關係。但是本教科書過於側重政治社會化目的，而忽略人民與學生的主體性及轉化角色，學生從教科書文本中可能無法決定自我的發展，並了解社會變遷的全貌。

其次，在「欣賞、表現與創新」基本能力中，學生要學習了解不同生活環境差異之處，並能尊重及欣賞其間的不同特色，但是教科書中片面的觀點僅陳述政府建設之德政及其對人民的貢獻，並無探究負面觀點或社會問題，學生很難從中了解不同生活環境之差異，如何能進一步尊重及欣賞其間不同特色呢？

最後在「表達、溝通與分享」方面的基本能力，主要是希望學生學習在民主社會中，與人相處所需的理性溝通、相互尊重與適當妥協等基本民主素養之重要性，但是教科書多為以圖文展現政府單方制定國家政策之決定與執行，傳遞出人民宜聽從政府決定，此種模式忽略了理性溝通、相互尊重與適當妥協等基本民主素養，學生無法全面學習民主知識，也難以在情意上提升政治素養。

整體而言，本章以批判論述分析檢視國小五年級社會領域教科書，建議教師在政治領域方面依課程綱要實施之外，更應進一步批判檢視教科書文本中夾帶的政治意識型態宰制與國家霸權，若能透視這些政治意識型態的批判論述，則可望帶領學生在政治社會化的歷程中達到更多元寬廣的視野，提供學童邁向解放國家霸權的政治社會化發展。

* 本章改寫自王雅玄、余佳儒（2007）。社會教科書的批判論述分析——以南一版國小五年級下學期教材內容之政治意識型態為例。**國立編譯館館刊**，35（4），39-50。

第六章

族群批判論述

> 族群，是我們的泥土我們的根
> 文化之本是文化，社會刺激比生物機制還為強烈
>
> ～瑪格麗特・米德《薩摩亞人的成年》

壹、教科書與族群

　　教科書史上首先出現族群論述，應該就屬於 1999 年出版的國中社會領域教科書《認識臺灣》。《認識臺灣》這套教科書在臺灣社會領域教科書的發展上具有重要地位。臺灣近年來的教育改革在課程與教科書上有重大的變革，從過去單一文化論述邁向多元文化論述，《認識臺灣》的發行是個起步。1993 年郭為藩部長召集國民中學課程修訂委員會，以「立足臺灣、胸懷大陸、放眼天下」的立場發行「認識臺灣歷史、地理、社會篇」，取代國一歷史、地理、公民。《認識臺灣社會篇》課程標準為強調臺澎金馬島嶼知識、延伸多元文化觀點激發愛國情操、孕育心胸開放的人文關懷創造共識、強化社群生活之社會規範能力（教育部，1994）。《社會篇》內容共十章：吾土吾民、我們並不孤獨、生活的節奏、宗教的世界、在學習中成長、活力充沛的文化、貧窮與富裕、民主的滋味、讓社會更健康、營造新臺灣（國立編譯館，1999）。這是第一本呈現多元文化族群論述的教科書。

　　儘管《認識臺灣》目前已經不再發行，九年一貫課程實施後國中可以自由選擇教科書，但作為 CDA 工具的檢視，《認識臺灣》是最適合的分析樣本，因為它曾是最受爭議的教科書，過去已有許多學者對它進行意識型態分

析，結果顯露出國家霸權支配（譚光鼎，2000）、臺灣人意識與臺灣認同的培養（王前龍，2000；單文經，2000）、充滿民族主義論述（王前龍，2000）。這些結果並非 CDA 研究，係對教科書文本進行內容解讀與意識型態詮釋，是否與 CDA 方法所得結果一致，值得探究。因此，本章以《社會篇》為分析對象，測試 CDA 架構的分析效果，需與前人研究結果進行對照，方能凸顯此工具的獨特性。至於教科書文本的取樣策略，因聚焦於族群意識型態，故凡文本中出現與族群內容相關的文句均為取樣範疇。

　　進行意識型態分析的前提是須要具備課程社會學的知識。對於中小學教師而言，具備課程社會學知識可以發展批判的教科書素養。課程社會學家認為課程內容總是反映某些意識型態，是一種文化選擇，更是社會控制的一種形式（吳永軍，1999），因此教師需具備教科書批判分析能力。中小學教師常被批評不具學術專業、智性批判力不足，可能因為過去師資培育課程多為工具理性導向科目，並不重視課程社會學，缺乏關於課程與知識、政治、權力的相關探索，教師未能發展文化批判的觀念（姜添輝，2002、2003）。許多研究指出教師教學主要依賴教科書的使用，如周珮儀（2002）發現國小教師解讀教科書的方式仍受優勢霸權的文本權威所宰制，教學流程多費心於逐頁涵蓋課本內容，很少以對立的批判立場去破解文本所蘊含的文化符碼。因此，筆者也期待教師能批判檢視教科書文本中的官方知識、文化控制與權力，解構正式課程與潛在課程中的霸權觀念。

　　批判論述分析（critical discourse analysis, CDA）在社會科學中用來進行批判研究相當熱門。教科書批判研究的重要性與日俱增，因為近來教科書研究日益受到重視，特別是小學與中學於 1996 年和 2001 年全面開放教科書審定後，教科書審查制度與歷程出現相當複雜的問題（歐用生、洪孟珠，2004）。在教科書開放政策下，中小學教師在教科書品質不一的情況下面臨多版本教科書選用問題，由於目前教師的教學首要任務還是閱讀教材，教科書分析在教學實踐中變得格外重要。徒賴教科書改革並無法促進課程改革與教學革新，唯有強化教師的教科書素養才是基礎之道（陳文彥，2005）。綜上所述，本章透過分析《認識臺灣社會篇》教科書中的族群論述分析實例，根據分析成果探討 CDA 在教科書研究中的解構與重建角色，作為教師洞察族群意識型態之參考。

貳、洞察族群意識型態

一、族群範疇的界定

　　族群，是我們的泥土，我們的根。我們對於族群的界定，除了情感性的主觀表達，有沒有更為客觀性的陳述呢？Brass（1985）認為，族群最早是從客觀性的文化特徵歸納得來的，如：語言、區域、宗教、風俗習慣、膚色、飲食習慣、服裝等。事實上，這些客觀屬性包含生物性與人文性，族群對群體成員的共同傳統，例如：在種族、地域、經濟基礎、宗教、文化美學模式、語言，以及群體歸屬感等方面，會產生與非群體成員有明顯區別的知覺（De Vos, 1974）。整體而言，族群具有以下幾個主要特徵：擁有共同族名可以識別傳達該社群的本質；擁有共同祖先神話，神話雖非屬事實，卻包含起源時間與地點並給予族群想像的親屬關係；擁有共享歷史記憶或過去共同記憶，包含英雄、事件與慶典；擁有一或多個共同文化元素，如宗教、風俗習慣或語言；擁有與家鄉連結的象徵性依附，雖不必然是族群原生居住地，可能只是對祖先土地的想像；擁有某部分的團結意識（Hutchinson & Smith, 1996）。簡言之，族群是一群擁有共同來源、祖先、文化或語言，由自己或他人認定所構成的一個獨特社群（王甫昌，2003）。

　　社會領域教科書關注人文、歷史、地理、文化，經常會出現族群論述，也就難免潛藏著某種族群意識型態，因此，教科書研究也需要族群批判論述分析研究。事實上，論述與教育特別有關。Luke（1997）指出，沒有任何教育真理或實踐可以不研究論述，所有政策宣言、教科書或教室中面對面的談話，都是為了社會權力資本奮鬥的不同歷史、階級、文化旨趣所做的異質性解說，為了了解這些象徵暴力的複雜過程，我們需要對其本土機制的特殊脈絡進行論述分析。因此，我們要懷疑教科書論述的族群立場是否受到菁英團體的宰制？所謂菁英團體，可能多數代表哪個族群？哪個階級？何種性別？這些權力者透過教科書擁有了公共論述的空間，因此為了分析菁英團體的族群論述，我們需要 CDA 研究。

　　CDA 適用於族群意識型態的分析。van Dijk（1993）指出 CDA 主要研究論述、權力、宰制、社會不公與論述者地位之關係，也稱為「社會政治論述分析」。其前提為菁英分子、機構或群體利用社會權力來行使論述，導致社會不平等（如政治、文化、階級、族群、種族、性別不平等），旨在回答

論述究竟再製抑或挑戰了此宰制？因此，意欲解構社會領域教科書中的宰制論述等議題，CDA 當是適切之法。使用 CDA 檢視教科書論述是個新興議題[1]。

二、教科書中的族群意識型態

　　教科書中會再現怎樣的族群意識型態呢？van Dijk（1987）運用 CDA 理念從批判語言學的角度，分析教科書中的種族主義。CDA 假設論述會再製社會不平等，且透過論述的權力關係形式予以支持、增能、重現、合法化、否定、弱化、或隱藏了對他者的宰制。因此，CDA 從社會政治觀點來分析論述，關注的是論述結構與權力結構的關係，也就是要知道教科書文本中的哪些結構、策略或文本特質如何進行再製形式。van Dijk（1993）使用直接言說行動如命令或指揮以便行使權力，並用來執行宰制或再製宰制，也可檢驗文本策略中所使用的風格、修辭或意義，以便揭露社會權力關係，看究竟再現於文本中的事件如何隱諱地賦予有權力的社會成員責任與能動性、或如何矮化他者。Luke（1997）也聚焦於句子和用字分析，使用主動／被動語態、背景（backgrounding）／前景（foregrounding）、動詞／形容詞、詞彙選擇（如使用殖民而非入侵）等。

　　Barnard（2001）則針對日本高中教科書的南京大屠殺進行 CDA 研究，發現教科書會排除不愉快的知識，使用合理細節報導南京大屠殺暴行，並微妙地曲解南京大屠殺的本質，其使用的論述類型包括：加害者的缺席、不存在的評論對象、抽離南京知識的定位（儼然南京大屠殺與現在日本人無關）。缺席（absence）是一種 CDA 常用策略，Barnard（2001）研究指出，

---

[1]　教科書研究中關於意識型態研究多為理論分析，使用論述分析並不多，將論述分析成功用來進行意識型態分析者，則屬 van Dijk（1995）的「論述分析即意識型態分析」一文，其中使用實例論證並示範為何「論述分析就是意識型態分析」。至於真正將論述分析用在教育的研究，則早在 1970 年和 1980 年代便開始，但當時是用在面對面談話分析語言社會化、素養能力與文化認同，以俗民方法論來研究教室言說和教育文本（educational texts），並且進一步顯示了規範性的類別，例如：性別、殘障學生、不利地區的學生如何在教室言說中交換結構與主題中建構出來（Luke, 1997）。

加害者日本帝國軍隊的軍人在教科書中並沒有被以個人層級方式來描述（受害者則以個人層級呈現），而僅是以一種組織層級且是匿名的方式來呈現（日本帝國軍隊）；於文本中呈現「日本軍隊」（現早已不在）、「日本軍隊的男人和軍官」和「那些」語用面貌，而不直接說「日本軍人」。教科書中批評著不復存在的日本軍隊。弔詭的是，歷史記錄上並無「日本軍人」出現於南京大屠殺，所以不需被批判，而是「日本軍隊」本身被批判、或這種「粗暴的行為」需被批判、或這「意外」本身需被批判。

　　Pinto（2004）分析西班牙小學教科書如何使用權威論述來灌輸學生法西斯主義的意識型態，發現 CDA 可以解構教科書語用策略、完整重現論述形構的過程及其如何創造烏托邦影像。例如：教科書使用「說服」的論述策略，透過提供社會分級系統（如角色、語言、意識型態、宗教、傳統、法律、權利）逼迫個人界定其習性、行為習尚，並說服使之與意識型態和宗教的角色、傳統、職責、思想、感情、習慣一致。

　　教科書 CDA 研究解構意識型態的成果，提供相當具體多元的啟示。正因為教科書握有正式課程論述的特殊進路與控制學生心理的支配角色，CDA 在教科書分析上的應用，可從語言角色、語言使用、論述或溝通事件中理解宰制與不平等的再製，來探討這些課程論述如何行使實際權力關係。我們可以思考「權威論述」透過哪些技巧來呈現？如製造迷思、優位性、刻板印象，利用隱喻、口號、符號，使用專業術語、創造共同認同與烏托邦意象，以便進行控制、說服、操弄的權威論述。

參、看不見的課程幽靈：如何深入族群文本

　　解構課程中的官方知識意味著課程範式與課程意識型態的解構。課程是權力分配與社會控制或知識控制的手段（Bernstein, 1975; Eggleston, 1977），而控制課程的幕後黑手，也可以稱為課程幽靈，課程社會學家期許教師要能洞悉此課程幽靈。後現代課程學者 William Doll（2002）在其「幽靈與課程」文中提出課程幽靈一詞，他說：

　　幽靈是一種飄渺虛幻的存在，他們可以被看到、被感覺到，但他們沒有具體的形體，他們存在於我們意識的邊緣，既真實又虛幻，若隱若現（p. 26）。

幽靈（ghost）有什麼功能呢？Doll 說：

> 一個幽靈一旦現形，就會失去它的特性以及法力……。幽靈從另
> 一個角度向我們說話，讓我們想起那些已經遺忘在記憶深處的東
> 西……，有時候它們告訴我們即將發生的事情，有時候幽靈們提
> 供建議（pp. 26-27）。
> 幽靈使我們可能從事情的本來樣子，而不僅是我們肉眼所見的樣
> 子去看待事物（p. 30）。
> 幽靈是靈魂與精神，是生命的核心，是靈魂擺渡者，是控制我們
> 的精神（p. 31）。

　　Doll 進一步反省近四個世紀以來長期控制著課程靈魂的範式，獨裁式的
課程範式暗含了自泰勒原理以來被奉為課程圭臬的課程幽靈，也就是由掌權
者選擇並控制課程的進程以改變人們的行為方式，使其接受規範（p. 36）。
此種來自外部力量的強加控制是現今課程學者所應打破的，因此 Doll 呼籲
教育工作者喚醒課程的幽靈，並發展新的課程範式，但由於課程範式的形成
係與社會發展一致，也早已深入我們的形而上學和宇宙觀，滲透了我們的社
會與文化（p. 53）。如何打破長達幾世紀統治著我們，並已被接受的課程意
識型態，恐怕是最困難的工程。
　　論述分析不僅可以作為意識型態的分析，也是揭穿課程假設的方法
（van Dijk, 1995）。特別是 CDA 挪用後結構主義的論述理論和批判語言
學，試圖解構學校課堂中在口述或書寫文本中建構所欲的社會關係、認同、
知識與權力（Luke, 1997: 50）。在教科書研究方法論上，王雅玄（2005a）
關注社會政治勢力在課程知識上的運作，發展「教科書 CDA 架構」以揭露
教科書意識型態。學理上這種批判分析呼應許多學者（周珮儀，2001；范信
賢，2001；錢清泓，2002）提出教師應能解構教科書文化霸權、控制與意識
型態，批判反思教科書內容可對教科書進行「再概念化」以帶來社會重建之
希望。本章運用「教科書 CDA 架構」進行教科書族群意識型態的批判論述
分析。此架構分三階段：知識論選擇、方法論處置、論述引出，如圖 6-1 所
示。

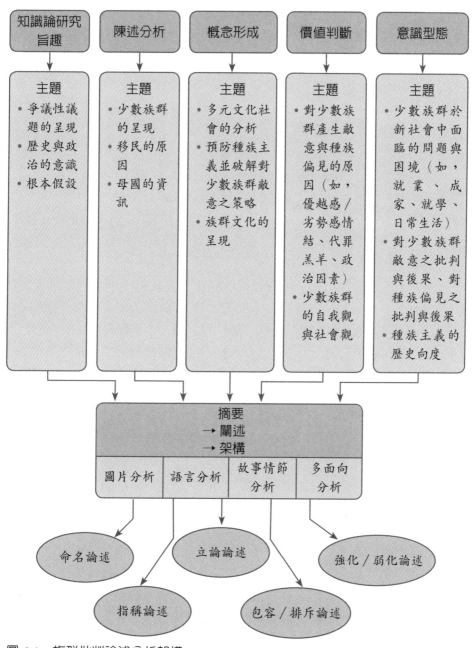

圖 6-1　族群批判論述分析架構

資料來源：王雅玄（2005a：89）

　　如圖 6-1 所示，第一階段「知識論選擇」先決定論述範疇：教科書的知識論旨趣、特定主題的陳述、特定概念的形成、文本中流露出的價值判斷，以及教科書的意識型態。據此進行主題的選擇，關注知識理論、潛在假設、挖掘「誰的知識最有特權？」「足以與人競爭的知識基礎到底是建構在誰的根基上？」（Apple, 1999; Fritzsche, 1992; Weinbrenner, 1992）。關注教科書文本表面上說什麼（what to say），主題反映教科書如何看待知識，並拓展意義政治的複雜議題，知識與權力的關聯。

　　第二階段「方法論處置」是將選定的主題以「摘要、闡述、架構」三個分析程序來處理教科書文本「如何敘說」（how to say）的問題，進一步尋找論述，此分析模式係採 Mayring 質性內容分析程序（引自 Titscher et al., 2000），並透過圖片、語言、故事情節與其他面向的分析對所選主題進行五大範疇的批判反思。

　　第三階段「論述引出」旨在檢視教科書是否具有「正面呈現自我／負面呈現他者」的論述，並質問以下問題：教科書如何稱呼不同類別的文化群體？如何描述各文化群體的特徵、屬性與品質？使用哪些策略來合法化不同文化群體或給予不同的價值（排斥、歧視、壓抑或剝削）？關於課程文本中不同文化群體使用的名稱與描述，哪些不同的觀點被表達出來？如何強化或弱化對於這些不同文化群體的觀點（Reisigl & Wodak, 2001: 44）？這些問題的質問將引出命名論述、指稱論述、立論論述、包容／排斥論述、強化／弱化論述，這五組論述所指的概念彼此環環相扣，以合理的內在邏輯性彰顯論述的合法性。首先找出「命名」論述看語言上人們如何被指名，根據此命名進一步分析該群體如何被賦予特質、特徵、特性、形貌的「指稱」論述，經過上述命名與指稱論述作為伏筆的鋪陳，接著以「立論」論述直接點出各群體以何種論調與辯證基模來合法化對他群的排斥、歧視、壓抑或剝削。進一步以「包容／排斥」論述分析這些擁有不同命名／指稱／立論的群體間之社會關係，以「強化／弱化」論述了解上述各種論述是如何被強化或被弱化（參考王雅玄，2005a; Dockery, 2000）。這些論述也揭露了教科書的潛在假設、陳述、概念、價值與意識型態如何規範了中心主題作為論述的合法性與有效性。

　　這樣的研究限制有三，分別是研究對象的限制、研究者本身的限制、研究方法論本身的限制。第一，與教科書關係密切的對象 —— 教科書編審者、

教師、學生，由於篇幅限制，僅分析教科書論述，未核對專家論述、教學論述、學生論述，缺乏對陳述主體本身之分析。但由於研究關注宰制論述的形成，便受限於「由上而下」宰制關係的偏見，忽略「由下而上」的抗拒、順從與接受。雖然抗拒挑戰策略有助於了解社會中權力與宰制的實際關係，對於論述與權力和反權力的理論也是必要的分析，但基於批判取向旨趣，重在討論菁英分子如何透過論述策略來維持不平等（van Dijk, 1993）。第二，由於本文是批判取向的意識型態分析，研究者的意識型態包括價值觀，不可避免地會進入其批判研究的方法、詮釋角度與知識論假設中（Carspecken, 1996）。由於 CDA 為批判取向，批判總會有立場，立場不同是否是批判失真的關鍵，因此，無法宣稱意識型態研究是客觀中立的。第三，在方法論上僅聚焦於批判語言學分析，旨在從看似微觀的文本中分析如何反映出鉅觀的社會論述，可能忽略 CDA 其他分析典範如 Fairclough 從社會脈絡著眼。此外也限於使用 CDA 作為研究工具旨在揭露教科書文本中呈現宰制與不平等的意識型態，該方法論惜未能呈現正面論述；而限於該分析架構本研究僅能呈現五種批判論述，並不代表該教科書僅出現這幾種論述。因此本文僅能直指教科書原文，謹慎指出五種批判論述的文本特性。關於 CDA 方法論的效度，採用架構源自理論架構，該分析架構主要是從 CDA 理論建構得來，因此，用量化語言來說本研究效度應屬理論效度或建構效度。

肆、教科書中的族群論述

使用「族群批判論述分析架構」分析《認識臺灣社會篇》的族群議題，結果獲致五種批判論述如下。

一、命名論述：提供合法化族群的認同基礎

使用命名論述（the discourse of nomination）的策略可以建構並呈現群體內外的社會成員，將群體分類，使命名並產生認同（Reisigl & Wodak, 2001: 45）。在《社會篇》中，臺灣的住民一開始根據種族差異被分為兩個群體──漢人與原住民。然而，後來又根據來臺不同時期被細分為四大族群，以下這段臺灣族群歷史提供了族群分類，使學生可以歸類自己並尋找認同的基礎。這種族群分類的作用在於使社會成員得以自我歸類並認同於某一

群體，共享此群體正面或負面的評價（Reisigl & Wodak, 2001: 47）：

> 臺灣是一個移民社會，主要包括 漢族 與 原住民 。在 漢人 大量移
> 入之前，原住民 （屬於南島民族，分布於東南亞與西太平洋島嶼
> 區）已遍及全島，就其分布地區的不同，分為 平埔族 （生活在平地
> 的區民，像 凱達格蘭 、葛瑪蘭 、西拉雅 ）與 高山族 （生活在中
> 央山脈和東部峽谷，有 泰雅 、賽夏 、布農 、鄒（曹）、魯凱 、
> 排灣 、卑南 、阿美 、雅美 ）。十七世紀以後，漢人 大量移墾臺
> 灣，主要來自福建、廣東省。這些移民多數是 閩南人 與 客家人 ，
> 自稱為 本省人 。民國三十八年以後跟隨國民黨自中國大陸各省遷
> 來的新移民則稱為 外省人 。與 漢人 長期接觸及通婚的結果，許
> 多平埔族已經漢化其後裔往往認為自己是漢人。原住民、閩南人、
> 客家人、外省人（新住民）構成今天臺灣社會的 四大族群 （社會
> 篇，p. 3）。

　　「四大族群」的概念在本書中使用邏輯並不完全一致，有兩種命名論述
混和使用著。第一種是四分論述，將族群分為閩南、客家、外省、原住民。
第二種是二元論述，最常使用「原漢」二元論述，將臺灣人民分為漢人與原
住民，「漢人」一詞的使用出現在與原住民族群相對的「非原住民」之統
稱，另一種二元論述是「臺灣人／外省人」，以模稜兩可、曖昧不清的方式
深植人民心中，混雜著族群認同與國家認同。例如：以下段落文中的臺灣人
與外省人之使用是相對立的，「臺灣人」此時意味著族群認同，意指閩南與
客家，也就是先於外省人來臺的早期移民：

> 第二次世界大戰結束，臺灣人 在當了五十一年二等國民後，視中
> 國為祖國，殷切期盼平等對待。然而，由於各種制度問題、政治
> 參與、經濟問題與文化因素，在民國三十六年發生了 臺灣人 與來
> 臺的大陸人士的族群衝突「二二八事件」，最後擴大為全島的流血
> 衝突（社會篇，pp. 58-59）。

《社會篇》在「臺灣人」一詞的使用有點曖昧不清，可以是族群認同，也可以是國家認同，視情況而定。上段中「臺灣人」意指族群認同，僅指閩南或客家族群，下段的「臺灣人」便有民族主義意味：

> 臺灣是由多族群所構成的社會。這種多元族群的現象已經凝結成「臺灣意識」，爲了讓不同族群有機會表達自己的意見，讓不同的社會群體相互尊重，政治要民主、經濟要自由、文化要多元，是我們共同奮鬥的目標。然後我們才能榮耀地說：「我們都是臺灣人。」（社會篇，p. 6）

上述幾個段落中的「臺灣人」，對外省人和原住民而言可能感受會特別矛盾。因為當「臺灣人」意指國家認同時，就包括外省人與原住民，涵蓋所有在臺灣的人民。但是當「臺灣人」作為族群認同時，指的只是閩南、客家人。此種曖昧不清的「臺灣人」命名論述，同時產生接納與排斥的效用。

二、指稱論述：對不同族群進行優劣標籤化

指稱論述（the discourse of predication）是在原有的命名論述中加入社會對於該被命名群體一些正面或負面的刻板印象，對於身在該命名群體的社會成員或褒或貶進行標籤化（Reisigl & Wodak, 2001: 45）。例如：以下段落使用貶抑語詞（derogatory language）對日治時期的臺灣人進行二等公民的指稱論述：

> 第二次世界大戰結束，臺灣人在當了五十一年二等國民後，視中國爲祖國，殷切期盼平等對待（社會篇，p. 58）。

指稱論述經常使用一些術語來幫助褒貶論述的形成。《社會篇》使用多元文化主義、融合、自由、民主等一些正向的標語（flagwords）以建構其所欲的論述領域，並使用一些如種族主義、國家主義的汙名用語（stigma words）來涵蓋某一隱性論述，這些術語的使用會傳達出正面或負面的評價意義（Reisigl & Wodak, 2001: 55）。例如：以下段落使用正面標語強調自

由、民主、平等，呈現出一種自由主義式的多元文化論述，除了表明希望未來能實現多元文化主義、民主與自由，卻也隱含著臺灣的過去有著相當負面的歷史意象，其霸權與社會巨變則呈現於標題為「悲情歷史」的文本中（社會篇，pp. 55-61）：

> 臺灣是由多族群所構成的社會。這種 多元族群的現象 已經凝結成「臺灣意識」，爲了讓不同族群有機會表達自己的意見，讓不同的社會群體相互尊重，政治要 民主 、經濟要 自由 、文化要 多元 ，是我們共同奮鬥的目標。然後我們才能榮耀地説：「我們都是臺灣人。」（社會篇，p. 6）

標題為「族群融合的歷史因素」單元，也是在建構著類似的論述（社會篇，p. 3）。以下段落則明顯使用多元文化論述來建構一致性的理想——多樣性、共通性、自主性的族群融合境界：

> 幸運的是， 我們不再需要外人的經濟援助，不再有族群的械鬥、 語言的隔閡和大批的文盲 。我們有 富裕的 物質生活，有 公平的 教育和就業機會。 我們不再是過客、難民，也不再是被統治者 。在這塊土地上，我們遵循 共同的 政治體系和法律規範，有了 相通的 語言文字和生活習慣，有了 平等的 身分、權利和義務。因此你我都是道道地地的主人（社會篇，p. 78）。

這種忽略差異、強調民主平等的自由主義式多元文化論述，採納的是集體化指稱（a predication of collectivisation）（Reisigl & Wodak, 2001: 53），使用集合名詞像「我們」、「家庭」、「團體」、「族群」、「國家」，將社會成員劃歸於這些群體實體，並使用和諧化策略（a strategy of harmonisation）來避免矛盾和衝突。由這些指稱論述可見，本教科書的根本假設與前提是以國內統一為基礎，使用「我們都在同一條船上」的策略。

三、立論論述：建立各族群的相對地位與屬性

立論論述（the discourse of argumentation）使用論證策略或邏輯謬誤（logic fallacies）重申指稱論述之正負面屬性。使用特定的邏輯謬誤或模稜兩可的訴求可以忽略或弱化對手的立場，並強化自己的論調（Reisigl & Wodak, 2001: 74）。《社會篇》以多元族群論述避免偏差論點，則屬以下段落的敘述最為平衡：

以建築來說，中國傳統建築風格例如三合院或四合院、各地的廟宇、古城門與牌坊；傳統的西式建築則有教堂、洋行和古堡以及日治時期所興建的官署和博物館等。此外，原住民各族用竹、木、茅草和石板等天然材質所建構的房舍也很獨特。至於表演藝術，我們有原住民的傳統歌舞，有平劇、南管、北管、佛道二教的宗教音樂，有閩南系統的歌仔戲、布袋戲、皮影戲，以及客家山歌和戲曲（社會篇，pp. 37-41）。

上述段落分別呈現漢人、閩南、客家、原住民族群正面的部分，嘗試平衡四大族群論述，但是除此段落之外，多數文本都被漢人觀點所主導。如同過去的教科書一樣，漢人還是居於主流文化中心，以便產生共同的族群意識。例如：當教科書描述姓氏使用，便強調姓氏對於漢人的重要性，以下這段文字不但沒有介紹原住民的姓氏使用特色，字裡行間與之相對的是原住民並不重視姓氏制度：

傳統上，漢人的姓氏制度以男系為中心，子女從父姓，也有從母姓的習俗，說明姓氏在漢人社會的重要。原住民本無漢人的姓氏制度，清中葉始採漢姓，日治後期改日本姓氏，戰後一律冠漢姓……（社會篇，p. 9）。

漢人中心論述在解釋漢人年節慶典習俗的這個單元被廣泛使用，本教科書總共詳細描述了九個漢人的慶典，包括除夕過年、元宵節、清明節、端午節、七夕、中原節、中秋節、冬至、尾牙等漢人重要節日的細節描繪，內容

多達兩頁，陳列三張圖片，而原住民的慶典僅簡短提及豐年祭與團結祭，內容僅列不到三分之一頁，陳列一張圖。在敘述結婚典禮與婚俗的段落，漢人論述也遠超過原住民論述，無論在篇幅或細節的交代上皆然，且呈現原住民已然漢化的立論論述：

> 結婚係終身大事，以 漢人 舊有的習俗來說，一般要經過相親、提親、訂婚、完婚四個程序……（繼續說明結婚儀式過程的多元風貌）。至於 原住民 ，各族原本都有他們獨特的婚俗和家庭組織，但近年來，大多和其他族群一樣，呈現多元的風貌（社會篇，p. 16）。

矛盾的是，儘管《社會篇》宣稱「四大族群」以介紹臺灣為移民社會，彰顯多元族群特色，然而原漢論述在文本中不斷出現，形成中華民族與原住民文化差異之強烈對比，並排除了四大族群中的閩南、客家，在文字敘述與圖片陳列均使用「逃避」和「最小化」策略（the strategy of avoidance and minimisation）（Wodak et al., 1999: 36）。根據 Nuri Robins, Lindsey, Lindsey 和 Terrel（2002）的觀察，「如果教科書全然略過、輕視、或扭曲某些文化群體的貢獻，這樣的教科書等於在摧毀文化」（p. 95）。教科書減弱某些族群論述的結果，可能導致少數族群被迫壓抑自己的族群意識。

四、包容／排除論述：建構出接納與排斥的論述空間

包容／排除論述（the discourse of inclusion/exclusion）係指對某一群體在語言上進行有利或有害的特殊對待，也就是進行一種語言霸業（linguistic imperialism），其策略之一是技巧性地使用人稱代名詞「我們／他們」，以建構出一個「他者」論述，產生排斥或主宰的效果（Reisigl & Wodak, 2001: 47）。「我們」的使用特別複雜[2]，本研究也發現《社會篇》使用「我

---

[2] 整體而言，《認識臺灣社會篇》使用的人稱代名詞不多，不過一旦使用人稱代名詞「我們」、「你們」、「他們」時，便很難不流露出所包含的對象是誰。語言學研究通常得去區辨文本中「我們」的含意，無法認清文本中此人稱代名

們」建構出與他者間接納與排斥的論述空間。最常使用的是「大眾的我們」（generalising we），如以下段落中的「我們」表面上將其他人群納入我們群體，事實上並不包括閱聽者，此種普遍化的基礎係建立在發言者，由他規定所有人都得符合支配群體的標準：

幸運的是，我們不再需要外人的經濟援助，不再有族群的械鬥、語言的隔閡和大批的文盲。我們有富裕的物質生活，有公平的教育和就業機會。我們不再是過客、難民，也不再是被統治者。在這塊土地上，我們遵循共同的政治體系和法律規範，有了相通的語言文字和生活習慣，有了平等的身分、權利和義務。因此你我都是道道地地的主人（社會篇，p. 78）。

使用「你我」進行包容論述的鋪陳，也有不同的含意。以下段落中使用的「你我」跟上段普遍化的你我用法不同，這裡的「我們」包括我和你，將不同群體融合為一，部分／全部接納閱聽者（partially/totally addressee-inclusive）。這種包容論述利用我們都是國家的人民之形式，屬於一種國家論述，而非族群論述：

無論你我的祖先是什麼時候來，無論你我的母語是什麼話，無論你我的家是在臺灣、在澎湖、在金門、在馬祖，或是在鄰近的蘭嶼、綠島、小琉球，經過了五十多年的歲月，我們已經擁有一段共同的歷史（社會篇，p. 77）。

排除論述通常使用第三人稱代名詞「他們」，以下段落的「他們」指的是原住民，並沒有將發言者納入，顯然將原住民視為「他者」（the Other），這樣的排除論述將原住民的部落傳統慶典視為他者文化：

詞所指涉的對象為何，便無法辨明其所欲傳達的意義。「我們」究竟是否包括閱聽者（接納閱聽者或排除閱聽者）？「我們」究竟是否包括說話者（包含發言者或排除發言者）？（參見 Wodak et al., 1999: 45-47）

　　至於原住民，各族原本都有 他們 獨特的婚俗和家庭組織，但近年
來，大多和其他族群一樣，呈現多元的風貌（社會篇，p. 16）……
原住民各族都有 他們 傳統的歲時節慶（社會篇，p. 19）。

　　排除論述的另一策略是重新命名。《社會篇》將外省人重新命名為新
住民（民國三十八年以後跟隨國民黨自中國大陸各省遷來的新移民則稱為外
省人（新住民），社會篇，p. 3）。重新將外省人命名為「新住民」具有何
種意義？對外省人而言，新住民又意味著什麼？是否又建構出另一個排除論
述？如今面臨外籍配偶激增，臺灣社會又將東南亞的外籍移民稱為新住民，
這樣的命名論述都屬於排除論述。

五、強化／弱化論述：對不同族群厚此薄彼的再合理化

　　強化／弱化論述（the discourse of intensification/mitigation）透過語詞的
修正，藉著強化論述的呈現或緩和論述的狀態，使之更為合法化、合理化。
這些策略運用在國族主義或種族主義的說詞中，可以進行加強力道或淡化的
效果（Reisigl & Wodak, 2001: 45）。《社會篇》對原住民與漢人被壓迫的
歷史的描述方式是略過原住民受漢人壓迫的事實，表現出原漢兩個族群都是
受外族統治壓迫：

> 原住民且不說，即使是漢人 ，歷經荷蘭東印度公司、鄭成功父
> 子、清朝的統治，乃至成為日本帝國的殖民地；任何一次政權的移
> 轉，從未尊重在臺住民的意願。因此有人說，這段臺灣政治史是
> 一部未經當地居民首肯並且參與的悲情統治史（社會篇，p. 55）。

　　使用「原住民且不說，即使是漢人」的語法，在語義上強調原住民的
情境跟漢人受壓迫的情境是相符應的，表示連漢人都會受到外來族群的壓
迫，更不用說是原住民了。這樣的弱化論述有一種減緩效果，消除讀者對
原住民曾被漢人歧視受到創傷的印象，此效果乃使用略過不提（omission）
的策略而達成。不去提及原住民深刻的創痛歷史，而是將之等同於漢人受外
族壓迫相對而言較小的創傷。弱化少數族群常會使用語言上的排除論述，

就像種族主義者眼中沒有少數族群，就不會去提及他們（Reisigl & Wodak, 2001: 47）。社會政治形式的排斥是控制模式之一（Foucault, 1981）。為了進行社會控制，「某些特定的論述被禁止、被壓抑，其他論述常被主觀界定為合理或不合理，整體而言，論述總是要不平均地被分裂成真與假的組成」（Howarth, 2000: 56）。以下段落便是這樣被主觀界定為真／假論述的實例，排除了族群認同論述，使學生相信追尋真正的族群認同是不可能的：

> 因族群通婚的緣故，今天許多臺灣住民往往一個人可能同屬數個族群。因此，區別每一個人所屬的單一族群身分其實 相當困難 ，而且也 不適當 （社會篇，pp. 3-5）。

上段顯然不鼓勵族群認同，甚至試圖論證區別族群差異是不恰當的，這也反映出臺灣社會對於族群議題的忌諱與忽略。這種弱化論述表明無須強調族群認同，不但減弱族群認同的重要性，甚至遭遇被壓抑的可能。其實臺灣是個多元族群社會，擁有多樣的移民，然教科書卻暗示人民毋需尋找自己的族群認同。這種族群認同的弱化論述經常被用在政治宣傳，以提倡同化論，下面也是一例：

> 臺灣四面環海這種開放的地理環境，雖使臺灣歷經許多不同族群的統治，卻也使 我們很容易接受各種不同的文化傳統 （社會篇，p. 42）。

配合章節標題「臺灣精神」，上述段落使用強化論述來宣傳並強化臺灣生命共同體的意識型態，同時弱化族群差異、減緩過去數十年的族群衝突。知道過去悲情歷史的人或許可以了解，要臺灣島上人民能夠完全接納不同文化傳統是多麼不容易，特別是經歷了流血械鬥的二二八等族群衝突事件。政府常使用這種家長作風論述[3]來告誡他的子民不要涉入族群分裂之爭，朝向

---

[3]　家長作風論述屬於排除論述，作為強化族群融合的論述。排除論述有時候使用「家長語氣中的我們」（paternalistic we），這個「我們」表面上包含發言者，

國家統一的目標。

伍、CDA 解構／重建角色及其貢獻

　　CDA 如何在教科書研究中同時扮演解構與重建角色呢？Luke（1997）指出由於日常生活的論述和語言有意識型態的功能，CDA 的工作同時是解構性也是建構性的。在解構方面，CDA 打斷日常對話與書寫的權力關係並主題式地找出問題；在建構方面，CDA 應用到批判素養課程的發展以擴展學生批判能力、分析社會關係與論述，朝向論述資源的公平分配。為凸顯CDA 的意識型態分析功能，以下將本研究結果與前人研究結果進行比較，接著反省其作為教科書詮釋與批判的工具是否能夠解構知識？在協助教師進行重構的角色為何？這些討論可以彰顯 CDA 作為教科書分析方法論的獨特性。

一、與前人研究結果之比較

　　國內目前針對《認識臺灣》教科書分析的研究成果如下：宋銘桓（2004）使用內容分析檢視《認識臺灣》社會篇與歷史篇，發現在主要類目中以政治策略所占比例最多；次要類目以精神建設所占比例最多。《認識臺灣》強調民主與法治的精神，奉行三民主義與兩岸統一，而政治領袖仍在教科書中占有重要的地位，兩岸統一仍為國家之主要政策。過去官方所掩蓋之重要政治事件，亦首次出現於教科書之內容當中。使用理論分析者如譚光鼎（2000）以霸權概念來剖析《認識臺灣》，發現其具有三種霸權性格：作為政治社會化工具、為霸權意識型態之產物、建構新霸權文化。王前龍（2000）從自由主義與民族主義的觀點，解析《社會篇》中族群認同、文化認同、制度認同三個論述的實質內涵，發現國家認同論述傾向自由民族主義的特徵，儘管此民族主義式的國家認同論述似已在今日急速全球化趨勢中逐漸式微，《社會篇》仍以自由主義式的四大族群、多元文化論述來建構臺灣人認同，並以

事實上排除發言者。也就是說，聽起來好像在說「我們」，其實是單指「你們」，由發言者對閱聽者說話，閱聽者是被統治群體，雖然使用「我們」，並不包含統治群體──也就是發言者發聲的地位。

臺灣魂、悲情歷史等民族主義式的文化認同論述予以強化；以民主法治、經濟自由、多元社會等自由主義式的論述強調制度認同，並以此建構臺灣人認同。

　　本研究與前人研究結果亦有多處相同發現：如強調民主與法治來推動國家政治策略與精神建設；以國家霸權論述方式建構族群融合與臺灣人認同；自由主義式的多元文化論述推動臺灣認同與制度認同。除此之外，另有前所未發現的結果，本研究藉由批判語言學的論述分析檢視出教科書的潛在假設、立論基礎、概念指涉、價值判斷、族群意識型態的矛盾，以及文本中進行霸權控制的策略。另外，在族群認同與國家認同方面發現五種多重論述、矛盾的二元論述、認肯與不認肯的論述等主要發現，這些論述解構了《社會篇》中官方知識的意識型態。

二、CDA 在教科書研究中的解構角色

　　概念重建學者（reconceptualists）對於課程知識中的既有概念，經常使用批判性的研究方法來予以解構。Kelly（1999）質問課程研究的問題包括課程中的概念可能意指什麼？這些概念被暗指什麼？這些概念確切表示了什麼？教育研究者應考慮這些概念的相容性，並為教師與學生發展批判機制以面對教育政策與課程實施。那麼，CDA 在教科書研究中的解構功能為何呢？

　　根據本研究結果，從教科書文本中萃取的五種批判論述各有解構知識的功能。命名論述正式承認臺灣四大族群，並給予合法化名稱與認同基礎。指稱論述和立論論述一方面使用褒揚式語言來承認不同的族群，另方面使用貶抑性語言來排斥某些族群、抑制其族群認同的發展。《社會篇》教科書經常使用二元論述、包容／排除論述、強化／弱化論述，顯示政府對臺灣多元族群愛恨交織、矛盾不一致的情感。這些論述同時出現於教科書中，一方面想要接納並肯定所有的族群，一方面卻暴露出對某些族群的排斥意味，顯示對族群差異事實無法認肯之缺憾。

　　關於知識論旨趣，族群融合應是《社會篇》的主要目標，假設國內各族群的相同性，使用「集體化」與「和諧化」策略來推動族群融合的理想。然而，由於未能符應實際社會族群融合實踐的情況，一味呼籲族群融合顯得有點不真實、缺乏內容，僅止於一種口號，更精確的說，族群融合只是一種掩

藏多族群事實的策略。為了傳達臺灣已達到族群融合之印象,《社會篇》積極建立「臺灣人」意象,以「臺灣人論述」作為臺灣認同的空間,然而從本研究所得論述的批判分析,可見其根本性的意識型態衝突。

第一,使用曖昧不清的命名論述,一方面將族群分類,一方面卻在名稱上顯得模稜兩可。例如:「臺灣人」有時候作為族群認同,只包括閩南人與客家人,有時候作為國家認同,包括所有在臺灣的人。這種矛盾充分顯示出作者雖然提出「臺灣人」來包含所有的族群,卻仍不脫以閩南人為正港的「臺灣人」之嫌疑。第二,使用矛盾的二元論述,使用一組「臺灣人/外省人」對立的分類論述,事實上隱含民族主義論述,恰好與教科書的前提「族群融合」相對抗。這種矛盾的二元論述也發生在「原漢」二元論述的使用,與四大族群的融合假設發生根本性的牴觸。第三,使用貶抑語詞的指稱論述使讀者對其所指稱的對象產生標籤化作用,如二等公民的臺灣人、暗指被排除在外的新住民(外省人)、被漢化的原住民與隱而不見的客家人;另外也利用褒揚指稱論述(如標語或行話)來鞏固讀者個人主義式的平等、對自由民主多元融合的嚮往、建構出自由主義式多元文化社會之論述。這種使用褒彼貶此的話語來解說四大族群的特性,稱不上是認肯多元族群的論述。第四,使用原住民已漢化的立論論述力陳中華文化浩大、原住民文化渺小的強烈對比,使用「最小化」與「逃避」策略在篇幅與圖片上忽略閩南與客家,不均衡報導容易導致讀者無法認肯某些族群。van Dijk(1995)說過,強權者使用策略性立論來操弄讀者的心志,使有利的立論透過自說自話明顯表態,使其他立論變得不重要。第五,「我們/他們」的使用流露出包容我族與排斥他族的論述,利用弱化論述修正讀者對某些族群曾受歧視產生創傷經驗的印象,儘管其目的或許是為了避免族群分裂,這種刻意忽略歷史、弱化歷史傷痛程度的論述,缺乏 Taylor(1994)提出給予不同族群「應有認肯」(due recognition)[4]之理想。

綜上所述,CDA 可以解構課程背後的根本假設、立論基礎、概念指涉、價值判斷、意識型態、權力關係。使用問題化(problematisation)策略可以從教科書文本中找出各種論述的問題,這種從各類型論述中找問題的策

---

[4] 關於「認肯」概念的闡述與討論,詳見王雅玄(2005b)「認肯(Recognition):法則與使用」一文。

略，便是一種解構課程知識的方法。論述具有選擇性、正當性、規範性與管制性，因此，批判地檢視教科書中的論述，確實可以將建構知識的過程及其歸約機制予以解構。不過，本研究立場並不認為教科書具有中立的課程知識，也沒有一本無須批判的教科書，最終關懷是教師與學生能發展批判教科書的能力，企盼提供教師 CDA 架構以便解構教科書中的意識型態，透過意識型態的解構來重建教師意識。

三、CDA 在教科書研究中的重建角色

論述透過界定知識的領域來限定了人們的自我與認同（孟樊，2001）。教科書中的論述界定了知識領域，什麼知識可以被納入成為論述領域，誰是該領域中的主角，誰就可以帶領討論其所欲的議題、概念與想法（Bourdieu, 1993）。教育體系中的支配主角通常是代表中上階級的主流文化、價值觀與意識型態（姜添輝，2002），而教科書本身就是再製這些主流階級的一種文化物（歐用生，2000）。透過這些知識領域的討論，也會漸漸形成學生對知識所傳遞的認同，即 Berger（1966）所謂「認同是個知識社會學的問題」，也是 Moore（2000: 17）所言「教室中所教授的不僅是知識，更是一種認同。」因此，認同也是被論述建構出來的。

呈現於教科書中的主流文化對弱勢族群而言是一種壓迫形式，可能被迫認同他人，放棄自己的認同。CDA 如何能抵制這樣的壓迫？Freire（1973）提出的批判意識轉移性，深度詮釋問題檢驗問題、拒絕被動接收知識，誠如本文分析顯示，這些都是 CDA 企圖達到的範疇。教師若能發揮此批判意識於解構課程知識，便可以主導教學轉化（甄曉蘭，2003）。因此，本文期許從事教學工作的教師能熟悉 CDA 知識解構途徑，可望重建教師意識進行教學轉化。Freire（1970）在受壓迫者教育學中提出對話論可用來解放宰制的形式，並特別指明受壓迫者要能重新命名（renaming）這世界，透過字詞的實踐力量，回復自我意識，重新敘說[5]自己的歷史性、文化性與這世界的關

---

[5] 近來許多學者紛紛提出敘說故事對於教師轉化課程與教學實踐的重要性，歐用生（2003）建議「師資培育和進修要允許教師能命名、定位和批判經教育和文化建構的教師的地位，並且在作為一位教師、寫者、讀者和一個人的主體的關係下，將教師的文化建構理論化」（p. 384）。

係。在進行教科書批判論述分析之後，教師可以引導學生與自己進一步建構自己的論述領域。

　　CDA 期能使教師意識覺醒，但是否能夠邁向社會重建，則需考慮的是社會結構的約制[6]。由於論述是一套足以作為社會實踐規約的言說，隱含了社會結構規範。教師若能運用 CDA 解構論述，意味著能夠跳出社會結構的約制，能夠批判檢視教科書文本中再現的課程意識型態如何映照出教育體系外的鉅觀脈絡，因為這些文本不僅只是反映了鉅觀的社會生活，其實也是鉅觀社會所形構而成的（Wallace, 2003）。而課程意識型態的研究價值便是透視其中所隱含的社會控制，因此 CDA 讓我們解構論述看穿鉅觀與微觀脈絡間的辯證關係。具體而言，從微觀的複雜社會中，檢驗鉅觀的理論，就像歷史學家將自己沉浸於社會行動的參與者之中，不僅回應、同時也檢視社會結構（Goodson, 1985）。儘管如此，由於社會重建並非一蹴可幾，乃是點滴工程，目前對 CDA 的社會重建功能稍持保留態度，但期許未來研究能將 CDA 隱而未見的社會重建功能彰顯出來。

　　倪炎元（1999）使用批判語言學檢視臺灣媒體再現的政略，揭露論述形成的策略與過程，彰顯 CDA 在社會重建中擔任相當重要的角色。刻板印象化的內容再現除了出現於媒體報導，也很可能出現在教科書中，因為教科書也是一種反映社會現況的文本。教師如何面對教科書所呈現的知識，對於學生而言深具影響。進行批判論述分析是個揭露文本中再現「他者」的過程，而這種過程如 Kress（1996）所言，同時呈現了他者由於階級、性別、年齡、職業、族群、種族、宗教的差異下，於社會中也相對地面臨語言、文化、經濟等資源分配不平等的弱勢地位。

　　CDA 教科書分析結果發現，教科書充滿了各種意識型態、各群體的權力角力與宰制關係。教學現場教師應從意識覺醒中開始解構教科書中的意識

---

[6] 這是屬於「個人／結構」（agency/structure）辯證關係的問題，誠如 Anthony Giddens（1991）指出在學術界上有深遠的討論，當個人與結構二分的時候，究竟何者影響力較大仍未定論。不過，論述在此處剛好可以做一個連結，所謂「論述」（discourse）並非只是文本（text），而是透過文本行使了社會實踐（social practice）的有力說詞（王雅玄，2005a）。

型態，如果無法透視洞悉知識背後的宰制關係，一味宣讀教科書只是再製現有社會實體，也成了社會再製的黑手，無法揭露社會不公平、不正義現象。批判歷史取向的論述分析也指出，教科書多少會扭曲歷史，如何還原歷史、重建學生的歷史觀，是教科書使用者應特別注意的問題。CDA 的使用者可以是研究者也可以是教師，教師進行批判論述分析則更能發揮教科書批判研究的效果，因此本文期許「教師即 CDA 研究者」以帶來洞察課程意識的可能。使用 CDA 架構分析教科書使得教師直接對文本論述進行批判思考，可以提升自我意識覺醒，以 CDA 問題化策略授權學生從自身歷史建構自我認同，讓受壓迫者重新敘說自己的歷史，甚至重寫歷史。這些都是 CDA 透過教科書分析，所可以彰顯的重建功能。

四、CDA 作為抵制宰制的工具

以 CDA 方法論分析教科書中的族群論述，具體研究成果與貢獻如下：

第一，CDA 可以作為教科書研究的批判解讀工具，以「CDA 架構」三階段——知識論選擇、方法論處置、論述引出，進行《社會篇》族群議題之實徵分析，獲致不同於前人研究的五種批判論述——命名論述提供不同族群合法化的分類與認同基礎；指稱論述對不同類別族群進行優劣標籤化；立論論述建立了各族群的相對地位與屬性、認肯優勢族類、貶抑劣勢族類；包容與排除論述建構出接納與排斥的論述空間，顯示臺灣社會面對多元族群的矛盾；強化與弱化論述給予不同族群厚此薄彼的再合理化，彰顯臺灣社會未能認肯多元族群的意識型態。因此，CDA 作為教科書詮釋與批判的工具，關注教科書政治的複雜性與文本背後隱含的意識型態，足以解構課程知識。CDA 架構在課程研究方法論上的創新與突破，對於課程批判社會學者在使用批判方法論上提供了實徵性的研究基礎，可作為日後進行批判論述分析與意識型態研究之參考。

第二，將臺灣鉅觀脈絡的教育論述分析下拉至教育現場中的教科書論述，以 CDA 架構檢視教科書論述如何反映鉅觀社會價值，如何透過教育論述來再製或排除某些意識型態。例如：《社會篇》中使用相當的排他性語言，這些語言使得許多利益相關者如文化不利者無法辯駁或討論。這也就是 Dockery（2000）指出教育論述作為一種排除工具，可以排除掉那些不知道這些祕密語言或圈內人語言的人，而專業人員使用的術語與行話和讀者

的日常用語無法產生交集，因而阻礙了對話可能性，更混淆讀者知覺（p. 100）。例如：學校孩童可能不一定了解充斥於教科書中的「多元文化主義」與「族群融合」等用語。這些表面上給讀者看的文本，嵌入了許多排他性或接納性的語言，可能再現了作者各種心理、社會、政治目的或利益（Reisigl & Wodak, 2001: 47）。特別是族群論述很容易散播到各個不同的政治領域和歷史行動中，因此涉及許多不同的文本主題與歷史文化脈絡，CDA 使得課程意識型態的分析得以超越西方理論與概念之借用，更能從教科書文本洞悉語用策略，據其歷史文化脈絡檢視各種意識型態之形構。

　　第三，批判論述分析可深入教科書文本解構課程意識型態，開拓課程社會學的新領域，本研究發現 CDA 可以分析「新現象」（new phenomenon），例如：新文本、新論述、新社會認同、新公民領域、新文體、新工作場所、新社區。當教育研究者重新思考，將教學實踐與結果視為一種論述的基礎，如此一來便能將課程實踐重新理論化（retheorization）（Luke, 1997: 56）。

　　總之，儘管 CDA 有其限制未能彰顯正面論述，但作為一種詮釋的、批判的教科書分析工具，的確能夠揭露教科書政治的複雜性，檢視隱藏在文本背後、被壓抑的、值得懷疑的意識型態。Locke（2004: 56）指出西方世界中「不同論述建構出各種教育失敗」有其歷史，例如：長期以來大家都認為缺陷模式（deficit model）是文化不利學生在學校失敗的合理解釋，這些論述滲透於設計不良的課程並透過無效教學來形成。未來我們需要拓展教師本身的教科書批判意識與批判實踐，特別是一波波教科書革新代表社會改革後政府的理想實踐，教師更需要批判解讀教科書所傳遞出來的意識型態。Kelly（1999）也提醒教師必須了解所有教育規範反映出課程設計者的偏好、價值與意識型態，若無法看清課程意識型態，在教學上就會是一種灌輸或是權威的濫用。因此，意識型態研究對教師非常重要。關於教師如何解釋教科書中的論述、教師能否成功運用 CDA 架構來解構課程意識型態，甚至從學生的經驗課程探究課程意識型態的實踐，都值得進一步探索。

*　本章修改自王雅玄（2008）。CDA 方法論的教科書應用：兼論其解構與重建角色。**教育學刊**，**30**，61-100。

第 ⑦ 章

國家批判論述

> 國家，是想像的共同體
> 東方主義，是西方想像的東方
> 西方主義，是敵人眼中的西方

　　國家對於我們最早的意象是民族國家（nation-state），在尚未如此移民全球化的時代，通常一個民族組成一個國家，理想中的民族國家只有一種民族團體和一種文化傳統，但當代絕大多數國家都屬於多元族群國家。國家，是想像的共同體，民族也是想像的共同體。民族之所以「是想像的，是因為即使在最小的民族的成員，也從來不認識他們的大多數同胞，並和他們相遇，甚至聽說過他們，然而，他們相互連結的意象卻活在他們的心中」（Anderson, 1991/2010）。

壹、教科書與國家

　　教科書幾乎是我們認識國家的第一扇窗戶。

　　我們是如何認識國家的？相信每個人，除非很早就踏出國門，否則應該都是在教科書中認識了自己的國家，也認識了其他國家。教科書中不但經常提及世界各國，也經常傳遞自身國家的概念，在教科書中我們不僅認識世界各國的意象，我們也讀到國與國的關係，除非我們日後有機會親臨該國，否則教科書就成為我們認識該國的唯一途徑。教科書可能是我們每個人認識國家的第一扇窗戶，對許多人而言也可能是最後一扇窗戶。

　　教科書是支援學校課程教學的主要資源，對學童有轉化知識、傳遞價值觀與態度的潛移默化作用，「今日的教科書，孕育下一代的心靈」，教科書

形塑學童的心靈與國家的未來（Mikk, 2000），足見其影響之深遠。教科書常與社會變遷緊密相連，反映出當代主流文化和價值觀念（Pingel, 2010），不僅含涉社會、文化、政治、經濟形構的縮影，同時其亦反映了一個國家文化的基本思路。因此，要了解臺灣眼中的他國意象，或是世界各國眼中的臺灣意象，都可從教科書所描繪的國家圖像深究之。

　　因應全球化潮流，教育部（2011）公布《中小學國際教育白皮書》，宣示透過外語、文化及全球議題學習，促進學生具有國家主體的國際意識、理解尊重欣賞不同文化、厚植邁向國際舞臺實力、體認世界和平的價值，培育具備國家認同、國際素養、全球競合力、全球責任感的國際化人才。所謂知己知彼，在推動國際教育之際，除了我們單方面地理解國際，更重要的是，國際上是如何理解臺灣呢？行政院主計處（2011）聲稱依聯合國開發計畫署（United Nations Development Programme, UNDP）以人類發展指數（human development index, HDI）之國家分類指標，綜合衡量「健康」、「教育」與「生活水準」等面向，自行將臺灣歸類為「已開發國家」。然而，此為臺灣眼中看待自己的位置，他國眼中的臺灣處於何種位置，值得進一步探究（王雅玄，2013b）。

　　分析臺灣眼中的他國意象，以及各國教科書眼中的臺灣意象，對於國際雙邊理解有重要意義。當代跨文化交流日漸頻繁之際，面對流動世界多元文化的衝擊與挑戰，國際理解需求較以往更為殷切。聯合國教科文組織（United Nations Educational, Scientific and Cultural Organization, UNESCO）於 1974 年《關於促進國際理解、合作與和平的教育以及人權與基本自由的教育之建議》主張教育乃係實踐國際理解、合作、和平、人權、基本自由的等價值，而《教科書研究與教科書修訂指引》（UNESCO Guidebook on Textbook Research and Textbook Revision）進一步指出教科書是促進國際理解的工具，以達致世界和平（周珮儀、鍾怡靜，2012；Pingel, 2010）。透過教科書觸角之延展，學童從而理解自我與他者、形塑其如何看待自己與世界。

　　教科書同時也是經過篩選、合法化的官方知識，意味著「正確」、「標準」、「權威」的知識，因此教科書承載國家意識型態，尤其顯見於詳述歷史、地理、政治的社會領域教科書。有關國家過去故事的選擇或撰擬總是具有規範性的，其指導人們如何以國家主體思考和行動，及如何看待與外界的

關係（Hein & Selden, 2000），意圖刻劃「我們」和「他們」之間的差異與界線，以建立、維繫與發展國家政治和民族意識。因此，「己他關係」乃世界各國教科書中指涉他國國家意象的主要關鍵。教科書中描繪的國家意象，不僅僅是靜態的國家形象，更具有動態的國際關係，舉凡國與國之間的合作、競爭、衝突或戰爭，都深深刻劃了國際關係的圖像。特別是描繪國際關係會涉及國與國的利益關係，因此，教科書中的國家意象與國際關係都不會是客觀中立沒有立場的，我們需要批判反思教科書的書寫脈絡，篩選了哪些知識？合理化了哪些圖像？教科書中的國家論述特別需要批判。

UNESCO（2007）指出，若教科書刻意設計，為彰顯自我，對異己選擇以弱化、消隱、乃至創意、虛構等方式，此種敘事模式會窄化扭曲學童對真相的理解，且易形成對他者之負面意象，從而產生偏見，對世界和平有不利影響。這些不當的教科書編寫設計像是，教科書對非主流文化進行省略化約、扭曲不實的編排，或只呈現某一方的主觀判論，導致不同形式的歧視、成見和排斥；道德或科學上歧視族群或性別；不當語言與教學態度冒犯個人或群體，或限制個人的發展；教材內容無法讓學生理解；過分重視認知，忽略與日常生活之連結應用等。可見，不當的教科書內容極有可能造成偏見、誤解、對立、分歧和爭議，成為國際理解與和平的阻力障礙。

有鑑於此，本章檢視教科書中的臺灣意象，透過他者理論作為評判基礎，檢視臺灣如何在帝國主義主僕關係與國家分類等級地位的影響下，處於他者的不利位置。

貳、國族與殖民：己他關係與國家位階

東方主義，是西方想像的東方；西方主義，是敵人眼中的西方。這兩句話，充分顯現了他者論述下的己他關係。東方主義（Orientalism）由 Edward Said 提出，意指從西方視角出發對東方社會、文化、語言及人文的研究，形容西方對東方的研究有負面意涵，這是由於侷限在「西方」知識制度和政治經濟政策下長期積累的那種將「東方」假設並建構為異質的、分裂的和「他者化」的思維（Said, 1978/1999）。西方主義（Occidentalism）則是其相反論述，非西方人對西方世界（歐洲、美國、澳洲，有時根本就不是西方的日本也自以為自己是西方，見脫亞論）的偏見，以及去人性化

（dehumanizing）的理解（Buruma & Margalit, 2005/2010）。因此，東方主義與西方主義是立場不同下產生的己他關係與國家位階，此種他者理論下的文化再現需要我們審慎批判。

國家形象（country image）或國家品牌（nation branding）乃指特定國家在人們心中的認知和評價，係透過該國代表性產品、國家特性、政治經濟背景、歷史文化傳統等形塑而成（鄒筱涵、于卓民，2007）。國家形象良窳決定了國家品牌的建立，此即競爭性的認同（competitive identity），透過經濟產品、投資、政治、教育、文化、旅遊、人物等競逐，進而取得他國的認同，國家形象對該國競爭力有深遠的影響（Anholt, 2007）。那麼，全球脈絡下臺灣意象具有怎樣的競爭性認同呢？臺灣自 1987 年解除戒嚴後，無論在民主政治、社會多元、經濟發展方面皆呈現大幅度的開放變革成長。舉經濟產品為例，近年來有學者針對臺灣品牌進行臺灣意象的研究，發現「臺灣製造」（Made in Taiwan, MIT）不再被視為品質低廉的代稱，特別是電子製造業產品，如宏碁、華碩等自創品牌電腦，MIT 已享譽全球市場（陳祥、陳嘉珮，2009）。

競爭性認同經常透過政治角力展現國家位階的己他關係。陳祥與陳嘉珮（2009）分析美國《紐約時報》與《華盛頓郵報》自 1986 年至 2005 年有關臺灣的新聞報導，皆環繞在兩岸關係、統獨議題，針對臺灣的採寫通常是對照中國，描述臺灣高度政經發展與民主深化的正面形象。然而近年來媒體亦曾出現臺灣負面意象，例如：臺灣的國會暴力曾被 CNN 和外電媒體美聯社、路透社新聞報導，CNN 主播以恥笑方式敘說該衝突事件（TVBS, 2005, 2010, 2011）。相較於媒體報導，教科書文本所呈現的臺灣意象又是何種己他關係？楊景堯（2010）分析加拿大與印度教科書中的臺灣意象，均涉及臺灣與中國的關係。加拿大教科書讚揚臺灣民主發展與總統直選，強調兩岸武力對峙及美國居中扮演重要的角色，並以 1996 年飛彈危機凸顯中國對臺灣的威脅打壓。印度教科書除稱許臺灣經濟發展、土地改革與民主轉型，對於過去威權統治多有所批判，特提及蔣介石從中國撤退來臺，帶入大量黃金和無數中國藝術珍寶。二者對於臺灣的介紹各有不同切入點，加拿大教科書以敘寫李登輝時代為主軸，印度教科書則以蔣介石作為認識臺灣之始，然都僅止於不同總統下的政治氛圍，各有所偏，無法窺諸全貌。那麼，美國教科書眼中的臺灣意象為何呢？這便牽涉到美、中、臺的國際關係。

美國自第二次世界大戰後，基於對全球世局與臺海權力平衡、國家利益等戰略考量，在兩岸關係當中扮演舉足輕重之平衡者的角色。兩岸互動未全面開展之前，美國提供臺灣出口商品最大的外銷市場，經貿依賴與政治安全保障相依相輔（冷則剛，2012；李佳蓉、吳昀展、蘇軍瑋譯，2012；陳建民，2007）。1971 年至 1979 年間，美國為制衡蘇聯，轉向支持中華人民共和國，停止承認臺灣，1979 年美中正式建交，中國取代臺灣得到聯合國安理會常任理事國席次，獲得全世界大多數國家與聯合國的承認。臺灣的國際影響力逐漸衰退，美國的態度為官方承認中國，美國在臺灣的利益主要是在經貿和非官方關係，給予臺灣安全保障，但同時也不會改變一個中國政策，並強調必須以和平手段達成（李佳蓉、吳昀展、蘇軍瑋譯，2012；吳玉山，2012）。1980 年代中期以降，兩岸在經濟文教等方面開始有了接觸，美國亦漸支持兩岸良性互動，在美國的眼中，兩岸的互動對話有利於美國的利益（陳建民，2007）。1980 年代末臺灣逐漸開放兩岸關係以來，所面對的國際情勢劇烈變化，原本較為恆定的對美經貿依賴關係，也隨著冷戰結束、中國崛起而有所改變。而 1990 年代自蘇聯瓦解後，美國霸權獨強地位一度無與倫比，惟近年來美國遭逢經濟金融危機、反恐軍事等連續挫折，甚至陷入帝國過度擴張的困境，面臨中國崛起的挑戰，自有其國家利益競爭之戰略考量（張登及，2013）。臺灣在中國經濟實力崛起、美國國際政治影響力下滑之際，在美、中、臺三邊關係中，雖扮演一定的角色，不過，這如何反映在美國的教科書中？非常值得探究。

儘管臺灣在國際眼中已經展現許多正面意象，但媒體對於臺灣國會暴力的負面篩選，是否也肇因於臺灣地處世界政治文化體系的邊陲位置，國際上對臺灣的理解，時而被消音處理，時而被他者化，或僅在介紹中國之餘介紹臺灣，此種附屬地位使得許多臺灣正面意象不被發揚，而負面意象不斷散播，這樣的臺灣形象需要印象整飭（王雅玄，2013b），特別是在英語系國家，其傳播論述對全世界的影響力極大，美國教科書所再現的臺灣意象特別值得關注。

參、他者論述分析架構

美國是臺灣主要交流國家，也是臺灣人民外移的主要移入國，美國教科書中的臺灣意象為何，是研究聚焦的核心。以下分析美國中小學教科

書，涵蓋世界地理、世界史、社會領域，分別是 *World Geography*、*World Geography Today*、*World History: Human Legacyy: Modern Era*、*Sociologyy: The Study of Human Relationships*、*World Geographyy: Building a Global Perspective*、*Eastern Hemispherey: Geography, History Culture* 等六冊，詳如表 7-1。

表 7-1　美國中小學教科書分析樣本

書名	年代	出版社	適用年級
World Geography	2009	Holt Rinehart and Winston	適用 9-12 年級
World Geography Today	2008	Holt Rinehart and Winston	適用 9-12 年級
World History: Human Legacy: Modern Era	2008	Holt Rinehart and Winston	適用 7-8 年級
Sociology: The Study of Human Relationships	2008	Holt Rinehart and Winston	適用 9-12 年級
World Geography: Building a Global Perspective	2005	Pearson Prentice Hall	適用 9-12 年級
Eastern Hemisphere: Geography, History Culture	2005	Pearson Prentice Hall	適用 6-8 年級

資料來源：筆者自行整理

　　在解構臺灣意象的方法論上採取批判社會研究（critical social research）立場，旨在結合批判論述分析與文本分析，針對文本對於臺灣意象係「說什麼」與「如何說」的向度，全盤檢視言說意識型態與解構他者論述之策略。批判社會研究取向並不將社會結構、社會過程、歷史記憶視為理所當然，旨在挖掘社會結構表面下的特殊歷史與壓迫性（Harvey, 1990）。而批判論述分析旨在批判文本中的意識型態（van Dijk, 1995），著重於文本語境分析與論述拆解，揭露有問題、負面的論述，歸結其核心概念是要檢視教科書是否具有「正面呈現自我，負面呈現他者」的論述特性（王雅玄，2008），以解

構論述中的文化霸權與意識型態。

　　首先進行文本分析，詳閱六冊教科書中提及臺灣（Taiwan）的相關內容敘述後，先掌握教科書呈現臺灣意象之主題分布，包括地理、歷史、政治、文化、經濟等各面向，再使用他者理論為分析視角，解構美國教科書中的臺灣意象，檢視其是否在帝國主義主僕關係與國家分類等級地位的影響下，會再現出西方中心的他者視角，從中揭露充斥於文本中的文化偏好、意識型態與政治意圖，喚起文本閱讀者的意識覺醒。論述引出的目標為批判地檢視文本敘說方式是否符應他者論述，他者論述的引出可以解構歷史文本、揭露文化認同的危機（王雅玄，2012c）。

　　根據文獻爬梳後的他者理論類目架構（如表 7-2 所示），包括殖民／被殖民、中心／邊陲、主人／奴隸、承認／歧視、褒揚／貶抑、崇拜／剝削、接納／排斥、肯定／否定等論述。

表 7-2　他者理論分析類目架構

類目	定義
殖民／被殖民	須使對方屈居次位，臣服於己
中心／邊陲	透過資源分配機制，邊陲受到中心的剝削
主人／奴隸	產生自我與他者的權力衝突，靠著揚棄他人、掌控他人、矮化他人來證明自己的自由與超越
承認／歧視	為自己的自覺存在，直接、間接地化別人為他者來確認自己的主體性
褒揚／貶抑	對特定群體表達讚美之意，肯定其地位或價值；對特定群體以貶抑性的文字辱罵，企圖激發讀者厭惡的情感
崇拜／剝削	帝國中心的聲明
接納／排斥	選擇性地遺漏令人不悅的事實；怪罪仇敵
肯定／否定	選擇有利己方的材料加以運用，以宣揚有利己方的史實，隱瞞不利己方的弱點

資料來源：研究者自行整理自王雅玄（2012c）、宋國誠（2003）、倪炎元（1999、2003）、許光武（2006）、劉紀蕙（2004）、Said（1978）

肆、美國教科書中的臺灣意象

首先在文本分析方面先總體描繪美國教科書中的臺灣意象主題配置，接著針對美國教科書中有關臺灣的論述主軸進行深入質性分析，最後進行他者論述之批判分析。

一、美國教科書中的臺灣意象主題配置

綜覽六冊美國中小學社會領域教科書，文本所再現的臺灣意象涵蓋八個主題：臺灣地理、國共政爭、臺灣民主、臺灣文化、臺灣經濟、中臺關係、臺美關係、亞洲比較，詳見表 7-3。從表 7-3 顯見，六冊教科書一致最關注的主題是「臺灣經濟」，且皆著重「亞洲比較」，每一本教科書都將臺灣和亞洲其他國家或地區，例如：與蒙古、中國、韓國、新加坡、香港等進行比較。因此，「經濟發展」與「國際比較」可說是美國教科書再現臺灣意象的第一焦點，第二大焦點便是與中國的相關論述，包括「國共政爭」、「中臺關係」、「臺灣民主」、「臺灣文化」、「臺灣地理」，這五個主題都特別著重臺灣與中國的關係。最後，「臺美關係」也是教科書中臺灣意象的第三個焦點，著重美國對於臺灣扮演著深具影響力的角色。

進一步分析美國教科書中描繪臺灣的文本內容，第一焦點「經濟發展」方面的內容主要是強調臺灣的產業發展，包括高度工業化（紡織、食品加工、塑料、化工）、科技化（電腦、體育器材）等高度經濟發展的國家意象。第二焦點「中國相關論述」方面的內容則是分別再現於地理、歷史、政治、文化各層面與中國血濃於水的關係。臺灣地理的描述是多山海島，必然提及位於中國東南方的地理位置；臺灣歷史主要介紹蔣介石、國共政爭、中臺緊張關係；臺灣政治的描述則不同於中國共產黨，是相對民主化與多黨制的政治體系；臺灣文化為多元文化，但受日本、中國、歐美等影響。第三焦點「臺美關係」方面的內容，主要是將美國對臺灣發展功不可沒的貢獻，滲透於經濟發展的強力後盾與文明現代化的影響力。

表 7-3　美國教科書中的臺灣意象主題配置

教科書版本 ＼ 類目	臺灣地理	國共政爭	臺灣民主	臺灣文化	臺灣經濟	中臺關係	臺美關係	亞洲比較
1. *World Geography*	✓	✓	✓	✓	✓	✓	✓	✓
2. *World Geography Today*	✓	✓	✓	✓	✓	✓	✓	✓
3. *World History: Human Legacy: Modern Era*		✓	✓		✓	✓	✓	✓
4. *Sociology: The Study of Human Relationships*					✓			✓
5. *World Geography: Building a Global Perspective*	✓	✓	✓	✓	✓	✓	✓	✓
6. *Eastern Hemisphere: Geography, History, Culture*	✓	✓	✓	✓	✓	✓	✓	✓

資料來源：研究自行整理

　　總結美國教科書內容分析結果，無論從地理、歷史、政治、文化層面，多以大中國的觀點論述臺灣意象，僅經濟部分單純論及臺灣的經濟發展與成就表現。

二、「大中國論述」下的臺灣意象？

(一)「依附中國」論述：臺灣位處中國邊陲位置

臺灣在哪裡？美國教科書對臺灣地理位置的介紹是以依附中國的相對位置來說明。例如：《世界地理：全球觀點》（*World Geography*: *Building a Global Perspective*）提到「臺灣是位於中國東南沿海地區的海島」（Baerwald & Fraser, 2005: 672），以及《東半球：地理、歷史、文化》（*Eastern Hemisphere*: *Geography, History, Culture*）介紹「臺灣是一個島國，位於中國東南沿海」（Jacobs & LeVasseur, 2005: 713）。

儘管我們似乎也習慣這樣的地理位置介紹，儘管臺灣的教科書也可能以「位於中國東南沿海」的地理位置來界定自己，但是，從批判論述分析的觀點來看，這無非是以中國為主的依附論述。事實上，臺灣可以是在日本下方，菲律賓上方，或者是在太平洋西岸花綵列島的中樞，歐亞大陸的東南緣，北濱東海等其他相對位置來介紹臺灣。習慣僅將臺灣與中國並列，有依附大中國論述的意味。

另一方面，美國教科書不吝於承認臺灣為主權獨立國家。像是《世界地理》（*World Geography*）指出，「臺灣在實質運作上是獨立國家」（Salter, 2009: 658）。而《東半球：地理、歷史、文化》（*Eastern Hemisphere*: *Geography, History, Culture*）簡介臺灣時，以臺灣為獨立國家的樣貌呈現，並大方呈現中華民國國旗（Jacobs & LeVasseur, 2005: 713）。

首都：臺北

面積：12,456 平方英里；32,260 平方公里

人口：2,250 萬

族群：臺灣人、中國人、原住民

宗教：佛教、傳統信仰、基督教

政體：多政黨民主制

幣值：新臺幣

主要出口：機械電子設備、金屬、紡織品、塑料、化學製品

語言：國語（官方語言）、廈門話、客家話

　　雖然如此，但該教科書仍將臺灣的介紹穿插於中國章節中，甚至在屬於臺灣意象的頁面呈現中國領導人毛澤東的照片，該教科書並非呈現臺灣總統的照片，這使得臺灣意象落入中國意象中，導致混淆不清。

　　此外，「依附中國」論述還出現於將臺灣與蒙古、香港並列進行比較，以中國的鄰居觀點，討論臺灣、香港、蒙古在亞洲的特徵和角色。舉《世界地理：全球觀點》（*World Geography: Building a Global Perspective*）、《世界地理》（*World Geography*）、《今日世界地理》（*World Geography Today*）為例：

> 臺灣是位於中國東南沿海地區的海島；香港是部分半島和部分島嶼，在中國南部海岸；蒙古位於中國北方，形成中國和俄羅斯之間的緩衝或保護區。在 20 世紀上半葉，三個小鄰居都存在於中國的陰影之下（Baerwald & Fraser, 2005: 672）。
>
> 臺灣和蒙古在經濟上有何不同？蒙古和臺灣均是毗鄰中國的小國。蒙古是一個游牧民族蠻荒地，臺灣則是一個現代工業化島嶼（Salter, 2009: 659）。
>
> 描述中國四區（南、北、東北、西部）和蒙古、臺灣在政治、經濟、社會、文化面向的特徵（Sager & Helgren, 2008: 631）。

　　以上三個不同出版社的美國教科書，均分別進行臺灣、蒙古、香港的比較。從批判社會研究角度剖析，美國教科書文本所反映出的仍是大中國的社會結構與歷史記憶，看待臺灣的立足點還是將臺灣視為依附「大中國論述」下的邊陲位置。若將臺灣視為小國，或許可以和盧森堡、汶萊、德列斯登、摩納哥、史瓦濟蘭等世界小國進行比較，但美國教科書選擇臺灣與蒙古、香港比較，可見其採依附中國之觀點論述。

（二）「分裂中國」論述：多著墨 1949 年國共政爭後國民黨政府遷臺為臺灣斷代史

　　臺灣歷史始於何時？美國教科書對臺灣歷史背景，僅有《世界地理》（*World Geography*）提及早期的臺灣史：

16 世紀時，葡萄牙水手對臺灣島稱之以「Ilha Formosa」（美麗的島嶼），多年來，西方人稱臺灣為福爾摩沙。今日的臺灣兼具綠色山水、現代化擁擠城市的風貌。約 7 世紀時，中國人開始定居臺灣，在不同時期，中國和日本都曾統治臺灣（Salter, 2009: 658）。

儘管如此，該教科書對於臺灣史的敘寫，仍與其他版本教科書一樣，均 主要著墨於 1949 年共產黨掌控中國後，蔣介石領導的國民黨政府撤離至臺灣為斷代起源點，省略 1949 年以前的臺灣歷史。例如：《今日世界地理》（*World Geography Today*）、《世界地理：全球觀點》（*World Geography: Building a Global Perspective*）介紹臺灣的歷史：

1949 年共產黨接管中國大陸後，約 200 萬中國國民黨員逃至臺灣定居。中國國民黨控制臺灣戒嚴軍事統治達 38 年，直到近年民主逐漸展開（Sager & Helgren, 2008: 631）。
國民黨在蔣介石領導下，逃離中國及共產黨統治，於 1949 年抵達臺灣，這批新移民（主要是商人、軍方和政府領導）就這樣加入了臺灣本地居民的生活（Baerwald & Fraser, 2005: 672）。

臺灣的歷史並非從 1949 年開始，1949 年是中華人民共和國成立之年，卻最備受美國各版本教科書重視，可見美國教科書關心的是中國歷史，而非臺灣歷史。而其切入臺灣的主旨，主要聚焦於臺灣與中國的關係，進而呈現臺灣與中國備受爭議的政治議題，從主權宣示、主客統獨、兩個中國或誰才是正統中國的論戰，教科書文本大量引述中國與臺灣各自表述與詮釋主權的不同立場，在在呈現了「分裂中國」論述。《世界地理》（*World Geography*）特別以對照表列示分析兩岸緊張局勢，提及：

中國和臺灣之間關係持續緊張，中國政府宣稱臺灣是中國的一部分，而臺灣政府聲稱自己是真正的中國政府（Salter, 2009: 658）。

其他像是《今日世界地理》（*World Geography Today*）、《世界地理：全球觀點》（*World Geography: Building a Global Perspective*）、《世界

歷史：人類遺產現代篇》（*World History: Human Legacy: Modern Era*）、《東半球：地理、歷史、文化》（*Eastern Hemisphere: Geography, History, Culture*）均有類似的敘寫：

> 中國共產黨宣稱臺灣是中國的一個省，臺灣政府則聲稱其為中國的合法政府，彼此分歧造成地區的緊張局勢。臺灣和中國也許未來有可能會統一（Sager & Helgren, 2008: 631）。
> 接下來的幾十年，中國和臺灣政府之間爭議迭起。在臺北的國民黨政府聲稱其代表中國，而大陸的共產黨政府則宣稱自己才是中國官方政府（Baerwald & Fraser, 2005: 672）。
> 中國視臺灣為中國不可分割的一部分，並堅持兩岸終究會統一。臺灣則抵抗來自中國的壓力（Ramírez & Wineburg, 2008: 530）。
> 臺灣和中國各自稱是「真正」的中國。中國大陸共產黨聲稱有權統治臺灣，而臺灣國民黨聲稱有對中國地區的統治權（Jacobs & LeVasseur, 2005: 716）。

　　除了「臺灣歷史」的時空錯置、「兩個中國」各自表述，美國教科書特別關注臺海兩岸關係的發展，從緊張、疏離、漸至開始互動往來。例如：兩岸關係的初期階段，《世界地理》（*World Geography*）中提到「中國和臺灣關係持續緊張」（Salter, 2009: 659）。隨著時間推移，有不同的發展，像是《世界地理：全球觀點》（*World Geography: Building a Global Perspective*）、《今日世界地理》（*World Geography Today*）分別提及兩岸的互動往來：

> 臺灣與中國一直沒有正式接觸，直到 1987 年 11 月臺灣開放大陸探親，隨後解除對大陸投資貿易禁令，臺灣投資者開始巨額投資中國的經濟特區（Baerwald & Fraser, 2005: 673）。
> 中國和臺灣之間的關係仍然緊張。在 2000 年，臺灣總統表示，臺灣只有受到攻擊時才會宣稱獨立。中國回應如果臺灣拒絕談統一，則會發動攻擊（Baerwald & Fraser, 2005: 674）。
> 這兩個國家已有經濟往來，例如：臺灣在中國沿海工業地區的

投資，經濟互動漸增，進而拉進雙方關係，然而，兩者在政治和經濟上依然存在很大的差異。此外，有些臺灣政黨反對中國統一（Sager & Helgren, 2008: 631）。

如同美國政府關注臺海兩岸關係，美國教科書也特別關注臺海兩岸關係的發展。臺灣與中國維持經濟互動往來，然政治分裂的局面，兩岸緊張關係與未來是否統一的議題始終是關注的焦點。

(三)「脫離中國」論述：臺灣自由民主政治多元文化意象，脫離中國極權

臺灣不同於中國之處何在？美國教科書經常進行中、臺比較，特別褒揚臺灣的多元政黨民主政治，不同於中國共產黨一黨獨大。例如：《東半球：地理、歷史、文化》（*Eastern Hemisphere*: *Geography, History, Culture*）介紹「臺灣是多政黨民主制」（Jacobs & LeVasseur, 2005: 713）。而《世界歷史：人類遺產現代篇》（*World History*: *Human Legacy*: *Modern Era*）中亦提到：

> 國民黨政府統治臺灣實施戒嚴，直到 20 世紀 80 年代解嚴後開放其他政黨，近年來民主運動持續推展（Ramírez & Wineburg, 2008: 530）。

美國教科書中所呈現的臺灣歷史儘管與中國歷史糾纏不清，但在政治與文化方面確有著不同的樣貌，與中國分裂逃亡至臺灣的蔣介石，雖以威權統治，卻有著自由開放的轉向契機。像是《世界地理：全球觀點》（*World Geography: Building a Global Perspective*）中敘寫：

> 蔣介石在臺灣建立了臨時政府，雖然採高壓統治，但還是允許自由企業發展。同時在大陸上，則是馬克思主義控制了政治和經濟生活（Baerwald & Fraser, 2005: 672）。

這種自由開放的政治與文化氛圍逐漸在臺灣後期開展出來，在《世界地理：全球觀點》（*World Geography: Building a Global Perspective*）、《世界地理》（*World Geography*）分別提到：

> 臺灣歷史體現在文化上。約 85% 人口為 18、19 世紀中國移民到臺灣居住的後裔，中國文化在臺灣的文化中占主導地位。其他影響形塑臺灣文化的，像是日本曾經統治臺灣，從一些臺灣的建築物和食物可看出日本文化的影響；晚近歐美風俗文化席捲臺灣愈來愈明顯可見，尤其是在大城市（Salter, 2009: 658）。
>
> 1996 年，臺灣總統（李登輝）即宣稱，臺灣近數十年來除保存傳統文化外，亦廣泛接觸西方民主、科學和現代商業文化（Baerwald & Fraser, 2005: 673）。

臺灣從早期受到中國、日本文化的影響，到近年來受歐美文化的影響，美國教科書中的臺灣意象也隨之改變，特別是李登輝時代，已經走出了大中國文化論述。

(四)「超越中國」論述：臺灣經濟多元發展成就斐然

美國教科書非常強調臺灣的經濟成長，各版本皆詳細介紹臺灣多元的經濟產業，包括農業經濟、科技、工業化、製造業等。像是《世界地理：全球觀點》（*World Geography: Building a Global Perspective*）、《世界地理》（*World Geography*），以及《東半球：地理、歷史、文化》（*Eastern Hemisphere: Geography, History, Culture*）分別描述臺灣的經濟如下：

> 臺灣的經濟：1949 年國民政府推動土地改革方案（耕者有其田），此外，政府鼓勵農民使用更高效植種和密集的耕作方法，如雙季稻，讓農業生產近一倍成長。近年來，臺灣一直追求新的產業目標，專注於高科技，像是電子產品暢銷歐美市場，臺灣企業對國家經濟快速增長有很大的貢獻。經濟成長使得大多數臺灣人民享受高水準的生活（Baerwald & Fraser, 2005: 673）。
>
> 最大的城市是臺北市、高雄市。臺北市為首都及主要金融中心，

由於成長發展快速，面臨嚴重的擁擠和環境問題；高雄市爲重工業
中心和主要港口。臺灣是亞洲富有和工業化的國家之一，尤以生
產出口電腦和體育器材引領風潮，也生產許多農作物，例如：甘蔗
（Salter, 2009: 658）。

20 世紀 50、60 年代，臺灣在製造業基礎上創造興盛的經濟，今日
臺灣製造業仍然重要，但不斷增長的服務行業，如銀行等，爲國
家經濟帶來更多的財富（Jacobs & LeVasseur, 2005: 713）。

　　美國教科書以圖文指稱臺灣由於經濟快速發展，導致城市非常擁擠，
許多人甚至整個家庭以機車代步，空氣品質一直令人憂心，臺灣的快速經濟
成長影響空氣汙染的問題（Baerwald & Fraser, 2005: 673）。不過，臺灣經
濟發展備受認肯，已成爲亞洲四小龍之一。像是《世界歷史：人類遺產現代
篇》（World History: Human Legacy: Modern Era）提及：

　　亞洲四小龍：日本在二次大戰後成爲世界經濟強國，亞洲其他國家
　　也有高度的經濟成長，韓國、香港、臺灣、新加坡被稱爲亞洲四
　　小龍（Ramírez & Wineburg, 2008: 531）。

　　該教科書進一步將臺灣與亞洲其他高經濟發展國家如韓國、新加坡等比
較分析，呈現 1986-2004 年亞洲經濟 GDP 成長圖表示例，依次爲韓國、臺
灣、新加坡（Ramírez & Wineburg, 2008: 530）。

　　此外，美國教科書指出臺灣的經濟發展乃由於與美國等他國擁有貿易夥
伴關係。例如：《今日世界地理》（World Geography Today）以圖片呈現臺
北市車潮擁擠、高樓林立的街道風貌，說明臺北市爲臺灣首都，超過 200 萬
人居住的繁華城市。文中說明：

　　臺灣是亞洲最富有和工業化國家之一。出口電腦、科學儀器和
　　運動器材，主要貿易夥伴是美國、日本和中國。臺灣 GDP 近中
　　國五倍。臺北市是臺灣最大的城市、金融中心和首都。高雄市在
　　島的南端，是第二大城市，爲重工業中心和主要港口（Sager &
　　Helgren, 2008: 631）。

綜上所述，美國教科書強調臺灣相對於鄰近國家更為繁榮發展、都市化與現代化。然而，儘管肯定臺灣經濟發展，亦暗指臺灣經濟得以發展乃由於與美國等他國的貿易夥伴關係。整體而言，美國介紹臺灣的眾多議題中，在地理方面再現「依附中國」論述，歷史方面是「分裂中國」論述，政治文化方面以自由民主政治與開放多元文化展現「脫離中國」論述，而只有經濟意象不再與中國相提並論，呈現「超越中國」論述。

三、「他者論述」下的臺灣意象：殖民、邊陲、奴僕、排除

根據美國教科書中出現臺灣的文本敘述，進一步以他者類目分析，檢視其眼中的臺灣是否在帝國主義主僕關係與國家分類等級地位的影響下，再現西方中心的他者論述。美國教科書文本中所描繪的臺灣意象，隱含了以下他者論述：

（一）殖民論述

美國教科書在介紹臺灣歷史變遷與政權轉移上，除了強調日本、中國對臺灣的影響外，晚近在文化脈絡的書寫上亦強調歐美強勢文化對臺灣文化價值的衝擊。例如：《世界地理》（*World Geography*）指出：

> 在不同時期，中國和日本都曾控制臺灣。……日本曾經統治臺灣，從一些臺灣的建築物和食物可看出日本文化的影響；晚近歐美風俗文化席捲臺灣愈來愈明顯可見（Salter, 2009: 658）。

而經濟方面，除了讚許臺灣為亞洲四小龍之一的傑出成就，另亦指出，其功勞有來自美國的經濟援助、出口消費依賴美國等。例如：《世界歷史：人類遺產現代篇》（*World History: Human Legacy: Modern Era*）提及：

> 亞洲四小龍的經濟表現令人注目，平均增長遠高於類似的拉丁美洲或非洲經濟。這些國家仿隨戰後日本模式，例如：提供人民充足的教育訓練，以增進產業擴張所需的技能。在冷戰早期，這些國家也接受來自美國大量的經濟援助，並受惠於太平洋航線推

展。日本、亞洲四小龍經濟重心於輸出消費品，主要對象是美國
（Ramírez & Wineburg, 2008: 531）。

　　無論是政治殖民、經濟殖民或文化殖民，美國教科書中描繪的臺灣意象
歷經了殖民、新殖民與後殖民狀態，雖然臺灣不曾在主權上接受美國殖民，
但在經濟與文化上受制於美國，仍難逃脫其「殖民論述」。

（二）邊陲論述

　　美國教科書對臺灣的描述始終依附大國論述，例如：在地理位置描述
為中國邊境，在政治分裂方面描述為國民黨在戰敗共產黨之後，轉移至臺
灣建立政府。像是《世界地理：全球觀點》（World Geography: Building a
Global Perspective）呈現以中國的鄰居觀點，探討臺灣、香港、蒙古在亞洲
的特徵和角色位置（Baerwald & Fraser, 2005: 672）。而《東半球：地理、
歷史、文化》（Eastern Hemisphere: Geography, History, Culture）提及：

> 臺灣是一個島國，位於中國東南沿海。臺灣成為國家，是中國兩
> 政黨權力鬥爭的結果。其一是中國共產黨，在 1949 年掌控了中
> 國，另一則是國民黨，逃至臺灣建立政府（Jacobs & LeVasseur,
> 2005: 713）。
> 1949 年以後的臺灣：1949 年國民黨在戰敗共產黨之後，逃往距中
> 國東南沿海島嶼 100 英里（161 公里）的臺灣，並建立一個新的政
> 府，稱他們的國家為中華民國（Jacobs & LeVasseur, 2005: 716）。

　　上述對於中華民國的建國史容易讓讀者誤以為中華民國是 1949 年國共
內戰後到臺灣才建立的新政府，事實上，中華民國早在 1912 年即已建國，
此種錯誤的記載顯然是從中國人民共和國的視角來看，也是從美國開始關注
臺海關係的年代著眼，顯見美國教科書在此處並不關注史實，而是以政治為
主要視角，教科書是政治的產物。
　　在文化方面，美國教科書描述臺灣人的祖先多半來自中國，在臺灣
的中國人也主導了臺灣文化與各方面的發展。例如：《世界地理》（World

Geography）指出，「中國文化在臺灣的文化中占主導地位」（Salter, 2009: 658）。另，《東半球：地理、歷史、文化》（*Eastern Hemisphere*: *Geography, History, Culture*）提到：

> 在自由企業制度下，人們可以選擇自己的工作，開展民營企業，擁有自己的財產追求利潤。在 50 年代，臺灣自由企業經濟是亞洲強者之一。在臺灣的中國人推動農業輸出，賺了不少錢，進而幫助臺灣打造新港口和鐵路（Jacobs & LeVasseur, 2005: 716）。

而在經濟發展方面，臺灣雖然被描述為經濟發展迅速，但主要是倚賴美國大量經濟援助，並受惠於太平洋航線推展，且其經濟重心乃由於擁有貿易出口大國美國等之故，因此臺灣經濟發展仍被美國教科書描述為半邊陲國家，尚未能如核心國家對世界經濟有重要影響。像是《社會學：人類關係研究》（*Sociology*: *The Study of Human Relationships*）指出：

> 「半邊陲」（semiperipheral）介於核心與邊陲的國家之間，可能是工業化國家，但未能在世界經濟扮演重要角色，或可能只有某些多元經濟和出口品，像是西班牙、葡萄牙，以及新開發的亞洲國家，如韓國和臺灣（Thomas, 2008: 473）。

無論是地理、政治、文化或經濟，美國教科書眼中的臺灣，在地理位置是中國的邊陲位置，在政治政黨方面是中國的政治邊陲，文化仍是中國文化主導，在經濟發展則是倚賴美國經濟援助的半邊陲國家。如果說中國是美國眼中的東方他者，那麼臺灣仍是東方中的邊陲。

（三）主僕論述

在美國教科書中極力推崇的是臺灣經濟發展，也只有經濟議題可以讓美國教科書不再將臺灣拿來與中國相提並論。然而，在一方面肯定臺灣經濟發展之餘，一方面處處強調美國才是臺灣經濟發展的基石，彷彿沒有美國，就沒有今日臺灣傲人的經濟。例如：《東半球：地理、歷史、文化》（*Eastern*

Hemisphere: *Geography, History, Culture*）及《世界地理：全球觀點》（*World Geography*: *Building a Global Perspective*）均提及：

> 初期，美國和其他西方國家均支持臺灣。臺灣對外銷售電腦以及
> 其他電子產品，臺灣的經濟大幅增長（Jacobs & LeVasseur, 2005:
> 716）。
> 在外國投資幫助下，特別是來自美國，臺灣迅速發展紡織、食品
> 加工、塑料、化工等行業。工業成長是真正了不起的，幾乎所有
> 的原料必須依賴進口（Baerwald & Fraser, 2005: 673）。

　　此外，教科書指出由於美國的援助，臺灣得以透過國際貿易和生產創造經濟。在工業生產方面服務美國，彷彿美國為主而臺灣為奴，呈現主僕關係論述。像是《世界歷史：人類遺產現代篇》（*World History*: *Human Legacy*: *Modern Era*）提到：

> 隨著美國經濟和軍事援助，臺灣透過國際貿易創造成功的經濟和
> 生產消費品。……日本、亞洲四小龍經濟重心於消費品輸出，主
> 要對象是美國。成本低、勞動生產力高，以及忠誠敬業等，可製
> 造低成本產品運往美國銷售（Ramírez, Stearns, & Wineburg, 2008:
> 531-531）。

　　臺灣經貿形象雖然備受肯定，但美國教科書行文之中流露出強勢的主人心態，將臺灣工業製造視為美國的海外廉價僕人，彷彿臺灣經濟由美國主導，此種主僕關係論述有壓抑臺灣本土主體性之嫌。

（四）排除論述
　　美國教科書主張臺灣並非美國官方認肯，美國僅承認臺灣的經濟發展，但不承認臺灣的國際地位，行文之中拉攏聯合國與其他西方國家，對臺灣採取排除論述。《世界地理：全球觀點》（*World Geography*: *Building a Global Perspective*）指出：

許多西方強國意識到共產黨會持續在中國，他們開始尋求與北京政府更好的關係。1971 年聯合國接受中國大陸為會員國，投票驅逐自 1949 年以來代表中國在聯合國的臺灣。隨即，許多國家也承認北京為合法的中國政府代表。自 70 年代以來，臺灣一直待於國際冷宮默默無聞（Baerwald & Fraser, 2005: 672-673）。

美國教科書中的臺灣意象是：臺灣在政治上不能成為一個國家，但在經濟上卻可以成為經濟強國，也就是說，沒有政治臺灣，只有經濟臺灣：

> 許多國家拒絕承認臺灣為一個國家，但仍提供資金技術援助，和臺灣貿易交流，助其成為亞洲經濟強國（Baerwald & Fraser, 2005: 673）。

整體而言，儘管美國教科書對比臺灣與中國的各方面發展時，也特別強調臺灣在經濟、政治等發展已經超越中國，然而最終仍祭出國際取向的排除論述，與中國和眾多西方國家站在同一陣線，拒絕承認臺灣為一個國家，卻又矛盾地表明要協助臺灣成為經濟強「國」。為什麼要協助臺灣成為經濟強國，卻又不承認臺灣為一個國家？這樣曖昧的論述，很難掩飾美國資本主義的經濟強權心態。

伍、殖民論述的批判反思

教科書有如通往世界的一個視窗，然而觀看的景象是有侷限的，且此景象不斷被重構。美國教科書對於臺灣意象的描繪，反映美國西方中心的他者視角。其文本所再現的臺灣意象涵蓋八個主題：臺灣地理、國共政爭、臺灣民主、臺灣文化、臺灣經濟、中臺關係、美臺關係、亞洲比較。從這些大軸線的分析發現讀者最後所接收到的臺灣形貌，多僅止於中臺關係與臺美關係。其中，臺灣意象最被關注的是「經濟」面和「政治」面，卻甚少言及更廣泛且具特色的「文化」層面，農業物產特色、原住民族特色隻字未提，缺乏臺灣主體性，美國教科書的書寫角度對於認識一個國家或社會來說，顯然狹隘不足。進一步而言，除了認肯民主政治、經濟發展之外，美國教科書仍

多隱含對臺灣的他者刻板印象，像是臺灣深受中國、日本殖民、歐美帝國文化的影響，強調美國中心／臺灣邊陲，中國中心／臺灣邊陲，隱含美國為經濟國家安全支持援助之主人，而臺灣為受其保護之僕，從而彰顯美國和中國對臺灣的主導，壓抑忽略了臺灣的主體性，對於臺灣歷史的斷裂定格，多著墨自 1949 年以後國共之戰的延續敘寫，多停留在臺灣與美國斷交、解除戒嚴、兩岸開始交流等歷史事件，對於臺灣發展現況著墨不多，致未能有全面的理解。美國教科書缺乏對臺灣整體的、獨立的描述，反映了殖民主義心態，顯示西方慣於不自覺地系統性地消解、否定非西方世界的文化差異與價值。

此外，美國教科書描述臺灣的地理位置，多以中國邊陲小島帶過，臺灣意象以臺海兩岸關係與統獨議題為主要框架，依附中國論述，對臺灣的描述片段零星、邊緣化，甚至將臺灣穿插於中國介紹、化約於教科書內容中。上述的觀看政治，潛意識流露出他者論述，此投射於全球政經權力結構，反映在全球化脈絡臺灣在國際中的處境，迎應西方資本主義國家的生產利益，看得見臺灣經濟發展方面的成長表現、扮演重要經貿角色，然在國家認可的位置上，臺灣被壓抑、邊陲化的問題。

在他者理論的分析視角下，美國教科書中再現了「殖民、邊陲、奴僕、排除」等他者論述。臺灣的殖民、新殖民與後殖民狀態，再現於中日的統治，以及美國的經濟與文化霸權；臺灣的邊陲地位則滲透於地理、政治、文化與經濟各層面，美國教科書描繪臺灣地理位居中國邊陲、政黨政權是中國的手下敗將、文化是中國的延續、經濟則是倚賴美國援助的半邊陲國家；此種強勢的主人心態，將臺灣的經濟發展視為美國的海外奴僕，十足壓抑臺灣主體性；終究美國僅承認臺灣經濟，不承認臺灣國家地位，曖昧矛盾的排除論述流露出美國資本主義的經濟強權心態。

透過對文本的批判分析，我們可以從他者理論視角解構美國教科書中的臺灣意象，揭露文本中所潛伏的意識型態運作，思考「他者化」如何嵌入論述。此種以他者文化作為思索與對話的意識型態考察，並非一味地賞識讚揚或批判否定，而是一種以闡釋文化他者的歷史脈絡與文明開展的對話模式（高知遠，2005）。亦如同 Said（1994）所採取「對位式閱讀」（contrapuntal reading），藉由不同角度批判思考交叉檢視，提供多重理解脈絡與反省思維，以多元論述取代他者二元對立。對於異文化之理解，應是回歸趨近異文

化自身的觀點，而非是從異文化與我文化的差異程度來論述。透過教科書的他者論述分析之啟思，除了開展對權力再現形式與意義的分析，檢視語言文字是否具偏頗歷史再現的認知，更可積極參與文本的重構，以促進國際真正溝通與理解。

　　國家形象通常不是由該國客觀現狀或自我標榜所認定，而是為國際社會所建構，此深植於文化知識結構或意義符碼系統中。臺灣的國際形象也可能是虛構與想像的，通常是自我論述與他國論述相互角力的結果，故而我們也可透過論述建構的方式來取得國際社會對我國國家形象的認同（王雅玄，2013b）。然而，目前國家意象之競爭認同仍受限於以美國西方為中心主導，一味依附大國爭取國際認肯，只是為無數個體虛構出大同小異的集體認同與文化想像，而失落本身文化的主體性。Said（1978/1999）認為我們不能再任憑文化霸權態勢持續擴張強大，而必須群起抵抗。透過理性詮釋與論述實踐，致力於拓展與深化各群體交織串聯的寬闊視野。因此，儘管臺灣地處世界政治文化體系的邊陲位置，臺灣意象他者化的附屬地位使得許多臺灣正面意象不被發揚，而我們更需要重新透過話語建構並形塑臺灣新形象，例如：主動積極編纂臺灣新意象等國際教育教材，提供世界各國從另外的角度認識臺灣。

＊　本章改寫自：王雅玄、彭致翎（2015）。美國教科書眼中的臺灣意象——他者論述分析。**教科書研究**，8（1），33-61。

第八章
性別批判論述

在我的編年史中，寫下了一個傳說
要把 *history* 改寫成 *herstory*
在我的回憶錄中，快樂要蔓延很久
那就今天開始建造我王國，我是女王一般的 *SHERO*

～SHERO～ 五月天阿信作詞

「歷史，是勝利者的歷史！是男人的歷史！？」

　　人類的歷史，就好像我們學生時代所讀的歷史教科書，始終以男人為中心，我們的歷史教科書中看不到女人，即使有了女人，也是有頭沒有臉，甚至沒有名字，她的名字叫做母親或夫人。反觀歷史中的男人，各個有頭、有臉、有姓名，族繁不及備載的供後代學子背誦記憶。因此，歷史，是男人的歷史，是帝王的歷史，不是女人的歷史。

壹、教科書與性別：書寫誰的歷史？

　　歷史教科書具有形塑共同記憶、建構國族認同與發展社會同理心的社會目的，但為了勾勒出國族意象、認同我族，不免又衍生出強化敵我、加深隔閡的紛爭，因此，近年來全球開始出現跨國共構的歷史教材，旨在發展促進和平的歷史教育（甄曉蘭，2016）。換言之，在維持國家認同為主軸的歷史教育之下，如何發展和平觀點的歷史教學，則是目前歷史教育的主軸。

　　《國民中小學九年一貫課程綱要》中揭示，培養對本土與國家的認同、

關懷及世界觀為社會學習領域的課程目標之一（教育部，2003）。而在社會領域中尤以歷史教育與歷史教科書的編寫最有爭議，特別是如何強調國族精神教育、如何呈現國家主體，一向是臺灣在歷史教育的重要議題（彭明輝，2001）。也正因為國家認同在臺灣的歷史教育中的爭議紛爭不休，更顯示出培養本土與國家的認同的國族主義是歷史課程的主要核心，國族主義在歷史教科書中扮演至關重大的角色。

　　國家認同是個抽象的概念，誠如 Anderson（1991）所言，國族是一種想像的共同體，國家的概念是抽象的，國民未曾接觸全體國民但能想像出國家整體樣貌。也正因為國家認同隸屬於此種足以想像建構的空間，Halbwachs 與 Coser（1992）表示，人們透過閱讀文字、照片或聽人講述過往事蹟、共同回憶長期分離的群體成員之事蹟和成就，往往可以凝聚出集體的歷史意識。由此可見，國家認同的建構方式除了透過口耳相傳的社群力量，也可以透過學校教育中的歷史課程來呈現國家樣貌，這可形塑集體的歷史記憶，並從中產生共同的情感與共同體的想像。

　　國族的認同並非天生的特質，而是經由後天的教育去建構與形塑的，歷史教育變成形塑國族認同極為關鍵的角色。瀏覽目前歷史教科書中國族主義的研究，可以發現大多數的研究焦點仍為臺灣爭議的國家認同，也就是關注臺灣本土認同與中國認同的轉變比較（宋佩芬、陳俊傑，2015；蔡佩如，2003）。教科書中的國族論述，就只能討論臺灣認同或中國認同嗎？國族主義是否帶入其他意識型態呢？這是研究者試圖了解國族論述是否兼具多重視角的初衷。

　　再者，性別與女性主義是如何嵌入的呢？在歷史教育中教導國家認同是否衝擊了和平教育與人權問題？從蔣淑如、王雅玄（2016）的〈歷史渴望和平？〉一文分析國外歷史教科書中的爭議問題中發現，歷史教科書中經常呈現國族、宗教、族群、領土主權的爭奪與戰爭等爭議問題，如此不免強化己他區隔與敵我關係，歷史教育如何達到和平教育令人擔憂。黃春木（2016）研究也發現，國族主義經常在教科書中被誤解、誤用或形成偏執，其在捍衛國家權益與傷人傷己之間成為雙面刃。因此，這些關於歷史教科書中的暴力，成為研究者對國族論述旨趣初衷的延伸，是否國族論述除了建構國家認同，還建構了其他非關國家的意識型態？是否雄性暴力是其建構國家認同歷程中的潛在力量？

　　但在國族主義的巨傘籠罩涵蓋下，性別的問題常被略而不揚，忽略男（陽剛）／女（陰柔）的性別氣質之分、男主女從的性別階層，以及隨之延伸出男性特質優於女性特質的男強女弱、男尊女卑的權力關係及其象徵，其實無所不在地鑲嵌於國族巨傘的各面向之中，舉凡政治、經濟、軍事、社會、外交等諸多層面都可以看見性別關係擾動其中的權力關係，並且總是奠基在他者化女性及強化男性和相關特質的優勢等二元對立的分化上。

　　本章透過批判女性主義立場論，檢視歷史教科書中究竟書寫著誰的歷史？聚焦於國民中學歷史教科書中的國族主義，觀看歷史教科書中的性別論述，針對其中蘊涵的性別化國族主義進行批判分析。

貳、他者論述：國族與性別

一、性別化的國族主義

　　國族常被視為具有相同血緣、文化、語言、宗教的集合體，這一集合體反映在政治上就是國家。它結合政治國家與族群民族的意義，形成民族國家（nation state），含具了國與族，故也可簡稱為國族。Gellner（1995/2001）指出：「國族是由國族主義所產生」，不是先天存有的，而是被某群體在特定時空與歷史條件下，以共同的歷史、故事、民謠、小說等建構出來的「共同體」。換句話說，國族主義先於國族存在，它利用一套意識型態或論述作為凝聚與認同國族的方式，也作為抵禦外族侵略與殖民的手段。

　　在形塑國族為一個共同體的過程中，常會利用設定區別異己的疆界、描繪國家歷史特色及共同未來的願景等方式作為媒介。用 Nagel（1998）的話來說，國族認同常是奠基在強調內部的一致性，外在「他者」的存在。建立國族認同和文化界線時又往往傾向去強調民族的優越感，因此國族主義和沙文主義亦是密切相關，結果也致使國族主義在現代世界史中常呈現出一種不容異己的凶狠面貌。

　　McClintock（1995）從英國在維多利亞時代的殖民貿易，至當前在南非的權力鬥爭中，發掘出其中的性別、種族、階級、宗教與貿易保護主義、愛國主義等不同因素間存有複雜的關係，認為殖民權力本身就是一種性別權力的展現，他也進一步指出所有的國族主義都是性別化（gendered）、被創

造的。在國家、國族認同建構的過程中有著明確的性別關係指涉其中，但多數探討國族主義、國族認同等問題的研究卻甚少從性別的角度加以關注，忽略性別與國族、種族之間可能產生的連結與交互作用，偏好以族群作為國族認同的基礎（Charles & Hintjens, 1998），這也使得國族研究經常存有性別偏差或性別盲的情形。Nagel（1998）進一步在 Masculinity and nationalism: Gender and sexuality in the making of nations 一文表示，縱使以性別視角分析國族，多數研究的關注點常又僅聚焦在女性於國族建構中的從屬角色及檢討其在過程中被隱形、被消音的問題，缺乏系統性檢視在結構、文化和社會意象中國族主義與男性氣概交相作用的現象。她認為國家的建立通常導源於革命或反殖民的戰爭，也就是軍事的衝突。換句話說，國族主義與軍事主義總是緊密相關的。國族主義強調男性氣概的特質，如榮譽、愛國主義、怯懦、勇敢和責任等，國家與男性特質緊密結合，尤其在軍事領域中特別重視陽剛特質。男性除了被期待要具有愛國的榮譽心與責任感外，更畏懼被視為不像男人的膽怯懦夫。此外，把戰爭比擬成陽剛英勇的冒險也是吸引男性投入戰場的原因之一，霸權男子氣概的文化和意識型態與霸權國族主義的文化和意識型態息息相關。

即使在國族建立的奮鬥爭取過程中有女性參與，甚至可居於領導地位，但那樣的女性相對於男性是極少數的，且被提及的女性人物總是同樣的幾位。在完成國族的建立後，女性通常又會被放回私領域的從屬角色中。國族主義總是守舊的，而守舊經常意味著是父權的（'conservative' often means patriarchal）（Nagel, 1998）。國族主義政治是達成男性氣概的主要場域，因為民族國家基本上就是一個陽剛的機構。

二、女性主義史學觀對歷史教科書的批判

由於女性主義的興起，女性主義史學研究也開始階段性的發展。從 19 世紀末興起「補償性歷史」（compensatory history），基於傳統歷史忽略女性而要把女性的事蹟以添加的方式放入歷史中，含有補充與修補傳統歷史不足的用意（俞彥娟，2001）。接著，1970 年代左右，受到第二波女性主義運動提出性別是社會建構的概念的影響，女性主義史學的研究開始運用「性別」觀念，強調要重新撰寫屬於女性的歷史（Her story），重視女性的主體

性，且將歷史研究從公領域移轉到對私領域層面歷史的關注。到了 1990 年代左右，結構主義的理論擴大了性別的定義，性別史的研究可以不囿限於男性歷史或女性歷史的二元分類，Scott（1986）認為社會性別（gender）提供一個方法使人們能對意義進行解碼，理解人類多樣的互動形式中的複雜關聯，主張性別才是歷史分析的重點，研究的對象不只針對女性的經驗，也應該包羅所有的歷史對象，性別的權力關係其實潛藏在各個領域的歷史中，史學研究的功能之一是要能去解構歷史論述背後的權力關係，去探究不平等的性別關係是如何運作與維繫（蔣淑如，2016）。

隨著女性主義和女性主義史學的發展，1960 年代美國歷史教科書中性別平衡的問題開始被留意。但至 1980 年代止，女性在美國歷史教科書仍是不被看見的。直到 1990 年代，教科書出版商才嘗試以添加的方式將女性補充而非整合進歷史教科書中（Chick, 2006）。然而，Sewall（2005）發現許多教科書出版商僅是表面修改內容以達到簡化的「平衡」，出版者會迴避爭議的內容，也不關心學生將學到的是生硬的史觀。Osler（1994）曾檢視 36 本 1991-1992 年出版的英國小學和中學歷史教科書，發現目前教科書出版者和編者其實能取得許多的當代圖像資源，女性也真的存在於這些圖像史料中，但在篩選的過程中，卻經常被編輯者忽略。

國內相關實證研究中，以歷史教科書中的性別問題為研究主題者極少，包括：1975 年中小學歷史教科書傳達性別刻板印象且男女比例懸殊（婦女新知基金會，1988）；1997 年國中《認識臺灣（歷史篇）》教科書以漢人男性經驗為書寫觀點，內容偏政治史，缺乏女性圖文及女性在政治公領域的記錄（謝小芩等人，1999）。1998-2012 年間國中所使用的臺灣史教科書——包括《認識臺灣》歷史篇、九年一貫課程《社會領域－歷史》——依然忽視女性主體、偏重政治軍事史及男性菁英史觀、再現男主女從的性別關係與黷武的男性互動、重視男性與公領域的歷史並忽視女性與私領域的歷史，不具權力的女性及非主流階層的男性被邊緣化成為歷史的客體（蔣淑如，2016）。

只是，目前針對歷史教科書的研究多半仍聚焦在男、女二元的分類與數量上比較，與對教科書缺乏女性記錄的檢討上，在研究建議上也常基於傳統歷史忽略女性，而停留在把女性的事蹟以添加的方式放入教科書的「補償性歷史」層次上。極少採行後結構主義性別史的理論基礎，認為性別問題其實

是含括在所有權力關係之內，不是僅存在男、女兩性關係中，同時也隱藏在階級、種族、社會、經濟、勞工、外交和國族等各個領域之中，即使在政治史、經濟史及社會文化史中，性別都是歷史分析的一個有用的研究範疇。以性別的意象和象徵作為詮釋架構，除了能解釋女性的歷史，透過性別權力關係的衍生意涵亦能深入解構歷史教科書背後的權力論述，包括本文關注的國族論述。

三、國族論述相關意涵深究

　　當女性主義遇上國族論述，經常揭露出男性中心的慾望，因此與之相提並論的性別意涵如父權認同、雄性暴力、英雄敘事與陽剛空間，茲討論如下。

　　首先，國族主義幾乎等於父權主義，整個歷史等於是男人的歷史，也因此是父權認同的歷史。Nagel（1998）指出，在面對其他國家時，一個國家狀態的維持時常透過武力競爭的方式存在，國族主義和黷武主義常常是相生相伴的，這造成了男性氣概和國族主義緊密地連結，形成國族霸權（hegemonic nationalism）和陽剛霸權（hegemonic masculinity）兩者的意識型態相互依存。Connell（2005）將陽剛霸權（或稱霸權式男子氣質）定義為：「在一特定場所中處於文化宰制地位的男子氣概形式」。在性別秩序的內部中，陽剛性（masculinities）原是多樣而非單一的，但諸如崇拜身體強悍、運動技能、異性戀，乃至暴力戰爭等男子氣概卻經常是被特別推崇，占據支配地位，故稱為陽剛霸權，也因此導致其他各種的男性氣質處於從屬或邊緣化地位（Connell, 2011）。而一個國家透過武力競爭此種具霸權陽剛特質的方式取得強勢的國際地位，形成國族霸權。

　　當我們進一步分析社會領域教科書中的國家議題時，顯露出來的正是優勢族群的強權心態，例如：在九年一貫課程社會領域教科書的相關研究中，臺灣歷史教科書一向以漢人為論述主體（王淑芬，2010；王雅玄，2008；王雅玄，2012c；馮美滿，2014）。不論是歷史功績、文化傳承、開發建設，乃至政權的正統性，皆以漢人為書寫重心。換言之，臺灣史教科書中的國族認同實際上是一種獨尊漢人的國族論述，加之漢人社會以父系血統的傳續為基礎，父權至上的體制下，教科書中的國族認同被化約成對漢人父系的認同。

其次，雄性暴力與英雄敘事在國族論述中的角色密不可分。國族運動經常是男性主導的工程，男人被教導身為社會中的優勢群體，在道德上有義務要透過社會支配和實質力量，保衛他們的國家和「他們的」女人，不論使用的是核武或肌力（Weisman, 1994/1997）。透過愛國主義式的認同凝聚國族內部的團結，同時也劃分出我／他的界線，非我族類即為異邦，人民（主要是男性）被引導去相信防衛國家的疆界、對抗「外人」，是神聖的道德義務，縱使喪命也是高貴的行為（Weisman, 1994/1997）。歷史教科書形塑國族認同的同時，經常挪用敵我較勁的暴力意識作為手段，傳達出黷武的軍國主義色彩。

Smith（1999）表示英雄人物通常被視為代表國家精神的祖先，透過對英雄人物的尊崇，可以促進共同的價值觀、安全感和歸屬感。因此，英雄是國族的靈魂，英雄化或神化歷史人物也是歷史教科書建構國族認同的重要手段之一。越南抗法革命領袖潘佩珠體認到近代民族國家得以建國獨立，或是完成政局與體制的轉型，背後都有一些大人物推動，這些英雄人物除了完成現世的功業，也化身成為寄寓國族想像與凝聚民族自信的象徵（羅景文，2012）。因此，教科書藉由「召喚英雄、想像國族」的英雄敘事，鼓舞了民族意識、促進了民族團結，並激發了愛國熱情。

最後，在父權社會裡，由於男人被界定為支配群體，因此整體空間的氛圍經常是男性經驗、男性意識和男性控制的產物（Weisman, 1994/1997）。空間除指涉日常身處的實質環境與空間外，更包含在抽象層次的空間再現與空間認同等課題，如國家、故鄉，從空間角度來看，除了包含具體的物理空間外，更在於價值與認同上所想像的抽象範疇（殷寶寧，2008）。國族空間代表的是在該空間安置宣稱屬於某人的特定身分認同的企圖，透過命名和固定化地方與空間的意義，來安置其專屬的國族認同（Barker, 2000/2004）。例如：教科書中通常呈現具有歷史記憶象徵意義的紀念碑，紀念碑以抽象有形物體的再現來達到治療與安撫，透過進入其所塑造之紀念空間，得以將民族創傷（national trauma）轉化（林蕙玟、傅朝卿，2008）。而這通常是陽剛性、男子氣概的，在民族國家的敘事裡，女性只有將自己的「陰性」特質（femininity）革除，呈現出如男性一般的陽剛雄渾（masculine）氣質，才能進入以男性空間為主的國族場域（辛金順，2015）。

參、女性主義立場論

　　本章全盤檢視教科書中的言說意識型態與解構策略，採取「批判教科書研究」（critical textbook research），旨在批判分析教科書的立場、論述與內容，致力於對知識控制與主流社會文化意識型態的影響提出問題（王雅玄，2016）。Thomson 和 Otsuji（2003）曾以 CDA 評估日本商業教科書的性別議題，從鉅觀（社會實踐）和微觀（語言論述）觀點來檢視故事情節、「有性別和階層化意味的」限制型接尾辭——kun 之使用（kun 用於地位低於說話者的對方的第一或最後的名字），發現日本商業社群的社會意識型態及論述控制，傾向以一種刻板化和誇張化的男性支配權與本土特權之再製。

　　至於國族論述之分析立場採取批判女性主義分析（critical feminist analysis），該取徑結合揭露宰制壓迫結構的批判理論與解放女性從屬地位的女性主義，提供了一個檢視結構性壓迫與女性關聯性的機會（Breitkreuz, 2005）。意即本研究藉由批判理論的精神與女性主義理論為論述分析的基礎，並以女性經驗與立場為詮釋之本，進行女性主義與陽剛化國族之間的辯證。女性主義立場論（feminist standpoint theory）在認識論與方法論上傾向質疑一般科學背後負載的男性中心慾望、意念與價值觀（Harding, 1987）；同時也納入後殖民論述觀點，開始反思歐洲中心主義，主張含括不同的、多元的立場，以在地知識系統而非啟蒙科學精神所標榜的普遍性知識擴充立場論（Harding, 1998）。本研究以上述批判女性主義立場論來進行教科書文本中的意識型態分析，著重於論述拆解，期能迫使研究者正視文本與敘事者言談中所反映出的男性中心慾望，以解構論述中的文化霸權與意識型態結構。

　　分析樣本取自翰林版七年級至九年級社會領域（歷史）教科書，2015-2016 年出版，共六冊。其中七年級歷史教科書的內容聚焦在臺灣的歷史，八年級以中國的歷史為主，九年級則以世界的歷史為重心。方法上採用論述分析來檢視潛藏於教科書圖文脈絡中的意識型態。歷史教科書經常是多種意識型態角力、競爭的舞臺，其中的敘述可能反映著主流的價值觀，透過論述分析法的檢視與批判，可以深究其中知識生產與詮釋的過程。

肆、教科書中的國族論述

本章分析國中歷史教科書與國族主義相關的議題，整理出國族主義五大論述——建國論述、征戰論述、英雄論述、版圖論述、文明論述。

一、建國論述

整個歷史教科書的主軸是建國，建國在歷史教科書中扮演了極為重要的地位，因為國族的建立從而得以劃清歷史的界線。歷史，就是國族建立史；而歷史教科書也鉅細靡遺地交代了國家的起源，遠自城邦、帝國、王國到民族國家。本研究彙整教科書相關的建國論述，整理如表 8-1。

表 8-1　國中歷史教科書中世界史的建國論述一覽表

建國	內涵	出處
城邦	蘇美人城邦、希臘城邦政治	九上世界史（p. 95, p. 103）
帝國	亞歷山大帝國（p. 105）、羅馬帝國（p. 106-107）、查理曼帝國（p. 112）、拜占庭帝國（p. 116）、阿拉伯帝國（p. 118）、鄂圖曼土耳其帝國（p. 119）、俄羅斯帝國（p. 129）、神聖羅馬帝國（p. 129）	九上世界史（pp. 105-129）
王國	西班牙王國、葡萄牙王國、法蘭西王國、亞拉岡王國、那瓦爾王國、薩丁尼亞王國、卡斯提爾王國、格瑞那達王國、伊斯蘭教王國、蘇格蘭王國、英格蘭王國、丹麥王國、瑞典王國、波蘭王國、威尼斯教皇國	九上世界史（pp. 126-129）
民族國家	美國獨立建國、拉丁美洲獨立運動、巴爾幹半島的建國運動、德國的統一建國、義大利的統一建國、日本的明治維新、歐洲新興國家、亞洲民族復興運動、非洲新興國家	九上世界史（p. 143）九下世界史（pp. 63-96）

資料來源：研究者整理自國中歷史教科書九年級世界史

依據表 8-1 的資料，可以看出世界歷史雖名為「世界史」，實則更近似「歐洲史」，特別獨重西歐過去的歷史源淵與各民族國家的建立發展。其

次，強權國家如美國、蘇聯和日本等國家建立與國際影響性也是描述重點。亞、非及拉丁美洲的歷史占極少比例，澳、紐歷史幾乎不存在。

　　世界歷史教科書將建國論述溯源自希臘城邦政治，「城邦是指以一個城市為中心，形成獨立自主的政治體，如同是一個國家」（翰林九上，2015，頁95）。而，帝國與王國的出現，在於統一各城邦，擴張版圖，集大權於一身。這也是 Anderson（1991）認為國族主義的文化根基在於結盟，不是宗教共同體（religious communities）就是王朝國土（dynastic realm），而這些鉅型結盟的式微導致民族國家的興起。「民族國家是以相近血統、語文、風俗習慣為基礎，強化人民對王室的認同，逐漸形成一股建立『民族國家』的風潮」（翰林九上，2015，頁126）。歷史教科書中表示，歐洲的「民族國家」是出現在14世紀英、法百年戰爭，以及西、葡將伊斯蘭教的外族勢力排逐之後。然而，綜觀歷史教科書的世界史，儼然是不同時代脈絡下各類建國論述的總和。

　　在中國歷史部分，國族論述的發展也與世界史雷同，先是說國家逐漸形成於夏、商、周三代：

　　「大約在新石器時代晚期，國家逐漸形成，發源於黃河流域的夏、商、周三代（p. 72）……禹繼舜即位，國號夏。禹死後，其子啟即位，開始了君位世襲的制度，夏因此被視為中國第一個朝代……遺址中發現的宮殿基址，說明夏朝已初具國家的統治力量」（翰林八上，2015，頁75）。

　　此種類似西洋史城邦治國的概念，後來演變到秦漢大帝國：「秦始皇滅六國之後，中國首次出現了大一統的帝國。在秦漢帝國統治的四百年間，中國確立了皇帝制度和疆域規模，也統一了文化思想」（翰林八上，2015，頁82）。秦漢以後開始分裂成三國、五胡十六國等小國，但因為多為文化一統的漢民族統治，接近民族國家的概念。從史前時代到晚清變局，再推演到中華民國建立後的內外局勢，最後在國共內戰後發展成中華國民政府遷臺與中共政權建立的兩岸分治狀態。中國歷史同樣是以歷朝歷代被視為正統延續的政權興替為描述主軸。

　　在臺灣歷史中，統治政權的正統性和延續性被特別的強調。臺灣歷史的陳述基本上是以政權統治的輪替作為歷史的分期，包括：史前文化與原住民族、海權競爭的時代（包括荷西的統治和鄭氏的經營）、清朝統治下的臺灣、日本統治下的臺灣與戰後的臺灣等不同政權統治階段（國民教育社群網，2008）。除了「史前文化與原住民族」之外，一律以介紹各殖民政權的行政建設、政治軍事事件、國家經濟發展或外交關係。藉由政權直線發展的歷史推演，教科書最後進入中華民國在臺灣的本土國族論述，降低與中國的歷史關係（宋佩芬、張韡曦，2010）。

　　綜上所述，歷史教科書常藉由強調建國歷史和政權的延續性，來區劃出國族界線，凸顯自身的正統和凝聚認同。此種建國論述需要凝聚國族主義中的男子氣概，如榮譽、愛國主義、勇敢和責任等（Nagel, 1988），透過建國論述，男子氣概得以彰顯。

二、征戰論述

　　以征戰革命手段來完成建國論述，是歷史教科書中最主要的、也是必要的情節。征戰論述包括所有戰爭、戰火、死刑、格鬥、武器、暴力……與戰爭有關的描述。研究者彙整教科書中的圖文，整理如表 8-2。

表 8-2　國中歷史教科書征戰論述一覽表

征戰	內涵	出處
戰火	珍珠港事變戰火圖片（p. 88）、美國 911 事件戰火圖片（p. 92, p. 100）	九下世界史
武器	武器圖片：潛艇（p. 77）、飛機（p. 77）、坦克（p. 77）、毒氣（p. 77）、坦克車（p. 103）	九下世界史
格鬥	羅馬圓形競技場人獸格鬥遺址（p. 108）、騎士戰鬥文化（p. 115）	九上世界史
	日本武士畫像（p. 69）	九下世界史
暴力	死後審判圖（p. 99）、路易十六斷頭臺死刑想像圖（p. 145）	九上世界史
	斷頭臺漫畫（p. 79）、抗日槍決（p. 83）	九下世界史

征戰	內涵	出處
戰爭	戰爭圖片： 波希戰爭、亞歷山大東征、十字軍戰士、英法百年戰爭、宗教戰爭想像圖、南北戰爭雙方交戰想像圖、法國大革命攻陷圖、法國七月革命抗暴圖、特洛伊木馬屠城記 紅衫軍征服義大利、壕溝戰	九上世界史 （pp. 102-149） 九下世界史 （pp. 68-76）
	戰爭文本： 波希戰爭、亞歷山大東征、特洛伊木馬屠城記、十字軍東征、蒙古西征、英法百年戰爭、清教徒革命、光榮革命、（美國）獨立戰爭、南北戰爭、法國大革命、滑鐵盧之役、（法國）七月革命、二月革命	九上世界史 （pp. 102-147）
	美國獨立、法國大革命、第一次世界大戰、普法戰爭、甲午戰爭、日俄戰爭、第二次世界大戰、（俄國）二月革命、十月革命、韓戰、越戰、以阿衝突、九一一事件	九下世界史 （pp. 63-105）
出征	西域絲路、鄭和下西洋、蒙古西征	八上中國史
內憂外患	管蔡之亂、楚漢相爭、黃巾之亂、赤壁之戰、八王之亂、永嘉之禍、玄武門之變、安史之亂、牛李黨爭、黃巢之亂、陳橋兵變、靖康之禍、靖難之變、東林黨爭、流寇之亂、三藩之亂	八上中國史
	鴉片戰爭、太平天國之亂、中法戰爭、甲午戰爭、戊戌政變、義和團之亂、八國聯軍、黃花崗之役、武昌起義、五四運動、寧漢分裂、濟南慘案、西安事變、蘆溝橋事變、淞滬會戰、南京大屠殺、珍珠港事變、國共內戰、六四天安門事件	八下中國史
	郭懷一抗荷事件、三藩之亂、閩粵械鬥、漳泉械鬥、朱一貴事件、林爽文事件、戴潮春事件、英法聯軍、牡丹社事件、中法戰爭	七上臺灣史
	甲午戰爭、臺灣民主國抗日、苗栗事件、西來庵事件、霧社事件、國共內戰、二二八事件、雷震事件、美麗島事件、韓戰、古寧頭戰役、八二三砲戰	七下臺灣史

資料來源：研究者整理自國中歷史教科書

　　表 8-2 征戰論述顯示，歷史教科書幾乎是戰爭史，戰爭是建國論述的基礎。歷史教科書內含有許多軍事對抗、戰爭殺伐的描述，歷史教科書形塑國族認同的同時，經常挪用敵我較勁的暴力意識作為手段，傳達出黷武的軍國主義色彩。

　　Giddens（1987/2002）曾形容民族國家是現代最為傑出的「權力集裝器」，國族主義賦予國家行使暴力的正當性，使戰爭變成美麗的英勇故事。歷史教科書由於十分缺乏女性經驗的記錄，以男性的活動事蹟為記錄的主軸，因此描述最頻繁的關係是在男性間的互動，而這些互動常指涉我族與異族男性政權間的統治與壓迫、反抗與犧牲。教科書透過對他族政權的抵抗反擊的描述，增進對自身國族的向心力與認同。例如：在臺灣歷史教科書中對「霧社事件」抗日過程進行說明時，有如下的描述：

「由於日本人不斷 掠奪 山區森林與樟腦資源， 強迫 原住民負擔沉重的勞役，加上日本警察的 任意欺壓 ，導致原住民各族發起多次抗日行動，其中最著名的是 1930 年賽德克族（當時被日人歸為泰雅族）原住民頭目莫那魯道所領導的『霧社事件』（霧社位於今南投縣仁愛鄉）。事件爆發後，日人調派不少軍警 鎮壓 ，造成原住民 死傷慘重 。」（翰林七下，2015，頁 78）

另附有「鎮壓霧社事件的日軍」圖片，文字說明──

「日軍利用 毒氣、飛機轟炸 等方式 攻擊 原住民，使原住民 死傷慘重 。」（翰林七下，2015，頁 79）

　　課文以「掠奪」、「殺害」、「攻打」、「懲辦」、「出兵」、「鎮壓」和「死傷慘重」等字眼描繪衝突的過程及相互殺戮的結果，除了顯示與其他國家的敵對關係之外，也藉由這樣的對抗關係形成國族內一致對外的愛國主義，然而其中也表露出濃烈的雄性暴力與報復性的軍事思想，教科書在無形中合理化戰爭及武裝暴力，傳達出一種宰制與黷武的意識型態。即便是中華民國建國之後，內憂外患仍頻，北伐、八年抗戰、國共內戰，直到國民政府遷臺兩岸分治，一路的征戰紛擾，內容更是充滿濃濃軍事對立的色彩。

　　古中國在中國歷史教科書中通常被描述為文化深厚、地大物博的國家，為外邦學習模仿的對象，也是異族攀附朝貢的對象，但卻對中國自古以來向鄰國侵略擴張的行為採取淡化描述。在描述唐朝盛世時，寫道：

> 「當時唐太宗擊滅東突厥，聲威大振，西北各族君長紛紛歸順，並向太宗上『天可汗』的尊號，意思是普天下的君主。」（翰林八上，2015，頁100）

　　中國的向外侵略攻擊外族的行為被美化成正義之事，營造出他族彷彿皆是誠心景仰主動歸順，而非震懾於大唐的軍事威勢。同時，中國歷史是依循政權更迭的線性歷史敘述，每個改朝換代的背後都是無數的征戰犧牲積累而成，商伐夏、周滅商、秦滅六國統一天下、楚漢相爭、赤壁之戰、永嘉之禍、靖康之禍……直至晚清的中國開始遭遇西方帝國主義各國的侵略挑戰，中國從之前高高在上的天朝一轉成為受害者的角色，不論中國作為征服者或受害者的角色，歷史往往是蘸著鮮血寫下的故事。

　　世界歷史亦是一部征戰史。東、西方世界的爭戰，如十字軍東征、蒙古西征；西方帝國領土的擴張，如亞歷山大東征；乃至於19世紀之後隨著民族主義發展與西方殖民帝國的擴張，興起許許多多追求建國獨立的反殖民戰爭，以及近代兩次大規模的世界大戰。大大小小的征戰牽動了國族勢力的消長與世界秩序變遷。此種征戰論述反映出國族主義與男性掠奪特質的緊密結合，國家與戰事息息相關，軍事領域在國族主義中的優先地位鞏固了男性化的國族主義（Nagel, 1988）。

三、英雄論述

　　在征戰格鬥的歷史故事中，勝者為王、敗者為寇，因此，歷史教科書幾乎等於是勝利者的歷史。能夠史上留名的，必然是那些征戰凱旋歸來的英雄，他們的英勇事蹟也成了歷史教科書中的主要敘事。世界歷史中也有不勝枚舉的英雄領袖人物，作為其民族和國家的光榮象徵。表8-3彙整世界歷史教科書中的名人英雄。

表 8-3 國中歷史教科書中世界史的英雄論述一覽表

英雄	名稱	出處
政治軍事	漢摩拉比、圖坦卡門、亞歷山大、凱撒、屋大維、君士坦丁、狄奧多西、查士丁尼大帝、查理曼、鄂圖一世、貞德、伊莎貝拉一世、斐迪南二世、亨利八世、路易十四、彼得大帝、凱薩琳二世、腓特烈二世、拿破崙、約翰王、查理一世、詹姆士二世、克倫威爾、瑪麗、威廉、華盛頓、林肯、路易十六、羅伯斯比爾、梅特涅、法蘭西斯皇帝拿破崙一世、路易拿破崙（拿破崙三世）	世界歷史九上
	玻利瓦、門羅、威廉一世、俾斯麥、馬志尼、伊曼紐二世、加富爾、加里波底、明治天皇、斐迪南夫婦、威爾遜、勞合喬治、克里蒙梭、甘地、凱末爾、尼古拉二世、列寧、史達林、羅斯福、墨索里尼、希特勒、張伯倫、馬歇爾、戈巴契夫、葉爾欽、邱吉爾	世界歷史九下
文史哲人	荷馬、希羅多德、蘇格拉底、柏拉圖、亞里斯多德、歐幾里德、阿基米德、但丁、佩脫拉克、薄伽丘、塞凡提斯、莎士比亞、達文西、米開朗基羅、拉斐爾、馬基維利、馬克思、培根、笛卡爾、哥白尼、伽利略、牛頓、洛克、孟德斯鳩、伏爾泰、盧梭、亞當斯密、狄德羅	世界歷史九上
	拜倫、哥德、貝多芬、狄更斯、米勒、莫內、梵谷、居禮夫婦、愛因斯坦、佛洛伊德、畢卡索、雷馬克、海明威、凱因斯、哥倫布、麥哲倫、狄亞士、達伽馬、釋迦牟尼、耶穌、穆罕默德、羅耀拉、馬丁路德、喀爾文	世界歷史九下

資料來源：研究者整理自國中歷史教科書九年級世界史

　　如表 8-3 英雄論述顯見，歷史教科書幾乎等於一座龐大的英雄紀念館。世界史中充滿以名人、英雄作為各個國族表徵的英雄論述，如英、法百年戰爭中激勵法軍士氣的少女貞德，是教科書極少數的女性英雄代表；被法國視為民族英雄的拿破崙因數度擊敗歐洲的反法聯盟，獲得法國人的擁戴；領導美國獨立戰爭的華盛頓，是美國史上的英雄人物；帶領拉丁美洲脫離西班牙殖民的玻利瓦和採取非暴力的不合作運動讓印度脫離英國殖民的聖雄甘地，

皆是各個國家在追求民族自決的過程中重要的指標人物，他們的事蹟或被神聖化或被英雄化，成為國族的榮耀，藉以凝聚國族的向心力。

在中國史方面，特別是對抗異族的排外英雄，經常被視作國族象徵。如抗金名將岳飛是中國歷史上的民族英雄；在臺灣歷史教科書中對鄭成功、沈有容、劉永福、羅福星、莫那魯道等人的英勇事績皆有清楚描繪。對鄭成功的描述為：「1661 年，鄭成功率軍自鹿耳門（今臺南市安南區附近）登陸，攻打荷蘭人，於 1662 年迫使荷蘭人投降，退出臺灣。」（翰林七上，2016，頁 89）且「在驅逐荷蘭人後，建立臺灣第一個漢人政權」（翰林七上，2016，頁 88），對鄭氏父子將漢人典章制度正式移植臺灣及對臺灣的建設開發多所肯定，並附有鄭成功的正面人像圖，及其出兵攻臺的路線圖，來補充其反清復明的英雄形象。此種英雄論述直指一夫當關萬夫莫敵的勇氣，男性唯一畏懼的是不像男人的膽怯懦夫，把戰爭比擬成陽剛英勇的冒險也是吸引男性投入戰場的原因之一（Nagel, 1988）。

四、版圖論述

從建國的立論基礎，透過征戰格鬥的歷程，英雄們擴展了隸屬於他們政權的版圖。因此，歷史教科書幾乎等於是版圖擴張史。能夠拓展越大的領土，表示握有越強的權力，流芳萬世的，必然是那些版圖廣大的帝國，這些強國的版圖擴張與疆界爭奪，也成了歷史教科書中的主要繪圖。研究者彙整所有文本中的版圖地圖，整理如表 8-4。

表 8-4　國中歷史教科書的版圖論述圖片一覽表

版圖	內涵	出處
臺灣	臺灣輿圖（p. 95）、臺灣番界圖（p. 96）	七上臺灣史
	1895 東亞形勢圖（p. 77）	七下臺灣史
中國	秦朝疆域圖（p. 83）、西漢與東漢疆域圖（p. 84）、三國鼎立形勢圖（p. 91）、兩晉與南北朝形勢圖（p. 93）、唐朝疆域圖（p. 100）、北宋、遼、西夏形勢圖（p. 107）、南宋疆域圖（p. 109）、蒙古西征路線及其疆域圖（p. 111）、明朝疆域圖（p. 117）、清朝疆域圖（p. 121）	八上中國史

版圖	內涵	出處
世界	古代西亞形勢圖（p. 95）、腓尼基人航路圖（p. 96）、波斯帝國疆域圖（p. 97）、古代埃及形勢圖（p. 98）、古代印度形勢圖（p. 100）、愛琴海地區與希臘城邦圖（p. 103）、亞歷山大東征路線與帝國疆域圖（p. 105）、羅馬疆域擴張圖（p. 106）、日耳曼民族遷徙與建國圖（p. 111）、查理曼帝國疆域及其分裂圖（p. 112）、查士丁尼時期的拜占庭帝國疆域圖（p. 116）、歐洲羅馬公教與希臘正教分布圖（p. 117）、阿拉伯帝國疆域圖（p. 118）、鄂圖曼土耳其帝國全盛時期疆域圖（p. 119）、歐亞交通圖（p. 120）、西元15世紀，伊比利半島形勢圖（p. 126）、歐洲地理大發現與鄭和下西洋路線圖（p. 127）、宗教改革後，新舊教分布圖（p. 129）、西元18世紀，歐洲形勢分布圖（p. 137）、北美13州殖民地圖（p. 143）、南北戰爭前美國疆域擴張圖（p. 144）、拿破崙時代的歐洲形勢圖（p. 146）	九上世界史
	拉丁美洲各國獨立形勢圖（p. 63）、第一次世界大戰前，鄂圖曼土耳其帝國受侵略圖（p. 64）、普魯士王國統一德國形勢圖（p. 65）、義大利統一形勢圖（p. 67）、日本擴張示意圖（p. 70）、西元19世紀列強侵略亞洲示意圖（p. 73）、西元19世紀末，歐洲列強瓜分非洲趨勢圖（p. 74）、三國同盟與三國協約形勢圖（p. 75）、第一次世界大戰歐洲戰場形勢圖（p. 76）、第一次世界大戰前後，歐洲各國形勢圖（p. 79）、德國併吞奧地利形勢圖（p. 87）、二次大戰過程示意圖（p. 88）、第二次世界大戰盟軍反攻示意圖（p. 89）、冷戰時代美國圍堵政策示意圖（p. 93）、美英法蘇分區占領德國圖（p. 94）、古巴危機形勢圖（p. 94）、韓戰形勢圖（p. 95）、南北越形勢圖（p. 95）、西元1967年以阿戰爭後，以色列占領區形勢圖（p. 95）、第二次世界大戰後亞非新興國家圖（p. 96）、前蘇聯疆域與獨立國家國協範圍比較圖（p. 97）	九下世界史

資料來源：研究者整理自國中歷史教科書

如表 8-4 版圖論述顯見，能夠往外侵略、掠奪他人領土據為己有者，才是贏家，才是歷史所欲表揚的事蹟。就好像，當英、法、西、葡等西歐諸國進入海外拓殖的「地理大發現」時代，課文有如下的描繪：

> 「西元 15、16 世紀，隨著造船技術的進步與羅盤的廣泛使用，海外探險活動蓬勃發展，此時歐洲探險家到達不少地區，史稱『地理大發現』。」（翰林九上，2015，頁 127）

內文中以「海外探險」近似英勇冒險的形容詞來潤飾西方帝國主義國家向海外擴張的行為，而這些掠奪行為，在教科書中被美化並正面肯定為領先世界的「文明」成就。

Anderson（1991）曾舉出人口調查、地圖與博物館三種制度說明殖民地政府如何透過制度化（institutionalization）和符碼化（codification）的過程，將自身對殖民地的想像轉移到殖民地人民身上，並形塑了他們的自我想像。掌握政權者透過地圖的繪製呈現清楚的疆界和歸屬，例如：臺灣在康熙年間納入清朝版圖後，清廷即令人繪製「臺灣輿圖」（翰林七上，2016，頁95），宣告清朝擁有臺灣的主權，也作為行政管治之用，也可見版圖的繪製在國族主義想像中的重要性。

在中國朝代史中，教科書透過不同朝代的疆域圖，如秦朝疆域圖、唐朝疆域圖等，描繪出不同時期中國王朝的帝國版圖，也區分出中國與周遭鄰國間的夷夏界線。形勢圖則是在分裂時期用以區隔出不同政權的領地範圍與對立情勢，如利用北宋、遼、西夏形勢圖來呈現出北宋前期與主要外患——遼、西夏兩國族間的敵我界線。因此，疆界和版圖的劃分表面上是建構出一個排他的空間，這個空間不僅是物理空間，也是心靈歸屬所決定出來的象徵空間。此種版圖論述反映出雄性愛國主義式的疆界劃分，以保衛他們的國家和他們的女人（Weisman, 1994/1997）。歷史教科書中利用許多的疆域圖、形勢圖來呈現我族的版圖，藉以區分出與他族間的界線。然而，版圖論述背後支撐的帝國精神其實是文明。

五、文明論述

　　帝國之所以成為帝國，王國之所以得以延續政權，國家之所以獲勝，除了透過戰爭格鬥，另一個拓展版圖的手段便是文明。文明的勝出是版圖得以拓展的文化根基。因此，歷史教科書幾乎等於是文明興衰史。

　　表 8-5 彰顯了世界史教科書所正視的幾個西方重要文明。特別是在科學革命之後，由於科技發展的加速，啟蒙運動帶領人們重新理性省思政治與經濟的制度，工業革命幫助人類促進了物質生活進步等，因此教科書大力稱頌西方文明：「17 世紀以後，英國、美國、法國民主政治的發展，是塑造西方近代政治發展的主要動力。」（翰林九上，2015，頁 140）

　　特別是「民主」的政治體制被頌揚的同時，「共產」和「極權」等政治體制則被描述為負面對立的形象，尤其在兩次世界大戰及冷戰後，共產政權逐漸崩潰瓦解，被視為民主勝利的象徵，隱含一種「邪」不勝「正」的意識型態。而不涉入冷戰對峙的新興國家，如亞洲、非洲及拉丁美洲中的「第三世界」國家則被形容為「這些新興國家，政治上雖然獨立，但內部政局動盪不安，經濟上貧窮落後」（翰林九下，2015，頁 96）。而未思考這些新興國家雖然表面脫離殖民地的處境，但實際上在內政、財政卻仍不時遭受許多資本主義國家的後殖民。

　　中國歷史的起源是由史前時代的考古發現來描繪出早在五十萬年前中國大陸一地即有人類活動的遺跡，並且懂得製造石器，發明各種工具，教科書藉此說明中國是具有淵遠流長的文明古國。之後，文字曆法的發明、百家爭鳴的哲學思想，到了秦漢帝國更發展成為文物統一的大帝國，史學、科技更是有重大的發展，中華文化成為外邦學習景仰的對象。盛唐時期，中國不僅以武力征服鄰國，大唐文化也順勢向外擴張，新羅、日本、吐蕃等外族紛紛前來模仿朝聖。教科書以抬高中國文明的地位，建立國族的優越感，但古中國目空一切的天朝思想，卻因此守舊不思進取，迨鴉片戰爭後西方列強以船堅炮利挾帶科技文明強勢來襲時，才驚醒中國的天朝大夢。

　　臺灣曾經歷許多殖民政權的統治，文化中也有著多元的色彩，原住民的南島文化、荷西時代的西方文明、鄭氏清領的中國文化、日治時期的皇民教化、光復後中華民國政府大力提倡中華文化、美國流行文化的傳入，以及 60-70 年代發展出臺灣的鄉土文化。臺灣史教科書中將臺灣描繪為具有豐富多樣文化的國家，以形塑出臺灣獨特、有別於中國的本土特色。

表8-5　國中歷史教科書中世界史的文明論述之圖片一覽表

文明	圖片內涵	出處
西亞古文明	蘇美人楔形文字、漢摩拉比法典、亞述浮雕	九上世界史 pp. 95-97
埃及古文明	金字塔／獅身人面像、木乃伊／人形棺、古埃及象形文字	九上世界史 pp. 98-99
印度古文明	摩亨約達羅遺址、濕婆雕像、種姓制度示意圖、大菩提寺、印度教寺廟	九上世界史 pp. 100-101
希臘文化	文學、史學、哲學、藝術、宗教信仰	九上世界史 p. 104
羅馬文化	建築、法律、文字	九上世界史 p. 108
中世紀歐洲文化	封建制度、莊園經濟、騎士文化、基督教信仰	九上世界史 pp. 113-115
伊斯蘭文化	清真寺、天方夜譚	九上世界史 pp. 118-119
文藝復興	文學、藝術、政治思想、米開朗基羅大衛像、拉菲爾聖母像、達文西蒙娜麗莎／最後的晚餐	九上世界史 pp. 123-124
科學革命	望遠鏡、培根、笛卡兒、法蘭西科學院、哥白尼、伽利略、牛頓	九上世界史 pp. 133-134
啟蒙運動	洛克、孟德斯鳩、伏爾泰、盧梭、亞當斯密	九上世界史 pp. 135-136
工業革命	瓦特蒸汽機、蒸汽火車頭、汽船取代帆船、社會主義、馬克思	九上世界史 pp. 138-139
19世紀歐洲文化	浪漫主義、寫實主義、印象派	九下世界史 p. 71
20世紀歐洲文化	科學、心理學、藝術、文學、婦女研究	九下世界史 pp. 80-81

資料來源：研究者整理自國中歷史教科書九年級世界史

　　文明，有時如同國族的華麗袍子。教科書藉由闡述不同地區、國家的文明特色，來凸顯其國族的獨特性與優越感。此種文明論述用 Nagel（1998）的話來說，就是一種國族沙文主義，視「他者」為異己，藉此彰顯我族文明優越感。

伍、性別化國族主義論述分析

　　本章從女性主義立場論批判分析國中歷史教科書所呈現的性別化國族主義，從上述國族主義五大論述討論男性中心的慾望，分為父權認同、黷武的雄性暴力、陽剛霸權的領袖崇拜與陽剛空間。

一、父權認同

　　社會性別經常以明顯或類比的方式被編碼運用到法律和歷史中，用以象徵統治者與被統治者的關係。若要合法化統治權，常見的形式則以如同兒子對領袖或（父）王應有效忠的責任來宣稱（Scott, 1986）。對父權的認同，被類比於兒子對父親宗系的效忠，進而以對父權的信仰比擬對國族王權的認同，並透過將此等英勇忠心的男性特質和國族力量相連結，父權認同和國族主義交織在一起。

　　臺灣歷史中，有近二百年的時間漢人女性是被排除在渡臺名單中，直到清領後期為加速對臺灣的開墾，才解除僅允許單身男性可以來臺的渡臺禁令。在此之前，有些漢人男性會違反漢原隔離的禁令與原住民女性通婚，課文中對此現象形容為：

> 「而且因漢人男多女少，漢人男子往往不顧禁令，和原住民女子通婚，出現俗稱『有唐山公，無唐山媽』的現象。」（翰林七上，2016，頁 96）。

　　這段過於簡化的描述中，似乎在表述於無法維持血統純潔的不得已的情況下，漢人男性退而求其次與原住民女子通婚，以求繁衍後代。女性在國族的建構中經常淪為工具性的生育者，漢人女性被視為男性的附屬，原住民女性在尊漢卑原的種族歧見下，地位又更受貶抑，成為他者的替代品。當時的

漢人男性通常與居住地相近的平埔族女子結婚，因為平埔族多為母系社會，原住民妻子擁有家產繼承權，但在漢原婚姻下又以夫為貴，因此與平埔族女性通婚的漢人男子則可順理成章享有妻家的田產。漢人男性依然是得利者，但這其中一方面既忽視原住民女子在族群合併底下的犧牲和付出，另一方面也淡化了臺灣漢人與原住民在血脈淵源上的關聯。

在中國歷史的部分，從夏朝到清代數千年中，除唐代曾有武則天一名女性君主外，皆為以父系血緣為繼承基礎的男性政權為主，對帝王的認同被建構等同於對國家的認同。在武則天之外，中國歷史的教科書中另有唐代的文成公主和楊貴妃，以及清末掌權的守舊派代表 —— 慈禧太后等三位女性出現。這些女性能出現在歷史教科書中，主要是因為她們現身在以男性為主的政治、軍事、外交場域，但其形象不是僭取大權的女主和政治婚姻下的犧牲者，就是迷惑君主或顧頇保守的誤國形象。中國歷史教科書中最多的人物角色依然是男性的帝王將相，開國君主與軍事領袖的歷史事蹟及人像圖，經常搭配各朝代的疆域圖共同陳列，一起用來強調開創國家的功績與表明國族的界線。對漢人父系的認同在臺灣歷史與中國歷史中皆為國族論述的主調。

在世界歷史教科書中的父權色彩也相當濃厚，極少數的女性人物 —— 英法百年戰爭中的貞德是一個歷史上罕見的戰爭英雄；而卡斯提爾女王伊莎貝拉一世與亞拉岡國王的斐迪南二世的政治聯姻，使雙方王國合併為西班牙，至於伊莎貝拉一世的其他功績完全不見史冊；18 世紀的俄國女皇凱薩琳二世是開明專制政治的代表君主，實施司法改革、推廣教育，使得俄國走向富國兵強的盛世。這是世界歷史中僅見的三位女性人物，同樣是現身在以男性為主政治、軍事領域。且於此之外，世界歷史中所有的帝王領袖、文史哲思想家清一色皆為男性。歷史教科書在形塑國族認同時偏狹地以男性作為國族楷模的人物代表，對女性過往的生活經驗與歷史貢獻未加以認肯，顯示父權認同式的國族主義。

二、黷武的雄性暴力

黷武的雄性暴力在面對外力入侵的時候用來統攝民族內部力量特別有用。例如：在臺灣史描述日本殖民時期，漢人與原住民皆是受壓迫者，英勇的抗日事蹟的描繪，營造漢人與原住民是生命共同體，是同仇敵愾的。教科

書會藉由對抗外在殖民政權的壓迫以形塑國族之內一致的認同，但在面對國族內部的族群衝突時，對主流政權的高壓或同化作法也可能採取維護的書寫立場，例如：在臺灣光復之初，臺灣人民殷殷期盼回歸祖國懷抱的夢想，立刻就被陳儀代表的行政長官公署和國民黨代表的國民政府所壓碎，兩者都是破壞性的男性暴力，最明顯的衝突即是「二二八事件」。教科書如此描述二二八事件之後政府的修補：

> 「二二事件後，中央政府為了彌補此次事件所造成的傷害，將陳儀免職，成立臺灣省政府取代行政長官公署，起用臺灣人擔任公職、放寬民間的經濟活動。……近年來，政府對當年的處置失當公開道歉，展開賠償工作，並興建紀念碑等，才逐漸撫平歷史的傷痕。」（翰林七下，2015，頁 100）

在國族主義的大傘之下，差異分歧經常是不見容的，要不是壓迫統一，要不就同化齊一，行政上和形式上彌補是否真能讓歷史傷痕被平撫或讓正義得到伸張呢？Anderson（1991）認為：「儘管每個國族內部普遍存在著不平等與剝削，國族總是被認為是一種深厚的、平等的同胞情誼」，因此，在國族認同底下，和平經常是一種被粉飾的假象。

中華民國建國之後內憂外患頻仍，北伐、八年抗戰、國共內戰，直到國民政府遷臺兩岸分治，一路的征戰紛擾，內容更是充滿濃濃軍事對立的色彩。臺灣歷史中對當前兩岸關係的描述如下：

> 「近年來，海峽兩岸雖已從隔絕走向交流，但雙方的政治對峙及潛在的軍事衝突仍舊存在。中華人民共和國始終堅持一國兩制，將兩岸問題視為『內政』問題，仍不排除武力犯臺的可能性。這些舉動明顯侵犯了我國主權，使得現階段的兩岸關係發展，尚有許多問題有待解決。」（翰林七下，2015，頁 109）

歷史教科書在臺灣和中國的現代史部分，皆以中國大陸的共產政權作為當前建造臺灣國族認同下最顯著的他者，教科書一方面描述中共政權歷經大躍進時期的經濟潰敗、文化大革命的文化浩劫和六四天安門事件的暴力鎮壓

等極權高壓的荒誕專制形象（翰林八下，2015，頁127-129），同時又呈現出臺灣在面對中共文攻武嚇及外交壓迫時，仍能堅忍發展經濟和政治民主化等進步開放的成就，一方面凸顯臺灣自身的優勢，另一方面又以對方不間斷的侵逼危機來凝聚臺灣內部的團結禦外的共識。

世界歷史中描述自古以來許多民族、國家、地區間的爭戰衝突，彼此間以武力作為擴張的手段，使不同國族間的勢力在歷史上常有消長變化。惟世界歷史教科書在描繪這些對抗過程不似臺灣歷史和中國歷史教科書中充斥不少暴力字眼，而以較為中性的文字來描述，例如：敘述第二次世界大戰後期，同盟國採取反攻時，教科書的描述如下：

> 「美國參戰後，大力援助盟軍，開始展開反攻。義大利首先於
> 1943年投降。1944年6月，盟軍在法國諾曼第登陸，向東反攻，
> 與蘇聯共同夾擊德國。1945年，盟軍占領柏林，希特勒自殺，德
> 國投降。」（翰林九下，2015，頁82）

世界史文本中描繪了雙方攻防的結果，較少以血腥激烈的文字形容戰爭過程的殘暴情景，這可能與教科書編寫者在書寫世界歷史的征戰對抗時是局外人立場，不若在臺灣史和中國史教科書編寫時可能存有一種己／他的二元立場，容易以正面呈現我族，負面描寫他邦的方式來合理化自身國族的行動，貶低他族的作為。整體而言，歷史教科書總是以戰爭掠奪的國族行動來統攝民族的內部力量，顯示黷武雄性暴力的國族主義。

愛國主義、民族主義往往成為發動戰爭的藉口，為致使戰爭是看似合理的，讓年輕人為保衛國家犧牲生命有合法性，往往會訴諸於男人就應展現保護脆弱的婦女與兒童此種男子氣概的頌揚（Scott, 1986）。在這其中，顯示武力征戰的暴力形式和社會性別權力關係經常是相互建構的。

三、陽剛霸權的領袖崇拜

由於歷史教科書中少有女性人物，教科書彷彿等同男性英雄人物展演的專屬舞臺，尤其是對抗異族的排外英雄被視作國族象徵，例如：沈有容、鄭成功、劉永福、羅福星、莫那魯道、岳飛、貞德、拿破崙、華盛頓、林肯、

玻利瓦、甘地和凱末爾等對抗異邦侵略，領導民族國家復興與建立的英雄人物，是國族過往榮耀的代言人，歷史教科書時常藉由神聖化這些領袖人物的英勇氣概與不凡事蹟，以強化國族自信與認同。

Benton（1998）在論述國族主義神話的特點時曾說到：「國族神話往往抹去一些難以被接受的暴力，然後變成幾個英勇男人的傳奇故事。女人和那些被征服的種族，則從國族故事中被刪去。」對國家民族的過往有所貢獻的男性英雄人物也特別受教科書青睞，在教科書內容中占有大半以上的篇幅。課文對待這些政治、軍事人物，不僅以內文描述其事蹟，文字旁也多附有正面獨照或相關紀念碑或建築物強調佐證。

社會性別秩序依賴於男性特質和女性特質之間的等級權力關係，並與這兩者處於相互建構的動態過程中，而位於這種權力關係頂端的是陽剛霸權（李英桃，2012）。歷史教科書中不斷出現的男性領袖及其在公領域的成就與事蹟，展現的正是對強悍、勇毅、機智的霸權式的陽剛氣質的景仰，反之，受貶抑的是私領域、和平及被統治等從屬於陰柔氣質的事件與人物。

不論是臺灣、中國或世界的歷史中，都可以發現不同的國族面對的「他者」雖然不同，但卻都同樣渴望英雄。教科書透過英雄敘事凸顯國族的歷史榮光與他者加諸的苦難，以強化對國族的歸屬與認同。顯見在歷史洪流的文化意識型態中，陽剛霸權與國族霸權息息相關（Nagel, 1988）。然而，這樣敘事安排也可能隨之建構出一個不斷排外的敵意，缺乏尊重欣賞差異與他者和平共存的精神。

四、陽剛空間

教科書是平面靜態的圖文，其中的空間象徵則連結自文字與圖片。在文字方面上，臺灣歷史的章節編排以各個時期的政權建設為主，中國歷史也是以歷朝歷代的政權更迭為主軸，世界歷史則以歐洲文化的發展與對國際局勢的影響為主，因此在內容空間上大部分都連結到國家政權與政治、軍事、外交等男性／公領域的主題。可見，在形塑國族認同時，教科書是以強調國家民族在政治發展和軍事武力上的成就為本。軍事、政治領域在過去，乃至於現今，都是以男性為主的場域，因此歷史教科書在內文中呈現的即是一種陽剛的歷史。

Enloe（1990: 4）表示：「國族主義往往生產於陽剛化的歷史記憶，陽剛化的恥辱，與陽剛化的希望。」為了凸顯陽剛的歷史，教科書中放置許多代表男性領袖功績及展現國家軍事武力及重大建設的地景圖片來加深對國族榮光的肯定。例如：政府設置的建築物，包括紀念碑、軍事設施、行政機構、大型公共建設，宗教性質的建築物如寺廟、教堂、禮拜堂等，呈現出陽剛空間風貌。「陽剛空間」是指呈現出象徵權力、位置和資源的公領域空間，通常影射了性別失衡現象。在傳統性別框架下，空間經常受父權體制編派，如在行政機構與現代建設體系，男性往往占有較多空間權力和資源。研究者整理國中歷史教科書中出現象徵陽剛地景，如表 8-6 所示。

表8-6　國中歷史教科書之陽剛地景一覽表

類型	圖片內涵	出處
紀念碑（英雄論述）	顏思齊登陸紀念碑	七上臺灣史 p. 83
	沈有容諭退紅毛番韋麻郎等碑	七上臺灣史 p. 84
	北投漢番界碑	七上臺灣史 p. 96
	臺南市赤崁樓前的記功碑	七上臺灣史 p. 105
	屏東縣車城鄉「大日本琉球藩民五十四名墓」	七上臺灣史 p. 112
	二二八紀念碑	七上臺灣史 p. 100
	八二三砲戰勝利紀念碑	七上臺灣史 p. 107
	大秦景教流行中國碑	八上中國史 p. 103
	明思宗自縊殉國處	八上中國史 p. 119
軍事設施（征戰論述）	臺南市赤崁樓	七上臺灣史 p. 82
	彰化縣鹿港鎮的隘門	七上臺灣史 p. 102
	臺南市億載金城示意圖與城門外貌	七上臺灣史 p. 113
	基隆市二沙灣砲臺	七上臺灣史 p. 115
	清末電報局	七上臺灣史 p. 115
	江南機器製造局	八下中國史 p. 97
	福州船政局	八下中國史 p. 97
	廣州黃埔軍校舊址今貌	八下中國史 p. 117

類型	圖片內涵	出處
行政機構 （建國論述）	英國領事館官邸	七上臺灣史 p. 109
	臺灣總督府（今總統府）	七下臺灣史 p. 72
	日治時期設立的臺北地方法院	七下臺灣史 p. 90
	北京紫禁城太和殿	八上中國史 p. 118
	江蘇省南京市江南貢院	八上中國史 p. 123
	總理各國事務衙門	八下中國史 p. 97
	湖北軍政府	八下中國史 p. 107
	中華民國軍政府	八下中國史 p. 112
現代建設 （文明論述）	彰化縣八堡圳今貌	七上臺灣史 p. 98
	高雄市鳳山區曹公圳今貌	七上臺灣史 p. 98
	新北市新店區瑠公圳今貌	七上臺灣史 p. 98
	臺中市豐原區貓霧捒圳今貌	七上臺灣史 p. 98
	獅球嶺隧道	七上臺灣史 p. 115
	臺灣銀行今貌	七下臺灣史 p. 81
	日治時期的基隆港	七下臺灣史 p. 82
	日治時期的高雄港	七下臺灣史 p. 82
	日治時期臺北郵便局（今臺北郵局）	七下臺灣史 p. 82
	高雄橋仔頭糖廠	七下臺灣史 p. 83
	流經臺南市的嘉南大圳今貌	七下臺灣史 p. 84
	施工中的日月潭發電所	七下臺灣史 p. 85
	都江堰今貌	八上中國史 p. 79
	京杭大運河	八上中國史 p. 118

資料來源：研究者整理自國中歷史教科書

　　建築城牆、劃分界線都是意味著要建構一個排他的空間，這個空間不僅是有形的地理空間，也是無形的心靈認同所建構出的象徵空間。而這些空間的圖片雖然表面上只是一塊石碑、一座砲臺、一面城牆、一棟建築物，乃至只是一張地圖，圖片中並無出現任何人物，看似僅是中性的空間展現，但

實際上這些建築、紀念碑或疆界圖卻經常指向對公領域與男性歷史人物（特別是政治、軍事類身分的男性）功績的記錄。以臺灣歷史中的「臺南市赤崁樓前的記功碑」為例，雖然圖片中呈現的是一排石碑，但圖片一旁的文字說明卻清楚地表示這個紀念碑是記錄清乾隆皇帝在位期間平定臺灣最大一場民變——林爽文事件，將事件的過程與結果刻於碑上展現乾隆的治績。從建國的立論基礎，透過征戰格鬥的歷程，英雄們擴展了隸屬於他們政權的版圖。因此，歷史教科書幾乎等於是版圖擴張史。

　　女性主義認為受到父權體制的主宰與社會傳統的建構下，公／私領域呈現出一種男／女二元的性別化空間形式，並因性別權力關係架構的存在，占有優勢和權力的男性經常能取得更多的空間資源（殷寶寧，2008）。而在歷史上占據優勢一方的，除了指涉掌控權力的男性菁英，也包含握有統治權和詮釋權的男性政權，及在世界版圖中的強權大國，致使不僅在家國之內，或放眼全球，多數的空間都是充塞著陽剛色彩。歷史教科書在無形中透過這些圖片強化男性政治、軍事人物的行政作為與軍事戰蹟，以及其曾經統治或占有的領地與場域。這些圖片不僅僅是對歷史人物建樹的影像佐證，且經常存在明顯強調歷史是男性活躍的領域，是陽性的空間，同時也形塑著陽剛化歷史記憶下的國族主義。

陸、在「男人的歷史」之後

　　綜覽國中歷史教科書的內容編寫，從臺灣史、中國史到世界史，整個歷史教科書的主軸是建國論述，從而發展出征戰論述、英雄論述、版圖論述與文明論述，這是所謂的國族主義五大論述。國族主義五大論述背後隱含著的男性中心慾望，凸顯出父權認同、黷武的雄性暴力、英雄敘事的領袖崇拜、男子氣概的陽剛空間。換句話說，教科書所再現的歷史，只是男人的歷史，而且是勝利者的歷史。

　　這麼一個男性史觀的歷史教科書是怎麼寫出來的呢？當然，歷史教科書的編寫要參照史料的記錄與課程綱要的指引，還需要通過教育部的審查，在審查過程中，敏感的性別問題又可能遭受到刪削或扭曲等處理，使得教科書成為一種殘缺的文本（張盈堃，2001）。其中，史料是人為撰寫的記錄，本身也難以避免帶有作者的立場，史料並不是純粹中立的真理，也是經過選擇

與再現。歷史教科書的編寫者選擇自身認同的觀點和文字表達歷史事件，然而如「掠奪」、「殺害」、「攻打」和「鎮壓」等文字的背後，傳達的卻是一種具煽動性、對立的暴力意識。因此，在史料的解讀上，教科書的編輯者應具批判和考證史料的敏銳性，編寫上應盡力在不偏袒單方的前提下呈現歷史。多數史料本身的意識型態經常未經檢視，教科書在編寫時不能只是一味再製，應有轉化的能動。

那麼，得出教科書係「男人的歷史」之後，我們可以做些什麼呢？我們是否有能力對教科書中的性別問題進行批判檢視，而且這些批判檢視，應更深刻地建立在對社會性別建構的省思與挑戰上。未來的歷史教科書，如果減少政治軍事史等頌揚男性菁英功績的內容，增加常民史或社會史比例，或許可以緩和歷史教科書中陽剛霸權與男性中心色彩。再者，未來的歷史教科書，也可以增加女性或其他過去被視為「他者」的歷史觀點與圖像資料，以多元史料並陳的方式來平衡不同的立場的歷史詮釋，並且修改教科書中帶有價值判斷與雄性暴力意涵的文字、語詞，例如：「盛世」、「暴政」或「黑暗時代」等。史料圖文若本身隱含著男尊女卑的性別位階，在教科書中也能將其作為一種引導學習者反思的批判性教材來呈現說明，以使歷史教育朝更具性別關懷的目標邁進。

最終，或許該反思的是臺灣歷史教育的目的為何？是符應國族認同的建構和迎合政治目的之用？或是建立學習者獨立省思的能力，與看待世界不同文化、族群能擁有共融、尊重的胸懷？不可否認的，認同的凝聚對國家社會有穩定秩序的功能，但歷史的學習若僅餘單一的標準或固定的思維，不僅學生將因此喪失學習的主體性和創造性，認同建構中隱含的排他性也會被深化，形成一種對立的意識，以長遠觀之，對人類世界的發展是不利的，故兩相權衡時須更加審慎。歷史教科書是多數人接觸歷史教育的基礎，本章透過批判女性主義的觀點，解析歷史教科書中的國族論述，針對其中蘊涵的性別化國族主義進行批判討論，並嘗試對教科書編輯提出建議，以期日後對歷史教科書的編寫有所助益。

* 本章修改自王雅玄、蔣淑如（2017）。書寫歷史──教科書中性別化國族主義的批判分析。**教科書研究**，**10**（1），101-136。

第九章

重構偏遠論述

偏遠，其實並不遠，是心理距離的遙遠
世界上最遙遠的距離 是心的距離
世界上最令人鼻酸的一句話是：
老師，您什麼時候會離開？

　　批判論述取向的研究，終究是解構的。有人說，解構就像剝洋蔥，一層一層剝掉，最後剩下什麼，令人感到空虛。或許，解構之後，必須重構；或許也不必然。不過，人類社會本質上是建構的，任何社會就是個構造（construction），那麼，解構後就得重構，筆者試著帶領讀者進入重構的論述領域會是何等境界？本章以偏遠論述的解構與重構為例，看看重構後的偏遠論述是否能帶來一個新世界？

壹、離島：優勢或劣勢？

　　近幾年，臺灣流行偏鄉教育研究，也流行著關懷「弱勢」。離島，作為偏鄉，被視為一種弱勢。企業投資弱勢教育，大學生關懷偏鄉，都成了一種政治正確的論述。只是，為什麼企業主總是積極投資弱勢教育，又為什麼大學生總愛進入偏鄉展現關懷？這裡頭展現了一種優勢對弱勢的救濟、輔助、關注與提攜，可以這麼說，企業主是優勢的，大學生也是優勢的，社會正義正好是濟弱扶傾、劫富濟貧的意象，於是，優勢必須關懷弱勢，否則不被認肯。這種所謂「關懷偏鄉」、「弱勢教育」的論述，其實更強化了偏鄉等於弱勢的標籤。而，弱勢教育，則是透過教育讓弱勢者可以向上流動，不再處於弱勢，但這種作為其實等於告訴弱勢族群要向優勢群體看齊，這依然鞏固

了主流族群與文化，再製了弱勢族群與文化的劣勢地位。我個人不喜歡「弱勢」一詞，弱勢族群並不弱勢，只是居於劣勢，因此，我寧可改用劣勢一詞。

教育通常是鼓勵向上流動的。教育一向被認為可以提高職業、收入與社會地位，作為增進人力資本、累積文化資本、擴充財物資本與社會資本的工具（黃毅志、陳怡靖，2005）。Lawson 等人（2000）指出，教育可以為人們累積資本，因此教育被視為可以促進社會變遷，這種想法來自樂觀論者如自由主義或功能論者，其認為只要學校能夠提供均等機會給所有學生，學得越好，獲得越多資本的學生便能夠擁有向上流動的資本，因此社會變遷便是可能的。然而，悲觀論者如馬克思主義或女性主義認為教育倡導文憑主義，利用大家對學歷的一致追求，只是將既存的社會不平等合法化，社會原先的基礎結構並沒有被改變（Bowles & Gintis, 1976; Illich, 1973），越來越多的學歷則將使更多人失去原有應得的價值（Lawson et al., 2000: 77）。目前臺灣已進入十二年國教，升大學機會增加，這代表教育機會已經均等了嗎？在大家相信「教育擴充效用」的前提下，為了向上流動，所需文憑被迫向上延伸至研究所，也就形成文憑貶值（章英華等，1996）。在文憑貶值的情況下想透過教育向上流動變得更為困難，求學過程中個人的出身背景如文化資本與社會資本，仍深深影響學生的成就表現與入學機會（陳伯璋，1991；黃毅志，1992；黃毅志、陳怡靖，2005）。如此一來，教育文憑貶值、家庭背景增值，向上流動所需要的資本不僅限於學校教育，使得學校教育作為資本累積的論點更形薄弱，這對偏遠地區的學校教育更是一大衝擊，偏遠地區在文化資本、社會資本、人力資本、財物資本都相對弱勢的情況下，偏遠學校教育的希望在哪裡？

這種社會貧富懸殊問題影響學生的受教機會，城鄉差距漸大也造成教育不均等的現象。英國於 1967 年根據普勞頓報告書（Plowden Report）實施教育優先區政策，投資更多教育經費於文化不利地區的中小學教育，所進行補償教育的地區為失業率高、單親家庭數量多、移民人口比率高的地區，期能為該地區孩童的早年教育提供較多投資，及早使個人遠離犯罪系統，以節省未來再教育的成本效益（Lawson et al., 2000: 74）。

臺灣在 1994 年也開始試辦教育優先區，1996 年正式針對災區、離島、山地等偏遠地區，關注其文化不利和弱勢地區的教育問題，撥發專款予以補

助（陳奎憙，2001）。教育機會均等的政策試圖補足原本所無法均等的教育資源，例如：地理位置偏遠、交通不便、文化落差、財力不足等因素造成學生成就不一的現象。筆者在初步走訪澎湖地區國民中學教育優先區學校，綜合校長座談結果發現，偏遠學校具有以下不利因素：家長素質普遍偏低，學生背景多是單親家庭、隔代教養、貧困子弟，低收入戶太多，亟需全額補助午餐費，離島交通不便，午餐補助費需外加運費，人口外流嚴重等，而這些不利因素也帶來學校課程實踐的困境：由於交通不便，教師進修困難，學生到外島參觀博物館需交通費、住宿費，耗資甚鉅，學生參與校外比賽不便，再者外籍配偶子女多，學習遲緩學生太多，需增設資源班，教師忙於進行課後輔導以彌補離島與本島之間的競爭差距，更由於小班小校員額配置有限，導致師資與資源皆不足。總總不利因素使得部分離島小校面臨廢校危機。這些負面的偏遠論述對離島學校是一大衝擊，除了面臨人口外流、教師流動、可用資源漸少，不利的偏遠論述也是其面臨廢校的因素之一。然而，「學校係社區文化命脈，不可廢校」是許多偏遠地區居民的心聲。

那麼，偏鄉只能是弱勢嗎？基於關懷偏遠論述對學校的影響，筆者從離島教師經驗來重新建構「偏遠」論述。「重構」取向意味著不以主流眼光來看待「偏遠」概念，而是讓當地的教師發聲，是否離島教師的「偏遠」論述將有別於上述呈現的偏遠不利論述？是否能跳脫大眾看待「偏遠就是不利」這種論述？或許從教師的離島經驗中可以發現離島所擁有的資本，而這些可能就是「偏遠」的有利因素。這些「利與不利」的探索均以教師觀點為主，並無預設規準，僅歸納離島教師對有利與不利因素的詮釋，不做規範式的詮釋，著重探討離島環境利與不利因素對教師教學實踐的影響，哪些有利因素帶來教學實踐的優勢？哪些不利因素帶來教學實踐的困境？關切教學實踐的脈絡相當廣泛，諸如學校脈絡、社區脈絡、家長脈絡、教師脈絡與學生脈絡等。

離島，究竟是劣勢還是優勢？本章從學校脈絡探析離島國中發展教師社會化與教師文化的有利因素，從教師脈絡分析離島國中發展教師專業與教師角色的有利因素，彙整離島生活經驗對教師脈絡與學校脈絡之利與不利因素，從離島教師的生活經驗敘事重構「偏遠」論述。

貳、教師論述的脈絡化

　　從教師社會學的角度我們可以知道教師論述是從脈絡中建構的，究竟離島脈絡下的教師專業、教師角色、教師社會化、教師文化，會有什麼不同的發展，茲從教師脈絡與學校脈絡二方面來探討。

一、教師脈絡中的專業地位與角色發展

（一）教師專業

　　偏遠學校對於發展教師專業究竟有哪些利與不利的因素？首先，在教師專業方面，陳奎憙（2001）從社會學理論對教師專業提升的分析發現，學校層級越低，受到教育局、教育部的外來限制較多，教師享有的自主權越小，專業程度越低。在教室層級提升教師個人專業自主性的途徑包括：讓教師決定教學目標、選擇教科書、選擇教學方法、學生編班、任教年級、課程設計等。從這幾項教師專業條件來看，目前中小學受限於基本學力測驗的提升，教師在教學專業方面的自主權並不大。這種情形特別是在大規模的學校，其專業分工越細，教師需與同領域的同儕協商教學進度與考試內容，能夠自主決定課程、發展課程的空間更為有限。

　　根據教育部委託研究「中小學教師生涯進階與等級劃分可行性之研究」，將現行中小學教師分為四個等級，其中所謂的專業教師（含高階教師、顧問教師）之條件為：除了要執行班級教學外，另需擔任課程規劃、教材設計、教學觀摩等責任；在行政體系方面，專業教師可參加主任甄選、擔任指導實習教師、教學諮詢、行政、輔導顧問等，甚至參加校長甄選（蔡培村，1995）。那麼，任教於小校教師是否具備滿足專業教師條件之優勢呢？大校由於分工較細，行政與教學界線分明，專任教師通常長年專注於教學工作與班級經營。反而在小校的環境，即使是初任教師便需掌理各處室行政工作，相較於大校專任教師，小校教師提早接觸處理宏觀的教學、行政、輔導、社區關懷等工作，或許有助提升至專業教師等級。

　　從專業主義來看教師在課程發展中的地位，王雅玄（2012d）認為具有專業能力的教師能夠重新賦予課程新的脈絡，成為主導課程知識的權力擁有者，教師的地位應從中央控制下的附屬地位過渡到學校本位課程的夥

伴地位，最後能轉化至教師自行發展課程的專業地位。那麼，小校的教師團隊是否有利於進行教師課程發展的專業自主性呢？此問題關鍵在於教師互動過程與工作品質是否能形塑出同僚工作的合作團隊，這也是教師工作日益異化的今日最常被質疑的問題（Fullan & Hargreaves, 1996; Hargreaves, 1997）。目前已有研究發現小校較容易營造教師團隊學習文化，互相鼓勵創造相互扶持的學習氛圍，珍視教師學習的承諾價值，以成熟態度支持彼此的工作（Evans, 2003; Supovitz & Christman, 2005）。由於小校所形塑的空間容易凝聚教師團隊力量，教師間得以發展「互動專業主義」（interactive professionalism）（Fullan & Hargreaves, 1996）。在能夠發揮專業主義的小校規模之下，小班小校較能實現日前教育部所倡導的「把每位學生帶上來」政策，這也回應了美國 2001 年所頒布「帶好每一個學生法案」（No Child Left Behind Act）中，小而美的學習社群再度被強調出來。Cutshall（2003）力陳小校容易創造教師合作的氛圍，協同教學的同僚專業關係，給予學生彈性且積極的回饋，符合學生需求，將每一位學生帶上來。

（二）教師角色

　　教師社會學對教師角色之探討從過去較具執教概念的「傳道者、授業者、選擇者、輔導者、協商統合者」角色（林生傳，1994），轉化至以文化取向為主的「藝術家、超人、表演者、創造者、關懷給予者、闡釋者」（郭丁熒，2004）。前者以執教概念為主的教師角色，旨在使教育制度充分發揮功能，盡到人師、經師、引導、協助學生發展的責任。後者以文化取向的層面發展出不同文化中對教師角色期望之差異，以教師的各種文化角色凸顯不同的教育核心，教師不僅具執教性質，且兼具了活潑生動的多重角色。深入探討教師的多重角色，郭丁熒（2003）以文獻探討勾勒出社會脈絡中的多維影像教師角色，例如：教師角色似受雇者、似母親（養育者）、似技術的專家、似勞工、似有機的知識分子、似新興的小資產階級、似意識型態國家機器的代理人、似獨立的技藝匠、似轉化型的知識分子、或似文化工作者等。Heck 與 Williams（1984）分別從教師與教師、教師與學生、教師與家長、教師與學校幾個層面中，發展出十一種角色：(1) 關懷角色：使得教師能以人文精神與情緒特質為教學核心；(2) 鼓勵角色：使教師能從同僚間

溝通獲得成長；(3) 互補角色：使教師與家長需要成為良好搭檔，才能夠提供學生互惠的支持；(4) 給予角色：使教師得以諒解學習者，讓師生間特質不同者得以相互調適；(5) 互動角色：使得教師可以提升學生解決問題能力並促進學習；(6) 實驗角色：使得教師透過觀察教室蒐集資料，把教室當成實驗室進行研究；(7) 創造角色：使得教師參與課程決策進行課程發展，長期進行教育得以整合課程理論與實踐；(8) 計畫角色：讓教師能夠進行行政統計、課程安排、撰寫報告評估、進行溝通，因為學校教師無法逃離行政本質；(9) 專業角色：從教師在實際教學與經常為同僚代課的經驗中發展而來；(10) 解決問題角色：使得教師每天的教學工作得以順利進行決策；(11) 挑戰角色：使身為領袖的教師得以引領學生注入生命力地學習。本研究關注偏遠地區的學校生態，有助於教師同時發展哪些角色？

二、學校脈絡中的教師社會化歷程與教師文化

（一）教師社會化歷程

　　教師社會化是教師成為教師的學習歷程，Lortie（1975）認為這需要經過一系列的結構性經驗使教師內化教師專業團體的次級文化。在教師社會化的過程中，通常需要提供「重要他人」與「專業參照群體」作為其模仿認同的對象（林生傳，1994）。影響教師社會化的因素除了個人特質之外，還包括學校文化、同儕互動、與團體利益相關的權力分配與意識型態（郭丁熒，2004）。另外有許多學者將教師社會化的歷程從生澀到嫻熟等分階段說明，或從職前、實習、在職等進行階段劃分。本文關注偏遠小校教師是否具有Lortie（1975）指出的教師專業化問題，事實上教師一進入學校大環境中，由於制度化、科層體制與忙碌且疏離孤立的教學生態，使得教師未能掌握到重要他人或是專業參照團體，往往只是一個自我社會化的歷程。

（二）教師文化

　　Hargreaves（1980）曾指出教師文化包括教師地位、能力與社會關係。林清江（1982）以社會關係取向歸納三類型的教師文化，包括學術中心與教學中心的對立、專業取向與受雇者取向的對立、教學者與學習者的對立。

Lortie（1975）則發現學校教師具有保守主義、個人主義與即時主義的文化生態：教師經常抗拒改革，傾向小幅度的調整，不喜批判；與同僚之間傾向保持距離很少有過多的投入與對話，是個人化而非集體化的生態；對於教學的滿足僅來自學生的立即滿足，使得教師滿足於現況而非未來。不過，如果從社群主義觀點談學校中的教師文化，假設學校是一群人的有機組織，自然會產生社群感，而個人對學校文化、學校歷史與學習社群的歸屬感、與他人的關係和承諾，以及互動式的對話，均是形成我群認同（we-identity）的重要元素（Taylor, 1989, 1994），因此教師在學校脈絡中的生命歷程與社會互動之團體動力學，倒是發展教師社群認同感的關鍵（Blau, 1977; Crosnoe, Johnson & Elder, 2004）。社群的規模是直接形塑學校文化中人際互動的關鍵因素，特別是規模較小的學校較能呈現正向的社會關係（Lee & Smith, 1993; Ready, Lee & Welner, 2004）。過去許多研究指出，大型學校深具科層化體制，層級分明的分工體制下，使得學校成員較少進行人性化的社會互動過程，如此不易凝聚社群感，導致教職員產生疏離與工作倦怠。因此，近年來美國正在進行縮減大校規模，期許理想小校中師生互相熟識彼此，增進互動頻率並營造優質的學習社群（Lee, Ready & Johnson, 2001; Meier, 1995）。

　　值得思考的是，偏遠學校特質除了符合小校小班之外，由於地理位置偏遠，生活方面相互照顧提攜，每位教師在同個環境下身兼數職，因此，在空間與時間方面，是否更能夠凝聚教師的社群認同感？因為社群認同感的建立來自於經常性地與他人進行對話、雙向的互為主體性的言談關係、獲得彼此評價的認肯（王雅玄，2005b）。此種社群文化認同感的建立在偏遠小校特別容易形塑，研究指出大型學校中學生像個隱形人，無法對學生提供個別化教學，小校確能給予學生和家長社群感（Jenlen & Kopkowski, 2006）。Crosnoe, Johnson 與 Elder（2004）研究發現小校傾向發展正向的師生關係，能人性化管理學生行為，有助師生雙方身心健全之發展。陳幸仁與王雅玄（2007）研究亦發現偏遠小校成員展現互為主體性的對話關係，營造主體地位平等對待的優質社群認同感，是大型學校難以達到的潛在課程效益。

參、離島小校的焦點俗民誌

一、焦點俗民誌的研究設計與方法論

　　基於教育關懷，筆者先針對偏遠地區國民中學進行教育現況訪視，初步進行澎湖縣偏遠地區共計十餘所國中校長的座談會，從中了解偏遠國中發展的困境，接著從該座談會中選取受限於偏遠特區──所謂偏遠中的偏遠──而有發展困境但校長積極領導的兩所國中為主要研究對象，進入田野深度訪視。本章主要為深度訪視結果的分析。

　　不同於人類學俗民誌方法論，筆者採取適用於社會學俗民誌的「焦點俗民誌」（focused ethnography），由於僅關注某社會的一小群人的生活，焦點俗民誌不同於傳統俗民誌需要長期的田野浸潤與開放式蒐集資料，其特色在於短期田野訪視、密集的時間浸潤與焦點式蒐集資料（Knoblauch, 2005）。本研究期程從初次接觸、實地進行研究至後續追蹤，已有獲得研究資料的時段約一年半（2005.11.28-2007.6.11）。這段期間透過正式與非正式的管道所獲得的資訊都有助於本研究對當地脈絡的了解。主要的研究期程有兩期，初次造訪於 2005 年 11 月 28 日校長座談會與當天數所偏遠學校訪視，並進行二次個別訪談。選定二所離島國中之後，持續與受訪學校校長密切聯繫，再次造訪則與兩位離島國中校長敲定 2006 年 4 月初住在當地一週，週三為清明節學校放假一天則安排離島間船班行程。研究時間如同密集的俗民誌田野生活，全數均浸潤於當地文化與焦點事件，每天從清晨到深夜都排得滿滿，白天全程參與觀察教師整天學校生活並安排正式訪談，放學後安排參訪當地警察局與文化景點，晚餐安排與鄉長、社區發展總幹事、家長會長等地方人士對話、與教師唱歌同樂，體會離島生活型態。研究期程中所關注的焦點是離島國中教師的教學生涯如何受限於該地區的不利因素，或如何善用該地區的有利因素，而影響其教學生涯發展。除了蒐集該離島的訪視資料，親自走訪並生活於該島，密集浸潤其中一段時間，與當地居民聊天、進餐、親身體會搭船前往本島與其他離島之辛勞等，以了解其生活型態與自然人文之特色。

二、偏遠中的偏遠學校……

　　研究鎖定的田野調查學校，係由 2005 年澎湖偏遠國中校長座談會中選取，在該座談會中人稱「偏遠中的偏遠」（比其他偏遠學校的位置更形偏遠）的夢湖國中與忘憂國中，因其地理位置相當偏遠交通不便而有發展困境，但該校長仍積極領導。後來加入神話國中作為補充資料的原因是研究者於田野期間走訪各校時，經常耳聞另一個「偏遠中的偏遠學校」神話國中名聲好，在離島間傳為佳話，恰好於搭船時巧遇該國中三位老師，因此神話國中僅訪問此三位教師，均於搭船時進行訪談，由於時間限制無法安排船班前往該島觀察浸潤實屬可惜。但考量此校作風在澎湖地區被他校視為典範，且因全校教師人數含校長僅有六位本研究已訪問了半數，因此仍將訪談資料列入參考。不過本文所分析的資料仍以夢湖國中與忘憂國中為主。

　　這三所學校都是該離島上的唯一國中，有三個普通班的小校，交通不便，物資缺乏，島上均無紅綠燈，前往其他離島的船班有限。目前學校發展狀況，學生人數漸減，教師流動率高，師資不足。由於教師人數非常少，本研究打算密集全面訪談各校教職人員，然實地訪談受限於 2006 年春假期間遇清明節假日一天，部分教師請假，未能全數網羅。茲將本研究之研究對象資料，列表如表 9-1 所示。

表 9-1　偏鄉研究參與者

	夢湖國中	忘憂國中	神話國中
學校結構	普通班 3 班、特教班 1 班，全校學生 89 人，教師 8 人	普通班 3 班，全校學生 21 人，教師 6 人	普通班 3 班，全校學生 21 人，教師 6 人
學校環境	校舍老舊，設備資源不足，但全校氣氛和諧	校舍新，校園乾淨整齊，設備資源充足，但學校氣氛衝突對立	學校氣氛融洽和諧
受訪對象	校長、總務主任、教導主任、輔導主任、特教老師、代課老師、家長會長、社區發展總幹事	校長、總務主任、教導主任、輔導主任、教學組長、訓育組長、工友、替代役、家長會長、家長代表兩位、警分局局長、鄉長	教導主任、輔導主任、教學組長

三、那一段離島的歲月……

　　針對離島教師進行生命經驗敘事訪談的焦點為離島學校的偏遠性質對教學生涯之利與不利分析，由研究參與者敘述其居住於該離島這幾年來的生活經驗與教學經驗，藉由他們日常生活的觀察、比較其在臺灣本島與離島的生活經驗與教學經驗，進一步從教師脈絡與學校脈絡兩方面分析離島學校對教師專業、教師角色、教師社會化與教師文化的利弊得失，並重構離島「偏遠」論述。研究以口述歷史進行訪談，能夠達到深厚描述。這使受訪者所體驗到的職場感受與生命經驗，能有效地透過語言的表達來真確的描述，並鼓勵受訪者進行更多對職場境遇的描述，目的在建立深厚的描述（Woods, 1996）。

　　筆者進行田野調查的人力結構包含兩位研究人員，近五年均從事質性研究，分別進行過中小學學校俗民誌研究。研究分工方式主要是共享觀察田野筆記與資料詮釋之三角檢證，多數訪談均由兩人同時進行，以便相互補充彼此焦點之不足，部分教師的訪談因時間有限而分開進行。以半結構訪談探討受訪者認為離島學校對教師、學生、學校三者的利與不利為何。平均每位教師接受訪談時間約為 1.5-2 小時，但部分訪談相當深入，與夢湖國中校長、忘憂國中校長、忘憂國中替代役的訪談，由於連續數天的相處，前後正式、非正式訪談時間不下數十個小時。因此，資料信實度的掌握仍得靠研究團隊不時相互檢正以免有所偏頗。

四、資料分析與檢核

　　本文採論述分析法（discourse analysis）來分析質性資料，透過離島教育工作者對於離島經驗的論述，挖掘離島偏遠學校在當今臺灣社會脈絡下的利與不利因素中充滿著何種權力不平等的圖像。論述分析參考 Reisigl 和 Wodak（2001: 44）的問題深掘：教師如何稱呼離島的文化群體？如何描述離島文化群體的特徵、屬性與品質？使用哪些策略賦予離島文化群體何種價值（排斥、歧視、壓抑或剝削）？關於這些對於離島文化群體所使用的名稱與描述，哪些不同的觀點被表達出來？如何強化或弱化對於這些文化群體的觀點？上述所謂的文化群體包括學校文化、家長文化、學生文化、社區文化。

　　為確保資料的確實性，在田野研究過程中的三角檢證方式如下：(1) 研

究方法的多樣性：研究主要透過訪談來蒐集資料，另透過參與觀察方式，研究者親臨田野，感受學校文化氣氛及其互動關係。(2) 研究者與研究對象的多樣性：針對同一主題由偏遠研究之團隊來進行研究設計，由兩位研究人員實地進入偏遠學校進行多位受訪者的訪談，受訪對象包括校長、行政人員、教師、工友、替代役、家長、鄉長、警察局長、社區幹事等對象，以確保研究資料的多樣化，使蒐集的資料更能掌握真確性。同時使不同的受訪者的觀點能呈現正反論述，增加主題探究的深度（Woods, 1996）。(3) 研究資料的多樣化：除了大量使用訪談資料，另蒐集各校的校務會議資料，並撰寫田野札記和反省札記，以充實資料的多樣化。

五、研究倫理與限制

　　筆者以焦點俗民誌方式進行離島教師生涯經驗分析，掌握當地特殊人文地理特性與限制，以了解教師留任與否的各項因素。焦點俗民誌需詳細描述地理環境與特殊現象，然而考慮臺灣各地獨具特性，過於詳細的描述恐暴露學校身分。因此在研究倫理除考量完全匿名措施之餘，且不描述當地地理位置與特有文化，以保護研究參與者的身分，避免寫實資料曝光而造成困擾，不擬透露離島名稱。此外研究者參與田野調查期間與各校校長、教師互動密切，得知該校文化與問題所在，為免以學者身分干預學校文化與教學，對於受訪者針對校務與人事管理的提問上，研究者儘量保持態度開放給予思考空間。

　　田野訪視採焦點俗民誌密集進行，故停留該校時間、拜訪該校次數均有限，雖然離開田野之後仍與校長持續多年聯繫，但對於該校的了解仍屬有限，無法像傳統俗民誌長期浸潤於該校而有較整全的掌握。對於神話國中的資料更受限於時間與船班安排不便，無法親自拜訪，僅取得訪談資料。然由於焦點俗民誌僅關注特殊性而非環境組織的整全性，因此著重情境、互動與活動的技術性表現，這些表現是否如日常生活般自然發生則無法與傳統俗民誌方法論媲美（Knoblauch, 2005），不過焦點俗民誌最重要的是抓住受訪者的觀感，因此，為補足密集浸潤可能遺漏部分離島教師之感受，克服的方式為後續不斷地聯繫與了解，並透過該校教師的各方面資料進一步了解留任離島的甘苦談。另受限於訪視學校的特殊地理性質，研究結果無法適用於非離島的偏遠學校。

肆、偏遠論述 —— 利或不利？離與不離？

一、教師脈絡 —— 教師專業與教師角色

在離島教書對於教師專業與教師角色有哪些有利因素呢？關於教學自由與課程專業發展，夢湖國中和神話國中所有教師均認為離島的支持環境是沒話說的，主要是因為小校教師少，多數教師兼任行政工作，自然而然去除了大學校裡面那道行政與教學的鴻溝，於是幾乎也沒有行政干預教學的情況，校長泰半授權教師全權自主，純樸的家長也完全信任教師，所以多數教師感覺到擁有相當高的教學自由度，專業自主空間大。特別是小校在課程發展上的優勢是一個老師負責一個領域，總包制使得專業自主程度比較高。

> 自然領域全部都是我上，要怎麼調配也比較好調配。在大學校你要跟其他老師配科目，要上幾節都還要協調，我自己一個人就OK。在臺灣牽扯到升學率的問題又會更麻煩，似乎同一個年級教學內容都要一樣，家長偶爾還會詢問為什麼要這樣教。我們這裡的課程發展委員會是一個人負責一個領域，非常獨立。只有在自己解決不了時提出來，其實大部分都自己解決（忘憂國中蜀組長）。

對於新任教師而言，離島教學工作的第一次嘗試倒是較少挫折與失敗感，相對於都會學校師生人數多、家長要求多，離島小校一個班級人數很少，對於新手教師較容易勝任。此外，由於全校教師人數非常少，同事關係相形之下容易處理，擺脫了大型學校的科層體制及官僚作風，這對教師的專業自主有何影響呢？誠如 Lortie（1975）從結構面指出，科層體制的層級權威會限制教師的專業自主範疇。因此，能夠擺脫科層體制之結構限制，是一個給新任教師非常好的發揮環境。剛到忘憂國中的新手教師曾主任說：

> 我想這邊最大的優點是學生比較少，老師的負荷比較沒有那麼重，相對於臺灣來說。就我這個新老師來說，掌控的機會會比較好。那像在臺灣，三十幾個學生來自不同的家庭，可能新老師班

級經營的能力會差一點。比較難想像的是第一年的新任老師就立
刻接主任，在臺灣是無法想像的，整個輔導室也只有我一個人，
所以特教、輔導都是自己一個人在處理而已。我覺得對我來說算
是不錯的經歷，因為在這裡的經驗以後在臺灣可能也會用到啊！
而且這裡的好處是同事方面沒有什麼上下位階，臺灣像是面對教
務主任你可能要畢恭畢敬，在這裡不會，尊敬資深是一定的，但
不像臺灣層級那麼明顯，人際相處上比較容易（忘憂國中曾主
任）。

　　如上述教師所言，好相處易互動的小校空間反映了足以凝聚教師團隊力
量發展「互動專業主義」的可能（Fullan & Hargreaves, 1996）。Lortie（1975）
曾分析學校教師的行動層面發現多數教師認為在教學工作上，情感獲得的
精神報酬遠超過物質報酬，本研究亦發現多數離島教師具有高程度的教學投
入，擁有高度工作投入感幾乎是離島小校的普遍特色，在都會學校上下班
分明，在離島學校則是上班與下班界線無法區分，或許由於教書是離島教師
唯一的生活重心，多數教師幾乎全天候留守辦公室，辦公室成了自己家中的
客廳，也是茶餘飯後聊天做事的地方。至於為什麼會這樣地投入「上班生
活」？燕主任說，基本上沒有什麼上下班之分，那是一種「莫名的投入」，
整個環境就是這樣，生活與教學合為一體，彷彿人在江湖，身不由己，不得
不如此投入：

　　學生到我們人就到了，學生走了我們還在，這有時是傳統，前人
　　這樣做，我喜歡就跟著做。基本上 7:30 導師時間老師一定會到，
　　我們比較是一種莫名的投入，有的是內化的，整天的生活都在學
　　校（夢湖國中燕主任）。

　　綜合研究者參與離島小校教師脈絡的理解，發現離島教師實質上擁有
相當多的有利因素，本研究從田野資料歸納出以下幾個多樣而複雜的教師
角色，與 Heck 和 Williams（1984）及郭丁熒（2003）發現的多維影像教師
角色之部分結果相呼應：小校小班制提供新手教師一個完整且獨立的教學與
行政發揮空間（挑戰角色），讓教師有機會一手承辦一處室的行政業務（計

畫角色），並擔任教學領域的課程發展任務（創造角色）；小班制讓新任老師班級經營上能夠針對學生需求給予照顧（給予角色），擁有較多空間嘗試不同的教學技巧（實驗角色），顯得較容易得心應手；小校的人事簡單，提供教師溫馨、互相鼓勵且關懷支持的人際互動關係（關懷、鼓勵、互動角色）；生活與教學合為一體，莫名投入的教師們其教育轉輪不曾停歇；家長的託付與信任（擔任與家長互補的角色）、校長的授權（解決問題角色），使得教師擁有相當高度的專業自主與教學自由度（專業角色）。這些離島教師所擁有的資本，增添了教師多樣化的角色，適足以反映郭丁熒（2003）研究發現：今日教師在教學、評量與溝通角色方面，均需要更生動化、活潑化、多元化。

二、學校脈絡——教師社會化與教師文化

> 我的個性就是不喜歡就會保持一定距離，但是在這邊不管上班、下班我們都是窩在這個地方，空間上就是窒息了，下班還會看到那個同事，因為我們就住在同一間宿舍、同一個島上，想不密切都難，一切都很密切，但是這個密切又造成了問題（忘憂國中懷舊派吳組長）。

在學校脈絡部分，忘憂國中呈現出衝突對立的教師文化，其餘兩所離島學校呈現出人和、萬事和的學校文化，形成一個堅強的團隊，而最重要的人物是校長的關懷力量使然，例如夢湖國中：

> 我們學校教學自由度蠻大的，教學跟行政之間沒有界線，因為每個人都是行政，所以沒什麼界線，就是沒有下屬，我們都是第一線、也是最後一線。當然還是有職務上的位階，但是就是像一家人、住得近，同事關係都蠻 OK，因為我們晚上吃飯就天南地北的聊，衝突就像夫妻吵架一樣，床頭吵床尾和，跟高雄大學校很不一樣。其實這跟校長的領導風格有關，高關懷低倡導之類的，還是蠻適用（夢湖國中燕主任）。

　　神話國中也呈現和諧文化，其團隊氣氛聲名遠播，研究者走訪其他學校時經常耳聞，有幸採訪到三位神話國中教師，發現最關鍵的是校長對所有教師、主任的信任與鼓勵，帶動了教師彼此關懷、互相提攜的合作文化。這種集體分享的學校文化，對教師專業化歷程而言，具有推波助瀾的效益，此種效益不是都會學校獨立的教學生態可以達成。大型學校疏離孤立的教學生態使得教師缺乏集體討論的機會，亦無共享的知識體系，迫使「教師社會化」（socialization of teachers）走向自我社會化（self-socialization）的歷程（Lortie, 1975）。溫馨合作的小校有助於教師社會化的歷程，例如：第一年便服務於離島的吳老師認為，離島學校文化使她很快適應教學生態：

> 我們學校真的很好，我是第一年教書就到這裡，感覺生活很融洽，有人情味，大家都一起活動，教學自由度非常高，校長不會干涉，給予空間大，校長、主任們都個性隨和關心老師，且會提供建議，鼓勵老師，給予信心，校長很相信老師，我們的關係很平等，沒有上下階層，直線溝通，校長與社區關係不錯，教師之間也能互相鼓勵。作為一個離島老師，我能很快就步入軌道，覺得受到保護，有人關心，非常快樂（神話國中吳老師）。

　　和諧、合作、溫馨、有人情味，是多數小校的特色，本研究小組亦曾走訪馬公地區的小校，多數校長所描述的學校氣氛亦是如此，偶有少數「不適任教師」，往往在人少的學校中不是受到同化，就是被迫離開。這反映出離島小校的集體責任較都會大學校為重，教師面對同儕規範會被迫改變原有的「個人主義」式的教師地位結構（Lortie, 1975）。然而，當所謂他人眼中的「不適任教師」集結成群，形成一股力量，便是校長眼中的「毒瘤」。本研究意外發現忘憂國中的衝突文化已經累積四年之久，是地方當局頭痛的對象。令人好奇的是，一個小小的學校，衝突文化是如何形成的呢？根據剛上任便來到忘憂國中的楚校長之描述，他傾向歸因於三位資深老師的守舊心態與排他個性：

> 學校總共才六個老師，分成兩派，三個老的欺負三個新的，欺負的很嚴重，以前的校長都放任不管，也是因為這個事情都沒有解

決,所以地方家長反彈,過去這三個老師把學校一切都攬住了,威脅校長不聽他們就不幫你做事。後來校長就全部放給他們,那這三個老師就把持學校所有一切,權力都攬在身,攬權又不做事(忘憂國中楚校長)。

第一年新手教師齊主任在莫名其妙備受欺負之下,嘗試以中立態度坦然面對人事不合,然而還是全然無效,他認為「衝突鬥爭」應該是這個學校的肌瘤,原因不明,他只想趕快調走:

> 我第一天到這裡就覺得怪怪的,像是他們(舊老師)的語氣會比較嚴厲,對同一件事有雙重標準……,這裡很多都跟臺灣不太一樣,以前待的地方也不會這樣,至少臺面上都很和諧。可能有一些是過去留下來的傳統,雖然是前幾年的,不過反應過好像也沒什麼結果……那種無力感我也無法跟外人說,現在就是有缺就調!我想每個老師來這裡應該也不是想要一來就走,但工作氣氛,尤其是小學校一定影響很多(忘憂國中新人派齊主任)。

部分家長從學生口中發現,學校內教師不和人事糾紛已經有意無意地搬上課堂,學生們也知道學校教師分為兩派,對於這種不良身教,影響學生人格發展,家長們雖心有不滿卻感到非常無力:

> 其實我們家長是對這些老師有些不滿,我們覺得蠻無力的,因為這邊一般還是蠻尊敬老師的,那我會去參加他們的校務會議,但是我也不希望讓他們太難堪,只是私底下跟他們暗示一下。不過看起來還是不會改,當然理念上的差異是有的。因為這邊學校小,老師少,好像一直是他們在掌權,後來新校長想改變,就受到這些舊老師的抗拒(忘憂家長)。

在忘憂待了十八年的工友秦先生,看盡教師來來去去,他的心聲是希望校長能夠強勢一點解決這個問題,恢復以往快樂和諧的學校生活:

現在舊老師跟新老師之間，關係可能比較緊張，多少會影響到學生，這個現象是漸漸形成的，大約三、四年有了。家長也有在反應，新校長來之後家長反應更強烈，所以校長就比較強勢了。我是希望校長強勢一點，因為他代表忘憂國中，別人說他不好就是說忘憂不好。我很懷念過去有段時間校長跟所有老師們都會輪流做東，一個月幾百元就辦個聯誼活動，那時候相處的蠻好的，互相幫忙都 OK（忘憂國中工友秦先生）。

懷舊派的三位老師又是如何解讀學校的衝突文化呢？三位教師都認為是校長領導風格過於強勢導致自己無法適應，且都經常提及過去學校的狀況，比較喜歡前任校長無為而治的作風：

我想她（現任校長）只聽得見她想要聽的吧？比如說家長的意見，例如：社區勢力或選舉勢力，這都已經影響到學校了。現在的問題是我們舊的一派跟舊的校長比較好，就採觀望態度。那其他的人，新校長一來就撲上去，然後密切結合。嗯！反正，道不同不相為謀（忘憂國中懷舊派吳組長）。

行政業務多，能力上是沒問題，倒是來自人的壓力，事情多，又綁手綁腳。很多事情她（現任校長）想自己來，抓的很緊，不把權力完全給我們，某些事情沒有討論的空間。前任校長會全權賦予我們權力，我們有問題就去找他，然後給建議，我覺得這樣學的比較多，基本上他都支持，除非不合理不會反對；現在的校長比較偏家長，不考慮老師的感受（忘憂國中懷舊派蜀組長）。

我覺得以前家長對學校也不會做過度干涉。如果上位者（指校長）對家長強調一些觀念與立場，家長就比較會介入，給老師壓力。我們有溝通但沒共識，這裡限制很多讓我覺得沒有教學專業自由，家長跟校長干涉我的教學，而且沒有諒解。關鍵是校長本身願不願意信任部屬，一個小校，領導者不同學校氣氛就差很多，太過強勢，如果她願意溝通、願意聽別人的聲音，別人也會願意

聽她的（忘憂國中懷舊派魏主任）。

忘憂國中的衝突來自於懷舊派教師的守舊心態，對於新任校長的激進改革十分反彈：

> 忘憂國中新任校長的激進改革包括重新建立過去沒有的制度，並積極爭取資源辦活動：重整校園美化綠化、宿舍整建、無障礙設施道路建設、對外爭取經費、增加課務（週三下午開班會週會、增電腦課）、師生集中用午餐、請假需事先知會校長、採購回歸制度面、完成並增添各處室網頁內容、實施晚自習、畢旅走出離島、鼓勵學生參加對外競賽（資料來源：忘憂國中 94 學年度第一學期校務會議記錄 2006.1.19）。

這種反抗符合了 Lortie（1975）所言，學校教師不想要改革而想要小幅度的調整，作風傾向於「保守主義」。至於懷舊派所批評的強勢的現任校長，對於上任以來始終存在於學校內部的人事紛爭一直耿耿於懷，也急於處理，他對於該校「新人派」三位新教師十分照顧，對家長與社區聯繫力非常強，對於懷舊派三位教師的詮釋則是「這個環境害了他們」：

> 我覺得真的很悲哀，一個學校那麼小，沒有幾個老師就這個樣子，這是校長很頭痛的問題，不足為外人道的一面，教學外的一面。在教學上我覺得學生很乖很好教，反而是老師的問題很嚴重。因為在小地方待久了，這些老師也沒有出外去比較，也很孤寂沒有朋友，這種情況下思想就很封閉，很封閉的情況下，如果是錯誤的思想，一直沒有突破改變，那就很危險，心態有問題，影響到周遭的人，我們要去改變他又不容易（忘憂國中楚校長）。

本研究在三所離島國中的田野資料顯示，教師社會化的過程除了個人特質外，還受到重要他人、專業參照群體、學校文化、同儕互動、團體利益相關的權力分配與意識型態之影響（林生傳，1994；郭丁熒，2004）。特別是本研究中的離島小校人數稀少，人際互動密切，學校文化呈現兩極化現象，

不是十分合作，就是極端衝突。一個僅有三班的離島國中小校總共只有六位老師，就像一個家庭，家庭是和諧或衝突，關鍵在於領導者是否能凝聚出向心力與認同感，這呼應了王雅玄（2005b）雙向互為主體性言談關係著社群認同感的建立。然而，本研究忘憂國中以小校規模發展成負向的社會關係，也補充了 Jenlen 與 Kopkowski（2006）及 Crosnoe, Johnson 與 Elder（2004）認為小校容易發展正向社會關係的另一個面向。因此，偏遠小校的校長領導似乎顯得更形重要，訪談過程中許多教師都強調每天的學校生活中與校長互動非常密切，在大學校或許校長如何領導並不那麼有影響力，但是小校人口少，每個人的言行舉止相對而言影響深遠，對學生、對同事、對家長、對整個學校氣氛皆然。

三、偏遠之利與不利，教師之離與不離

> 這裡對學生最不利的是，連學生都會問我「老師，你什麼時候要離開我們？」這裡的孩子從小學開始，每年換老師，到國中畢業最多可能換十二位老師，在這種不定的環境下，學生要尋求一個穩定的環境是不可能的（夢湖國中燕主任）。

本研究深度訪視三個離島學校，從教師教學生涯的論述分析教師對「偏遠」的詮釋，以及這些利與不利因素對教師離開與否的影響。茲彙整三所離島國中受訪教師共計十五位教師敘說離島學校在教師脈絡與學校脈絡中的利與不利之分析，整理如表 9-2。

表 9-2　偏遠學校的教師脈絡與學校脈絡之利與不利因素

	利	不利
教師脈絡	1. 生活融洽，一起活動，快樂 2. 家長配合老師，家長程度較低，有期望，無強迫，與老師關係好 3. 師生關係密切 4. 教學自由度非常高，校長不會干涉，給予空間大，教學是個人盡心、良心的結果	1. 行政工作多 2. 教師備課不會花太多時間，熱忱度較低 3. 教師期望較低（師生互動結果），學生唸書風氣低，品行 OK，競爭力差很多，無比較 4. 生活無聊、娛樂較少

	利	不利
	5. 老師受到保護，有人關心，校長、主任會提供建議，個性隨和關心老師，會鼓勵老師，給予信心，校長相信老師，平等關係，沒有上下階層，有人情味，直線溝通，校長與社區關係不錯 6. 教師之間互相鼓勵	5. 資源較少，交流少，無法交換經驗，教學問題必須自己解決 6. 研習要調課，工作太多，不常去研習，交通費時太長，交通、住宿費用太高
學校脈絡	1. 每位教師均兼任行政與教學工作，行政教學無界線 2. 有團體向心力，易形成社群認同感 3. 家長容易溝通，社區關係容易建立 4. 小校容易領導 5. 人際關係簡單，容易相處 6. 學校文化容易形塑再造 7. 較少科層體制的官僚作風 8. 學校成員位階平等 9. 多數活動全校出動，彼此關係密切 10. 較少校外壓力	1. 生活作息沒有上下班之分野，全天候服務 2. 經常需面對多方人際關係，如校長、同事、職員、家長、社區 3. 全校教師總數少，所以對外交際應酬不易拒絕 4. 價值觀不同容易凸顯，造成衝突 5. 生活、教學都在一起，幾乎沒有隱私 6. 人口簡單，易受彼此言談舉止之影響

資料來源：資料整理自本研究受訪者

　　表 9-2 顯示，由於離島學校多為小校小班，對於教師、學生、家長與學校經營的確擁有許多有利因素。就生活層面而言，這是個沒有壓力適合養生的地方：

> 在這邊當老師的優勢就是沒有負擔嘛！你不用放學還要去幫學生補習啊！因為沒有升學壓力老師就沒有壓力，臺灣有一些老師甚至會憂鬱症，緊張焦慮，生病太累，你如果不想憂鬱、不想躁鬱就到這邊來，天寬地闊，沒有升學壓力錢又多，空氣又好（夢湖國中麻校長）。

　　就教學層面而言，教師擁有相當高的專業自主權與教學自由度，學校文化多為大家庭式的和諧合作氣氛，溫暖熱情，使初任教師非常容易發揮理想與抱負；學生方面，離島環境單純，學生容易管教，師生互動頻繁關係良好，家長善良尊重老師，沒有社區壓力，學校總人數少容易經營，授權式的領導模式使教師更能盡情發揮。誠如來自高雄的韓主任因受夢湖國中優良教師團隊感召，最後在當地結婚生子，成為夢湖人，他說，那個堅強的團隊把他的生命與夢湖捲在一起：

　　我當時會來這個離島，一開始是先代課，然後覺得這裡的環境還不錯……當時留下來對我來講是很重要的歷程，它有一個很堅強的團隊，對我來講，這輩子很難再找到那麼好的工作同伴，所以那時候非常愉快，當時的教導主任也是當時我生命中的一個貴人，他給我很大的教學空間，引發我相當強烈的教學熱忱，我還透過關係拿到一些臺北市的考卷給這裡的孩子考，他很支持，甚至還引入模擬考卷，我們在辦公室裡討論的幾乎都是學生的事情（夢湖國中韓主任）。

　　儘管已嫁給夢湖成為夢湖人，韓主任深刻了解離島的優勢，但是，終究為了自己的生涯發展，還是會考慮辭職去進修：

　　我留在這裡主要是「人和」，與家長、同事一切關係良好，學生優質常規好，隔離了都會地區的流行文化，就像一張白紙，真的很值得投資，我們也沒有社區壓力，校長處理得很好。不過，未來幾年的生涯規劃中，為了進修我可能還是會離開（夢湖國中韓主任）。

　　整體而言，多數現任離島教師的心聲是「終究會離開」，儘管多數均以校為家，辦公室就等於是客廳，可是由於大環境的限制，這裡的發展有限，擔心自己無法成長，擔心自己給的不夠多，馬公人想回馬公、臺灣人想回臺灣，希望能接觸新的事物，不想再原地踏步，唯恐會變成封閉的人。總而言之，離島留不住教師，雖然捨不得離開，終究還是會走。至於留下來不走的

老師，心中最後的堅持還是那個理想的教育生態：

> 留在這裡就是因為我當初的理想是一個小小的學校、一個小小的
> 社群，然後再加上大家一起合作（忘憂國中魏主任）。

受訪的十五位離島教師中有四位（非本地人）期望一直待在離島，這些老師的理想都是優先考慮這種專業自主有彈性的教育生態，其性格喜歡沉靜緩慢自在，不喜歡都會學校的快步調、趕進度、升學主義與多方壓力，至於其他教師所介意的離島物資缺乏、交通不便、生活無聊，倒不困擾這些無意離開的教師。

四、重構離島教師對「偏遠」的論述

本研究從現任離島教師經驗中萃取了幾個實踐中的論述，這些論述是從教師對學校文化、家長文化、學生文化、社區文化等幾個文化群體所敘述的言談中獲得，為探索離島教師的偏遠學校論述，以及其離島經驗對於教學生涯的影響，本研究在教師口述離島教學歷史過程中，詢問「你如何描述這個離島？」對於該離島，很少教師沒有感受到它的「寧靜與美」，這是離島給人的正面感覺：

> 這個離島，我是覺得它很美，美麗的人、美麗的景，使我很容易
> 將不愉快的事忘掉，工作上的壓力與不愉快，對我來講很快就過
> 去了，因為環境美（夢湖國中燕主任）。

然而，這種正面的感受卻同時與另一種略帶遺憾的感受並存，多數仍認為其過於「停滯、尚待開發、潛力無窮」，是塊亟待雕琢的璞玉：

> 撇開學校不談，就是忘憂島，就是沒有煩惱。那如果這個島跟學
> 校合在一起的話，就是潛力無窮，因為這邊有很大的發展空間，
> 只是教育單位願不願意投資。我希望學生能夠快快樂樂，但是也
> 要學有所成（忘憂國中蜀組長）。

我是覺得非常值得投資。像是這裡的工藝品有待開發，實際上我們還沒有訓練，升學也比較沒有培育，像我會想要做些大手牽小手的研究，若能加入一些不同的人、新的經驗，像臺大的課輔隊和漁村服務隊每年暑假都會來，這幾年轉型想要協助這些孩子，有些孩子真的是因為這些人就決定走出去（夢湖國中韓主任）。

誠如上文討論，離島學校文化呈現兩極化，要不氣氛營造的極好，要不就引發衝突。儘管合作愉快的學校有如「度假勝地、自由自在」，然而，「天高皇帝遠」的距離感、缺乏變化的先天侷限，使得教師想要離開：

如果教師相處的好，工作氣氛好。其實是一個很好的教學環境、單純，也是度假勝地。這裡有點「天高皇帝遠」，有跟臺灣太遠的感覺，在這裡有停頓、生活過於簡單、不夠活潑；我不太喜歡過於冷漠的生活。我想回臺灣與家人生活。我希望這邊能活潑、熱絡（忘憂國中齊主任）。

這是個自由自在但需要幫助的地方，我希望它變得更好，但是我想競爭力也有先天侷限，重點是用什麼做法可以讓學生在這先天限制中做出另一種發展。先天已經限制了，但是可以用後天方式（忘憂國中魏主任）。

該離島先天的侷限，具體說來主要是「文化刺激太少」，這也是最留不住人的主要因素。自願從臺灣考到該離島任教已滿三年的燕主任，雖然原初喜愛此離島的自然景觀與生活步調，但時間久了，他覺得難以繼續做好「文化輸送帶」的教師角色，是能量流逝的消耗感，使人越來越無力：

原本，夢湖之於外來的我，就像一塊大海綿，我願意向它努力學習，可是隨著時間熱忱慢慢被消耗，因為外來的我之於夢湖島也是一塊大海綿，它也在吸收我的東西，我們就是相互吸引才會結合。這裡很需要我們這些外來的老師，因為除了他原本既有的之外，他本身沒有太多教育資源，就是加入了這些原來沒有的，才

能變得多元化。我想我走的時候就是覺得我已經不能給他們什麼了。我覺得有一批老師是這樣，也許他們受不了這個殘酷的事實，但是我知道這是自然的現象，因爲夢湖也相對在吸收我的能量，我走並不是我不喜歡它，而是有另一個更喜歡的東西在吸引我。如果一直讓我待在這裡，我覺得我沒有辦法再進步，不是說我不能給學生什麼，就是我的部分會越來越少，學生要的東西越來越多，最後我就變成夢湖，就不會再進步了。在這裡可能我吸收到了十分，也給別人十分，但是也許我到其他地方我可以吸收到二十分，我給學生就是二十分，我算是個輸送帶，這邊刺激其實比較少（夢湖國中燕主任）。

教師流動率高是此離島最嚴重的問題，校長與家長傾向希望能夠再回到過去強制離島服務滿幾年才可調走的制度，因為這樣才能夠解決學生年年換老師的困境；而多數教師則反對強制規定的政策，認為留住人、留不住心反而製造更多衝突。離島教師流動率高不僅發生在外來教師調回臺灣本島，連離島本地教師也往外調動，至於為什麼本地的保送生也要外調到臺灣？針對離島人口的外流問題，燕主任根據幾年來的觀察與體會，認為是「島國文化居民的孤獨與驕傲」：

基本上人從哪裡來就從哪裡回去，所以臺灣來的老師要調回臺灣也不意外，至於留在這裡的人爲什麼會走，我是稱之爲「島國文化居民的孤獨與驕傲」啦！我覺得我有時候這是感受的，就像我們從臺灣看歐美大陸是有點類似的，像歐美他們不變的是他們的制度，雖然他們可以很快的將一個部門裁撤掉，他們換了一批人、一批腦袋，但是制度在就可以做。像我們這種島國也會很夢想他們有那種大建築、大的發展，那孤獨就是他鎖在這裡面，他急於掙脫，但是又不希望被人看扁，外面的人會以高姿態的來看這種離島。那驕傲就是認爲別人所不理解的那種驕傲（夢湖國中燕主任）。

綜合受訪者對該離島的敘述，以及焦點俗民誌多方資料進行論述萃取

（參考 Reisigl & Wodak, 2001），發現以下幾個矛盾的論述：

第一，受訪者言談中經常使用的負面命名論述計有：偏遠、離島、鄉下、邊緣、落後、停滯、待開發、天高皇帝遠，這與正面的命名論述「忘憂島、純淨、單純、寧靜、美、度假勝地」同時並存。教師給予離島桃花源式論述，又同時使用「雙重不利」的命名論述，使得離島特殊偏遠性質有別於其他地區，更顯得特別消極弱勢。例如：使用「偏遠中的偏遠」作為離島特性，強調外海離島已經很偏遠，這個離島在這當中更是特殊偏遠地區，尤甚於此，也有老師強調，離島位居交通不便的海上，比臺灣本島的偏遠山區更為偏遠，不僅是實際上地理位置的偏遠，心理上也覺得離臺灣非常遙遠。

第二，在這種偏遠論述中，還充滿著一種價值對立的二元論述，例如：在談論離島的優勢與劣勢話語中，相對於臺灣本島的二元論述為「城／鄉、本島／離島、中心／邊緣、天才／庸才、高／低資本、在地／外地」，這些論述透露「離島＝弱勢」的價值觀。使用「城市／鄉下」、「本島／離島」、「中心／邊緣」價值對立的分類論述，從本研究中發現離島教師仍存有社會大眾的價值對立之二元論述，無法逃脫臺灣中心主義的價值觀，教育部雖然積極提倡鄉土論述，但由澎湖離島的實徵研究可以發現鄉土論述仍不敵臺灣中心主義的優位意識型態。而在狀似和諧融洽的離島經驗中，混雜著「在地人／外地人」二元論述的使用，反映出不完全的融合論述。

第三，關於離島的立論論述，正面立論強調：學生優質化、環境純淨優良；反面立論強調：文化刺激過少、島國的孤獨與驕傲。此種矛盾的立論論述反映其對離島的認同困境。van Dijk（1995）認為，言談者會使用策略性立論來控制心志，使有利的立論透過自說自話明顯表態，使其他立論變得不重要。然而，如果同時呈現矛盾的立論論述，則反映出其心志的不確定認同。

第四，受訪者使用強化論述強調離島優勢，如強調離島學生抗壓性高，獨立不依賴，且離島已隔絕了本島流行文化，離島學生在本質與品行方面均優於本島學生。利用弱化論述如「偏遠 ≠ 學習力低 ≠ 不聰明」，以修正他人對離島學生的偏見印象，弱化離島學生問題的論述，這是在特定社會文化條件下，為了離島發展之目的而產生的論證性話語。

第五，使用包容／排除論述來描述其對離島的褒貶感受，而這些褒貶論述凸顯出多數人對離島的矛盾情結。例如：本研究從田野資料中發現此離島

特有「外地人包容本地文化」、「本地文化排除臺灣本島都市文化」論述，一旦對照負面的命名論述，以及根深蒂固的價值二元對立論述，我們可以發現，無論是該離島的外地人或在地人，對於離島拼升學的本錢與發展社區文化，都有著情緒上的矛盾情結。

伍、重構偏遠小校的優勢論述

本章針對現任離島教師的離島經驗進行教師社會學分析，發現「偏遠」論述並不完全是「偏遠＝不利」之論述，教師們在離島的生活經驗與教學經驗反映出其所擁有的特有資本，重構後的偏遠論述如下：

一、偏遠小校提供教師專業自主與課程教學發展的舞臺

從這三所離島國中的教師脈絡顯示，偏遠小校具備發展教師專業的潛力。小校提供新手教師完整而獨立的教學與行政舞臺，讓教師有機會一手承辦一處室的行政業務，擔任專科教學領域的課程發展任務；小班制讓新任老師班級經營上較容易得心應手；小校的人事簡單，提供教師溫馨且支持的人際關係；生活與教學合為一體，莫名投入的教師們其教育轉輪不曾停歇；家長的信任、校長的授權，教師擁有相當高度的專業自主與教學自由度。

二、偏遠小校滋長教師發展多樣化的複雜角色

離島教師身處於小班教學、小校行政與集體生活的情況下，其在彈性上、自由度上、運作範疇上、時間與空間上所擁有的資本，都比都會學校多出很多，這些豐富的資本增添了教師多樣化的角色，使教師能夠同時發展出「關懷、鼓勵、互動、給予、實驗、創造、計畫、互補、專業、解決問題、挑戰」的角色。

三、偏遠小校有助於教師專業社會化的歷程

除了忘憂國中之外，多數離島學校較容易孕育出特有的信任、鼓勵、關懷、互相提攜的合作文化，這種集體分享的學校文化可以增益教師專業化的歷程，因為教師相對而言擁有較多的集體討論機會與共享的知識體系，可促進教師的專業社會化，且由於離島小校的集體責任較都會大學校為重，教師

面對同儕規範會被迫改變原有的「個人主義」。

四、偏遠小校提供柔軟易塑的學校文化沃土

離島小校的田野調查顯見偏遠小校之學校文化容易形塑，學校氣氛不是極為融洽就是衝突對立，而校長領導則是關鍵。由於行政教學無界線、人際關係簡單、較少科層體制官僚作風、學校成員位階平等、多數活動全校出動、家長容易溝通、社區關係容易建立、較少外來壓力，因此整個學校文化容易聚集團體向心力，形成社群認同感，學校文化容易形塑改造，可說是初任校長領導的最佳沃土。

五、偏遠小校的矛盾情結 ── 偏遠雖利，教師仍離；偏遠不利，教師不離

從現任教師的離島經驗中發現，對於是否繼續留任偏遠學校的看法並無共識，亦無單一標準，而是視教師價值觀而定。儘管整體而言多數離島教師的心聲是想離開，其離與不離的原因並無太大差異。具體而言，對於那些想離開的教師，並非沒有感受到偏遠小校的優勢，儘管多數教師均莫名的投入教學與行政工作，也非常珍惜小校的團隊合作文化，但由於大環境的限制使得離島發展有限，比較憂心的是在文化刺激不足的環境下停滯不前，無法給予更多，渴望接觸孤島以外的事物，在這種利弊衝突下，再有萬般不捨，終究還是會走。而決定留任離島的教師，心中最後的堅持則是這個理想的教育生態，在其價值觀中，這種專業自主、有彈性、不為升學主義趕進度的教育生態是優先考量，他們的性格可以克服物資困乏，享受離島生活的沉靜緩慢與自在。

六、矛盾的二元論述與離島情結

綜合教師的離島經驗論述分析，呈現出矛盾的二元論述。多數受訪者對於離島的描述展現正面褒揚卻又負面貶抑的命名論述；同時使用強化／弱化論述以佐證其對該離島的認同。然而，正反論述之並存凸顯其認同的不確定性，既想要強化離島優勢與弱化離島劣勢，又不經意地揭露離島劣勢與嚮往臺灣本島優勢，這也反映在同時使用包容／排除論述來描述其對離島的褒貶

感受。這些根深蒂固價值對立的二元論述，隱含著教師對於離島學校情緒上的矛盾情結。

* 本章修改自王雅玄、陳幸仁（2007）。離島教師的偏遠論述──教師社會學分析。**高雄師大學報**，**23**，67-90。

第⑩章

在解構與重構之間：反身性筆記

與自我遙遠，是異化、是疏離
但，做研究怎能遠離自我呢？
把每個田野他者視爲自我，在每畝田地同樣耕耘澆水
但，這樣就會長出相同果實嗎？

壹、我的喃喃自語……

或許是我成長於威權時代與民主時代的交界，當我面臨臺灣政治氣氛開放與族群意識高漲時，看見一群人為了追尋其族群認同熱情地提出探索原生文化時，我特別感同身受，我無法將臺灣民主與多元文化看得那麼理所當然，因為我經歷過威權政體的宰制及其解構、民主文化的建構與重構，於是我開始思考臺灣族群論述、族群研究與族群教育的問題。

族群是一種群體的劃分，也是檢視我他關係理論的最佳場域。本章主要是表現了我為「他者」的問題，理出一個供那個「他者的相對者」可以思考的空間，也是一種「差異、歧視與殖民主義的話語」，這個問題經常出現在族群關係當中，或多或少需要在教育領域被理解與考量，特別是在全球提倡多元文化教育之際，以及中小學教科書中占有一席之地的本土意識，族群議題究竟發展成怎麼樣的樣貌？相對於過去臺灣歷史中族群隱而不見的論述，現今我們的學校教育是怎麼面對這個曾被視為敏感的問題？

　　但是，我思考的問題原點常常會回到人性。如果說我的研究有一個自始至終的重點，那肯定是對人性的一種投注的關涉。就像 Hannah Arendt（1951/2009）《極權主義的起源》（*The Origins of Totalitarianism*），那正是探索人性控制慾的最佳呈現。而目前我所關切的另一個人性重點，可能是「歧視的起源」，也就是人類有一種想把他人比下去的欲求，這個欲求特別表現在帝國主義與殖民主義的範疇中。不過，我僅能從後殖民的思考方式，摘錄我在研究臺灣人民族群認同的田野調查中諸多反思，看似一個族群研究者的喃喃自語，透過回溯的歷史記憶，漫無邊際地關切殖民主義對待臺灣族群差異的事實面，以及建構本土文化的後殖民論述需求。至於，那個歧視的人性欲求的起源──為什麼人類總想把他人比下去的這個欲求，則無法在此討論。

　　這裡牽涉到的語彙，包括殖民主義、新殖民主義與後殖民主義。殖民主義（colonialism）是殖民宗主國在政治、軍事上對於殖民地國家赤裸裸的直接統治，殖民主義的起源是帝國主義的擴張、版圖的擴張，以及一種現代化的擴張。新殖民主義（neocolonialism）則是透過資本主義的世界體系理論，掌握處於世界體系邊緣的第三世界的政經依附（陶東風，2000）。早期的全球化製造了這樣的世界經濟與政治結構，讓帝國主義中心國得以剝削邊陲地區勞工從中獲利。從五百年前的高壓殖民統治，到二次大戰後殖民地紛紛獨立，轉變為「新殖民主義」時期，雖然邊陲國家不再具有殖民地的正式身分，仍擺脫不了殖民地的屬性，因為先進國家對第三世界國家的剝削與控制延續到新殖民主義時期。後殖民主義（postcolonialism）則專指除了上述政治、軍事、經濟關係之外的文化殖民關係，又稱文化殖民主義（cultural colonialism）。也就是殖民地在政治、經濟獨立之後，仍擺脫不了宗主國的文化霸權掌控，這個層面的掌控可能已經根深蒂固地讓已獨立國家的人民仍然認為宗主國的思想與文化是較優越的。因此，後殖民論述的理想，在於「廢除所有把中心與邊緣二元對立的思想模式，讓全球社會還原至他們本來複雜地多元性及偶然性的一面」（Dirlik, 1994: 329）。

　　世界主義是變相的帝國主義與變相的侵略主義，面對有如世界主義的全球化趨勢，去殖民化（decolonialisation）的風潮正盛，如何正視全球化無孔不入的影響，同時不失去自身文化的本質，使得民族主義相對地流行起來。批判「世界主義」（cosmopolitanism）者認為：

世界主義宣傳無視民族傳統和民族文化，以至放棄國家主權，由一個集權的世界政府管理全球事務的思想觀點；這種觀點攻擊民族文化傳統和國家主權，是「過時概念」，反對民族獨立解放鬥爭和愛國主義，主張取消國界，組織所謂「世界國家」、「世界政府」，統一世界經濟文化，是帝國主義的思想工具（蘇紹智，2001）。

因此，去殖民化可能的問題在於面對世界主義與民族主義的兩難，面對全球化與發展本土化的困境，也就是說如何魚與熊掌兼得的問題，在去殖民化的同時，國家相對的必須負起責任，究竟是要拋卻殖民宗主國的文化殖民到什麼樣的程度，才能保有自己民族的本土特色？

這些概念由西方現代性的向外擴張一一串起，從軍事上的殖民、經濟上的宰制，到文化上的灌輸，殖民關係中文化帝國主義如何製造二元對立的等差原則，以及臺灣在這個現代性發展的過程中，如何被殖民？如何進入新殖民、後殖民時期？以及藉由教育如何去殖民化，建立本土的質地？以上諸多問題，是我們在進行族群研究或族群教育必須釐清的觀點。因此，針對族群論述的研究，從解構到重構，一個族群研究者需要思考的場域問題、理論問題、方法論問題，都決定了論述的生產方式與論述產生的結果。職是之故，本章以族群論述的解構與重構為焦點，帶領讀者思考我在族群田野研究歷程中的反身性思維，試圖在解構與重構之間，尋找一個更為精緻化的論述形成歷程。

貳、決定起點：場域與方法論的選擇

一、界定族群研究場域：臺灣的後殖民狀態？

當我們在反省臺灣本土文化的質地是什麼之際，不免回顧歷史，試圖從臺灣過去的經歷中尋找足以構成臺灣文化的蛛絲馬跡。由於臺灣是個移民社會，臺灣的本土文化交織著不同族群的歷史命運、生活經驗，而這些生活經驗乃是外來族群遷徙到本島落地生根的結果。1949 年國民政府遷徙造成的大批移民，其中包含使用不同母語但被歸類為「外省籍」的中國各省籍和

蒙、藏等少數民族；較早以前由 17 世紀至 19 世紀陸續移民來臺的「本省籍」客家族群、「本省籍」閩南族群，以及四百年前另一段長達一萬年以上的「臺灣移民史」，因為沒有文字記錄而空白，只能從原住民的神話傳說、考古學者的鋤頭下「再現」原住民族（彭小妍，1994，頁 55）。這一連串的移民史，以及不同殖民階段的族群衝突權力鬥爭，我們可以說，臺灣的殖民經驗對整個臺灣本土文化有著深刻的影響。

臺灣經歷了雙重殖民，更廣泛地說，臺灣經歷了多重殖民。對整個臺灣過去的歷史而言，臺灣一直是處於被殖民狀態中，從作為葡萄牙、荷蘭、英國、法國等列強角力的場所，清領時期、日治時期、國民黨統治，臺灣事實上經歷了被視為邊陲的多重殖民史。這樣的說法，事實上牽涉的是以誰為主體性的問題。如果對目前多數人的記憶而言，臺灣明顯地經歷了雙重殖民，從 1895 年日本人殖民臺灣五十年，1945 年之後臺灣回歸祖國懷抱，由國民黨政府接收臺灣，其實，在第一階段殖民之後，臺灣還來不及回歸自己，便開始由一個新的殖民政府接上一個舊的殖民政府。

由於各族群在每個殖民階段受到不同的對待，因此，臺灣各族群有著不同的歷史記憶。外省族群有著抗日的集體記憶、過去漢唐清初盛世的集體記憶；也有著二二八的集體遺忘。近年來，若干人也加入中國政府努力製造的對大躍進、大饑荒、文革和六四屠殺的集體遺忘。然而老本省族群的集體記憶卻是日本殖民後期的種種良政和對二二八的不良記憶，以及對中共歷次暴政的深刻記憶。他們想遺忘的是與中國的歷史關係。兩個族群兩種敵對的記憶與遺忘，臺灣怎麼會有寧日？大家爭搶政治正確的論述權力，是赤裸裸的權力鬥爭（卜大中，2001）。殖民主義帶來各族群歷史的記憶與遺忘，幫助了殖民者建構一套足以統治被殖民者的帝國認同，但在殖民者離開後，這些分裂的歷史記憶卻讓被殖民者難以重建本土的文化。

從經濟的依附理論來看，跨國公司與國際勞動分工也在臺灣造成了新殖民主義問題。例如：自從臺灣加入世界貿易組織，由於跨國合作、共享勞工，各國在經濟上有相當程度的依賴，這種殖民，不同於殖民關係第一階段的軍事殖民，而是殖民關係第二階段的經濟殖民，然而，相同的是，這兩種殖民主義，終究都會導致文化的殖民，也就是後殖民主義的文化霸權問題。

　　後殖民主義，又稱文化殖民主義，是西方主導文化以其兼併同化的霸權形式，改寫第三世界弱勢文化的意識型態於無形（Ashcroft, Griffins & Tiffin, 1989/1998）。

> 文化侵略，不費一兵一卒，往往只需要一部電視機、一座電影院、一間快餐店、一所時裝店、幾本休閒刊物、一些娛樂資訊便足以展開。所牽涉的過程，不是西方外來文化的強加，而是自身本土文化的流失（Tomlinson, 1991: 173）。

　　臺灣的後殖民情況是，在殖民主離開、政權獨立之後，知識分子才逐漸建構起有別於過去殖民史的本土文化（應鳳凰，2000，頁 190）。臺灣在 80 年代以降才邁入後殖民時期，也就是 80 年代起美國、法國後現代主義思潮的湧進，在大眾媒體、通俗文化、文學創作、多元性別認同等範疇裡倡導「去主體中心」運動；然而，對於臺灣近百年歷經日本及國民黨殖民體制下的「失語」、「失憶症」，如何重建主體性的政治議題，則以後殖民主義強調透過敘事去記憶、架構本土歷史的文化主體重建較能夠照顧臺灣多元的特殊歷史脈絡（廖炳惠，2000）。另外，臺灣受美國文化影響之深，也在近幾年的大唱本土化喚醒國人意識。換句話說，臺灣的「去日本化」、「去中國化」，甚至「去西化」的反殖民歷程，正是後殖民論述想要打破二元對立模式，建立多元文化主義的明顯意圖。

二、方法論的選擇

　　確定了我的田野性質是屬於殖民歷史經驗後的臺灣族群研究，接下來要思考的便是後殖民狀態的族群研究適合使用哪種研究取向。詮釋學取向的優勢在於詮釋、脈絡、論述、意義，缺點在於僅能將族群複雜議題侷限於微觀政治。族群概念雖然屬於符號象徵性的自我概念與群體認同，但我所想要檢視的族群認同並不僅僅是要回顧那個根深蒂固、鞏固於家庭社群與生俱來的族群情感而已，因為這種與生俱來的原生族群，其在社會中所屬的地位很可能是柔弱易碎的（Wang, 2004）。我想要的是將個人情感經驗置於鉅觀社會脈絡下，補足私領域與公領域之間的鴻溝。族群認同不該僅被視為一種自然

生物學基礎的原生情感，而是一種與他人息息相關，是一個特定社會歷史結構下的產物（Thompson, 1989）。因此，我需要採用批判社會學取向。

一旦決定批判社會學取向之後，批判俗民誌是最接近我地毯式蒐集質性資料的方法，我需要使用多重研究方法才能取得我想要面面俱到的各種資料，例如：口述歷史、座談、觀察、人口調查等。除此之外，族群的詮釋涉及感受性資料的詮釋，因此我需要提升自身的族群敏感度，所以，我需要在整個研究歷程中撰寫反身性筆記。反身性筆記所記錄的是我在研究歷程的所思所感，這整個田野感知場域最終也會自成田野資料。質性資料分析最重要的是意義生產（meaning-making）和脈絡化（contextualization），從這些脈絡化的意義生產過程中的軟性資料（soft data）──一種充滿情感的敘述研究者對於田野資料的理解與經驗，呈現研究者如何與資料互動，是否合理地、邏輯地想像受訪者的話語，如此一來，讀者才能據以判斷質性研究者掌握意義的程度。

為了提供讀者完整周全的軟性資料，我進行了兩種反身性筆記（reflexive note）。

首先，我記錄「田野日誌」（field memo），這是田野研究期間的記錄，為了確保田野資料的信實度，研究者可以記錄資料蒐集過程中的任何想法，非正式的、與研究相關的私人日記，自由的、自在的、個人風格的、感性的，記錄「意義的生產」（過程）。記錄事項包括：尋找個案的困難、訪談情境的變數、訪談環境、偶發事件、我與受訪者邂逅的感知、受訪者的感受與回饋、我對訪談主題的回應。

第二，我記錄「研究札記」（research journal），這是介於研究者與研究結果的寫作之間的札記，為了達成完善的結果書寫，研究者可以記錄資料分析過程中的任何想法，正式的、與研究結果相關的札記，自由的、自在的、學術風格的、理性的，呈現「產生的意義」（結果）。以族群認同主題為例，記錄事項包括：描繪個案族群認同的圖像、試著回答研究問題、尋找田野資料的相同組型、歸納浮現的明顯問題、族群認同的變遷與變異、對個案話語的反省批判。

當我開始使用反身性筆記，精細、綿密、厚實的描繪並記錄整個研究的過程，發現反身性筆記對於資料品質的保證有相當程度的貢獻。首先，透過反身性筆記，我逐一反省每一次進入田野與訪談的情感，漸漸培養「立即成

為朋友」的本領，也就是說，我會儘量用最短的時間表達我這份研究的善意
（good will），使研究對象與我一見如故，進而與我真心分享其心路歷程，
回顧整個族群生命史的洗禮。第二，透過反身性筆記，研究者得以逐步自我
修正，我發現我能夠珍惜每一次的接觸，投入研究對象的世界，使用他／她
的語言、他／她的文化。在書寫反身性筆記的過程中，我不斷揣摩研究對象
的處境，設身處地令自己重返他／她的歷史，我發現我能夠相當程度地理解
其文化差異，包括透過想像的理解、同情的理解、歷史的理解，進而尋找我
本身所無法理解之處，彙整成為下一次訪談的綱要。最後，也是最重要的，
這份伴隨著研究者日日夜夜持續不斷書寫的反身性筆記，變成了資料相互檢
證的最佳工具，我發現我會記錄我對每一位研究對象的知覺，他們所說的
話語，在個別訪談、焦點座談，以及觀察札記中是否呈現出不一致，抑或一
致，我試圖掌握每位研究對象的全盤樣貌，試圖抓取最精準的敘事與描繪。

參、理論的選擇：我的反身性閱讀

　　理論視角，決定了質性研究者如何詮釋田野資料。因此，理論的選擇關
乎論述的形成。我必須釐清，進入田野的這一年，我閱讀了什麼？這對我的
書寫非常重要。我回顧了一下那年田野的閱讀，大約可以圍繞在我對「殖民
的起源」這個問題的疑惑？那一年[1]，我的閱讀清單如下：

---

[1]　所有的田野資料都須夾帶著時代脈絡來閱讀，我必須清楚說明的是，那一年應
　　該是 2001 年，本章所記錄的族群研究反身性筆記是我進行博士論文田野研究
　　期間的思維，是我從英國劍橋大學返臺蒐集田野資料的半年——2001 年 9 月到
　　2002 年 2 月。

- Said, Edward（1993/2000）《文化與帝國主義》（*Culture and Imperialism*）
- Said, Edward（1978/1999）《東方主義》（*Orientalism*）
- Said, Edward（1978/2000）《鄉關何處》（*Out of Place*）
- Arendt, Hannah（1951/2009）《集權主義的起源》（*The Origins of Totalitarianism*）
- Ashcroft, Griffins & Tiffin（1989/1998）《逆寫帝國》（*The Empire Writes Back*: *Theory and Practice of Post-colonial Literatures*）
- Hobsbawm（1994/1996）《極端的年代》（*Age of Extremes: The short twentieth century* 1914-1991）
- 陶東風（2000）《後殖民主義》
- 張小虹（1998）《性帝國主義》
- 程予誠（1998）《傳播帝國──新媒介帝國主義》
- 劉紀蕙、周英雄（2000）《書寫台灣：文學史、後殖民與後現代》

一、擴張之際：殖民、教化與認同

　　由於臺灣的族群呈現不均等的強度，人口比例的懸殊使得多數族群與少數族群壁壘分明，歷史以來的政治、經濟、社會、文化等資源不均，也使得優勢族群與弱勢族群再現了歷史以來的殖民關係。殖民，後殖民，這個理論視角的選擇將會決定了後續文本的書寫，例如：我從西方極權主義的描繪聯想了臺灣殖民史的相對感受。在極權主義的心態下，為擴張自身、為權力自身之緣故而擴張，可能適合了那些帝國主義者的性格之要求。看看 Froude 所描述大英帝國向外擴張的慾望：

　　就讓一個帝國締造起來吧！這樣的大帝國能讓英國人自由地前往加拿大、好望角、澳洲與紐西蘭移民，而不喪失他們的國籍與民族性，使他們在這些地方依舊有賓至如歸的感覺，猶如他踏在英國土壤上的感覺一樣。同時，只要大英帝國存在的一天，他就是英國的子民。假如我們動員總人口的四分之一，而他們在建立這

些殖民地時淹沒於巴剌克拉沼澤地裡，這也是值得的。比起動員
無數的人民參與亡吉科特與滑鐵盧戰役，這項行動更能增強國家
的實力（引自顧家銘，1997，頁 15）。

哇！這是我第一次對「賓至如歸」產生最傳神的閱讀。殖民主在海外
殖民地的擴張，可以為自己帶來日後重返殖民地會產生有如「回家」的賓
至如歸之感受，這裡涉及的不僅僅是軍事殖民或經濟殖民，更是文化殖民，
換言之，殖民地這片土地已經長出殖民主國的文化，才能讓殖民主在殖民地
這片土地上感到賓至如歸。這也是為什麼 Hannah Arendt（1951/2009）將
「為擴張而擴張」稱之為「一種隱匿性的生命之神祕性的象徵」，亦如 Said
（1993/2000）所言，殖民者的心態是帝國主義權威的根基。這個擴張的概
念，在種族的範疇內，就牽涉到對種族的意識型態，「帝國的延續是由統治
者與偏遠的被統治者兩方所支持的，也因而各自根據本身的展望、歷史感、
情緒和傳統，對他們的共同歷史各有一套詮釋」（頁 45）。然而，這個文
化殖民歷程中最可怕的是，被殖民者深深認同了殖民者的帝國權力，認同是
一種內在殖民地：

> 認同本身即為帝權過程，一種暴力的巧取豪奪形式，將他者解組
> 並同化於自我的帝王疆土。帝國主體藉由殖民化的心理過程，建
> 立同的帝國（an Empire of the Same），並在其中心設置專制獨裁
> 者，及「本我殿下」（Fuss, 1994; 引自張小虹，1995，頁 39）。

認同，就是一致性，就是相同。你殖民我，我卻認同你。這裡涉及的
自我與他者之間的教學轉化（pedagogical transformation），是我全盤接納
了你的殖民教化。黑格爾式的自我／他者之辯證邏輯發軔於啟蒙思想，卻模
擬了 19 世紀的帝國主義，是智識觀念架構上對非歐洲世界地理與經濟的吸
納兼併。而最可悲的是，往往在自我／他者的辯證中，被殖民者只是西方殖
民主體鏡像關係中的「異己」（non-self），而非具主體性之「他者」（the
other），被迫淪為法農所言「眾多客體中的一個客體」或「非存有」（non-
being）而已（張小虹，1998，頁 35）。以法農《黑皮膚，白面具》為例，黑
男人想要變白的慾望以及想要追求白色肉體的性慾正好轉化為一種缺乏自信

的被棄官能症，這是一種被他者化的非存有，然而，黑男人又想跟白女人上床是為了要向歐洲殖民者尋仇，是一種植基於帝國殖民架構下的性別／種族政治（張小虹，1995，頁 43）。

二、擴張之後：文化帝國主義

　　即使當今時代殖民主義已經幾乎終止，但是帝國主義的陰影仍然揮之不去，它的存在係以「一種普遍性的文化領域或是特定的政治、意識型態、經濟和社會慣例存在」（薩依德，1993 著，蔡源林譯，2000，頁 40）。傳播學者 Schiller 認為：一個社會如何被引入現代世界系統，占優勢的上層階級受到威脅利誘，其所鑄造的社會機構，迎合甚至推廣了世界系統的權力中心之價值、結構，這些過程加起來的總和便是「文化帝國主義」。文化帝國主義是一種文化滲透的過程，這種過程往往帶有引誘、施壓、強迫和被收買的手段，而形成促使這個宰制體的社會價值和結構，這種觀念及策略往往改變第三世界原有的文化價值觀，形成社會變動的巨大轉換（程予誠，1998，頁67）。

　　法蘭克福學派批評這種文化工業的製造模式，係商品化、標準化、強制化。這種文化的帝國主義之所以存在，用甘地的話說，曾被英國殖民而後走向獨立的這一群人「要的是沒有英國人的英國統治，是老虎的本質而不是老虎」（Gandhi, 1998: 30；引自陶東風，2000）。用法農（Fanon）的主／奴關係來說，則是一種奴隸對主人又羨慕又嫉妒的心理，使得奴隸注定成為衍生性的存在（derivative existence），這裡即使奴隸脫離主人的殖民統治，仍然脫離不了那一套價值思想的束縛，這不是真正的解放。真正的解放，要把「老虎的本質」視為邪惡，斷然拋棄，奴隸不但要脫離主人，還要取代掉主人，不是透過主人的形象來看自己，而是在主人之外來看自己（to see itself beside the master）（Gandhi, 1998: 21）。用後現代的文本論述來說，則是一種改頭換面的重寫自身的歷史，而不是在自己的社會文化裡複製著他者的歷史。

　　因此，Leotard 認為，要顛覆那種甘地所謂「敵視來自他者與差異的挑戰」的極權主義，唯有透過拒絕共識（陶東風，2000，頁 32）。也就是拒絕以西方理性思維模式為唯一合理的理性，拒絕啟蒙主義的理性工程係人類

普遍性的存在，也就像傅科所強調的，人的存在只是偶然（contigency），不一定是藉理性主義那種普遍的方式得以存在、認知與活動（Foucault, 1984）。所以我們要懷疑產生共識背後的暴力因子，反省現代的理性是如何透過暴力來壓制所有的差異，「現代理性常常把一個『危險的』他者塑造成一個不正常的形象」（陶東風，2000，頁46），就好比九一一事件中，美國傾盡所有資源來鞏固他社會正義的形象，而將回教世界的賓拉登塑造成異類的恐怖分子。這種危險的形塑，既是殖民主義的策略，同時卻也是後殖民論述的問題所在。就好比 Said 在《東方主義》論述中，西方世界所建構出來的東方概念，是一個具有歧異性的他者，這種二元對立的優劣互斥性，構成了殖民的要件。問題在於，值得擔心的是許多後殖民論述雖然極力強調呈現自身的本土文化，但這些論述是否也正好迎合了西方主導的這種二元對立模式，承認自己是異於西方的「他者」，在西方國家裡推銷著那個「歧異性他者」的形象？

肆、意義的生產與產生的意義

　　質性資料分析過程中，涉及兩個階段，第一是「意義的生產」（meaning-making），第二是「產生的意義」（making-meaning），前者是資料分析的過程，後者是資料分析的結果。

一、意義的生產

　　首先，「意義的生產」是人們如何解釋或理解生活事件、關係和自我的過程。在意義的生產過程中，理論視角的介入相當關鍵，也就是理論的適切性。在族群研究中，殖民與後殖民視角對於田野資料的適用性，需要研究者再三琢磨。

（一）殖民／後殖民、理性／情性、啟蒙／人性

　　我在原住民部落研究歷程中的族群關係，感受到殖民理論中的我他關係。殖民，以一種符合殖民者的理性來駕馭被殖民者的情性，以一種符合統治者的價值來啟蒙被統治者的人性，這種「理性」含涉了對他者情性的壓制，這種「啟蒙」，意味著他者的人性比較非理性，需要被導正、被啟蒙

的。這種理性／情性、啟蒙／人性之間的差異，在統治者的社會裡形成一種等差待遇，造成理性歧視情性，啟蒙者歧視人性最初的本質。也就是說，殖民主義影射了對人性的壓制，而且以一種正當性的壓迫手法為大眾所支持，這種正當性的壓制最後成了歧視。

這種說法，頗能解釋歧視現象源自於正當性的壓制，就好像我進入原住民部落與原住民學生第一次接觸的反思：

> 歧視是怎麼來的？是經由差異的體驗，而且無法忍受這些差異而來的。就像我今天拜訪了原住民部落的國中，我看到許多國中生的行為沒規矩，比較「野」，我想當我用這些語詞在形容他們的時候就已經傷害了他們。為什麼有規矩是比較好的，不野才是可接受的？什麼叫做野？這一切都已經有個標準在那裡了，只是原住民達到的標準比較少，而我們不能夠認肯他們，我們無法認肯的是人性最初的本質？為什麼？我一路搭公車看到原住民學生與公車司機起衝突，公車司機與該國中的漢人教師總是批評山地人就是比較沒規矩，難管教。其實轉個彎來想，這些學生只不過是比較自然、比較像人而已！人自然而然就是這個樣子，這些孩子們手足舞蹈的，直來直往的……反而之前我所到訪的都市國中，每個學生都畢恭畢敬對著我這個客人行禮問好，我們都偏好那個模式，但那個模式可能不符合人性，只是符合了什麼標準似的，而且大家異口同聲讚許著，連原住民也讚許著，這也就是為什麼很多原住民也看不起原住民，這就是為什麼原住民會是一種汙名！
> （我的田野日誌，2001／11／13）

一個比較接近人性、比較自然、比較原始的東西，可是並不為康德式的啟蒙主義所承認。康德式的啟蒙主義本身影射了殖民主義的因子。因為啟蒙主義假設了人的理性可使人們成熟，它因而排除了不成熟的「非成年」（non-adult），而這種看待非成年為幼稚的他者的認識論，基本上就是一種等差原則，「殖民話語即是透過這種成熟／幼稚、文明／野蠻、發達／不發達、進步／原始這樣一些僵化的對立來把自己合理化」（陶東風，2000，頁37）。所以，歐洲人看待非洲人是不成熟的，他們懷疑非洲本地人是否

有靈魂、有頭腦、能進化？同樣地，這種「文明化的使命」在殖民主義的主人身上展現無疑，主人要教化這些未開化者，就像臺灣社會過去極力「撫番」的心態，因為，「番仔」是不成熟的、沒有理性的、野蠻的。

而那種較為人性、較自然、較原始的東西，就 Leotard 的觀點來看，反而是真正合乎人性的哲學，從後現代性的使命來說，那就是一種「童年的」哲學的不確定性，因為兒童是更為人性的，它敞開了各種可能性，它凸顯了現代理性這個共同體的非人性，它要更加人性（陶東風，2000，頁 38）！從我進入原住民部落研究過程的差異體驗，讓我陷入理性／情性、啟蒙／人性的弔詭與掙扎之中：

> 最近心中的價值觀與尺標被吹的一團亂。或許，這世界的秩序在我目前看來根本就是荒謬！原住民族比較開放，為什麼就是不好？想起傅科的生死愛慾，基本上，人的情性能夠被全然開展不被壓抑，有什麼不對？我們為什麼一定要節儉儲蓄？原住民及時享樂將一天所得拿來享受人生，需要錢再去工作，為什麼不好？我想，習於這些生活模式的原住民一定百思不解，為什麼不對？我也漸漸無法理解，為什麼一定要像漢人一樣把錢存著，一年 365 天努力工作，找不出時間去玩、去享受，這樣子叫做好？在我目前的眼睛看來，規範已經沒有絕對意義，秩序也是，如果它違反了人的主體性與自由快樂。為什麼這個世界老是要積極去開展理性，卻要一味壓制情性？我真是越來越不懂！（我的田野日誌，2001／12／14）

人文主義相信人類都有一個普遍的本質，而這種本質體現在一種共同的理性語言中，誠如 Habermas 永遠在尋求一種共識的可能，這種普遍的、最後的共識，就後結構主義和後現代主義的反人文主義者而言，其實是一種「敵視來自他者與差異的挑戰的極權主義」（Gandhi, 1998: 27）。是不是現代主義追求的理性主義仍是人類世界追求的普遍價值？而，教育，就是要啟蒙理性、壓抑情性，如果說情性是人性的根本，換言之，教育可能也是違反部分人性的一個合理化工具。

（二）臺灣族群身分的制度化遺忘

　　經歷不同殖民階段的臺灣，為了建國、鞏固內聚力，為了抵抗殖民，統治者面對臺灣內部族群的處理方式是集體遺忘。法國民族學家 Ernest Renan（1823-1891）認為民族／國家的要素是「遺忘」，只有遺忘建國時的暴力，甚至母語、族群差異，才能出於個人意願達到族群共榮。然而，在企圖建構族群文化、爭取族群權益的同時，族群歷史研究卻可能有導致族群衝突、動搖國族的危險，這是所有族群書寫的弔詭（彭小妍，1994）。遺忘了原生的族群身分，還得建構一個集體記憶：

> 社群或民族所以能團結凝聚，全賴成員的集體記憶（collective memory），就因為一個社群或民族的興衰及發展頗受集體記憶的影響，政治家及社會領袖都喜歡塑造一些「官方的集體記憶」，以求操縱政治及社會（Wachtel, 1990: 11-12）。

　　比如說，「中國人」是早期國民黨政府企圖給予臺灣島上人民所共有的一個民族／國家的身分，「臺灣人」則是民進黨所欲去中國化的另一個取代身分，中國人、臺灣人，是國族認同，不是族群的代稱。在所謂中國人或臺灣人底下的人口組成族群特性，自臺灣有歷史以來，不曾被張揚，而是用一種魚目混珠的「族群融合」的方式，企圖讓所有族群的人遺忘他們原有的身分，只知道自己是中國人，後期則強調臺灣人或新臺灣人（特別指四大族群融合）。這種論爭導致人們一提到族群，直接想到的是中國人或臺灣人之分：

> 你問族群認同沒有用！對我而言，我從來沒有去想過我是外省人還是客家人？我可能會想到我是中國人還是臺灣人，那你一定要問我是外省人、客家人、閩南人或原住民，這四個族群並不代表我心中的答案（訪談一位國中老師，2001／11／20）。

　　為了塑造一個共同的民族認同，臺灣人民在過去歷史中不斷被教導壓抑自身的族群認同，長久的壓抑，不如說是逐漸遺忘，而這個遺忘的事實，

或許暫時解決了受壓迫族群的傷痛問題。在恢復文化身分與歷史過去之間的連續性過程中，有兩種對記憶的遺忘，一種是對於記憶的壓抑，一種是對於記憶的否認[2]。前者掩蓋了大量的痛苦記憶，後者則將不愉快的痛苦記憶否定或驅逐。而這兩種對於記憶的遺忘，有時候是為了治療。遺忘自己的族群身分，或許可以治療因這族群身分曾經帶來的傷痛。從我在田野訪談原住民的田野札記中，或多或少可以發現這兩種類型的遺忘。第一種遺忘，記憶的壓抑，如：

> 從這兩次在電話中他的反應，我感覺我的訪談可能傷害了他，他似乎不願意再揭露原住民過去的種種，可是我一直在問他過去的「問題」，大部分時候他的回應是說不記得原住民身分在求學過程中曾帶給他困擾（他說，可能有，但不記得了），常常表情是深思飄遠，面色凝重，慢慢地說：「不……曉……得……耶……」其實我也了解，對他而言，最好的治療方式就是遺忘，遺忘自己的族群身分，或許會讓他比較快樂。可是我卻一直在提他過去的創傷（我的田野日誌，2001／12／19）。

第二種遺忘，記憶的否認，則表現在另一位原住民身上：

> 以族群之名所進行的討論，在我看來，對身為原住民的他而言是一種苦刑，他並不願意多談這個議題，為什麼呢？我能怎麼猜？我只能猜，他受過的傷，他受過掛著原住民汙名的傷，讓他不願意再提起原住民認同的過去與現在，於是未來也沒有多少前瞻，這個族群如果會消失就消失，「有一點點遺憾啦！」就這樣。至於他是否真的受到創傷？他的說詞是沒有，因為他現在很有地位，有權有錢，他不再需要任何的救濟與援助，他不願意承認他有受過原住民汙名的傷害，他只說問他不準啦！因為他比較例外，比較順利啦！（我的田野日誌，2001／12／13）

---

[2] 詳見陶東風（2000：8-12）後殖民主義第一章論述以抵抗遺忘來認識殖民主義的後果，對於受壓迫者的遺忘與記憶係採精神分析式的解析。

傷痛，可能是問不出來的。為什麼要挖出人家的傷口呢？這些傷口有什麼用？這些傷口證明什麼？不被認肯會受到創傷，永難平復？就像一朝被蛇咬，十年怕草繩，一旦曾受族群歧視，就不願意再挑起族群意識。

> 唉！其實，我隱隱約約感覺到，即使他目前的成功，仍掩不住他身為一位原住民的自卑……，雖然大部分時候他的敘事翻轉了殖民主義的刻板印象，原住民不再永遠是野蠻人，盛讚了原住民校長一家族的社會地位、相對良好的教養禮節與書香家庭的形象，可是在這種盛讚背後的準則仍然是漢人的（中國化）：只要越漢化，也就越有文明（我的田野日誌，2001／12／13）。

在臺灣殖民經驗的脈絡裡，這個族群身分制度化的遺忘，主要發生在原住民與客家人。族群身分制度化遺忘的不是外省人的身分，因為在國民黨時期外省人等同於中國人，因此外省人不需遺忘他們的身分；而閩南族群身分雖然在過去受到抑制，但隨即在民進黨執政後堂而皇之的登上臺面，因此閩南人也不須遺忘他們的身分。臺灣的族群身分隱藏與遺忘，在客家族群與原住民族群最為明顯，從我的田野調查過程中尋找客家人的困難度之高，可見一斑。

> 我想臺北市客家教師並不少，但就是很多人都不承認，有些願意承認的人卻不願意被研究，心中真正的考量不曉得是什麼？看起來，閩南人最自在，原住民最豁達！閩南人沒有多少族群敏感度，多數人嘛！對族群也沒有很多堅持，原住民雖然很有族群特性，但是因為已經很明顯，或是因為族群性樂觀，原住民反而最容易接受被研究！這倒出乎我意料之外（我的田野日誌，2001／12／13）。

經歷過去殖民階段對於不同族群的處置方式，使得臺灣四大族群面對自身族群身分的表白，也有著不同的現象。從我當時的田野調查中發現，談族群，多數而言，外省人顯得較侃侃而談，閩南人似乎沒有太多感受，客家人言談間較謹慎且語多保留，原住民則不願多談過去。我嘗試分析個中原因，

或許，由於我談的族群認同以及族群關係多半牽涉到族群間權力爭奪與壓迫，使得過去的歷史創傷必須重提，具有較多壓迫歷史的族群相較之下較不願意面對。

> 有可能是外省人曾居於優勢，所以掛在嘴邊顯得較優越，即使他們能夠反省過去歷史錯誤，但總比受壓迫的客家人與原住民談過去的創傷要自在的多，人總是愛面子的，誰願意談過去丟臉的事，即使那些事情是社會的錯，總是覺得臉上無光。這就是受壓迫者的情結！一種不願意再揭瘡疤的情結。而壓迫者的情結可能是，愛提當年勇、戰利品心態的情結。這種情結，造成很多受壓迫者認為不要再提過去的歷史，過去就過去了，只看未來、不看過去的鴕鳥心態，形成一種保護傘，建築在人們心中，不願意再提起那一段過去、挑起那一切創傷。這也許是沒受過傷的人無法體會的。而我們沒受傷的人，總是要受傷的人把傷口拿出來晒一晒、晾一晾，以為可以治癒，卻沒考慮到二次傷害的可能。悲情能夠做什麼？也許這是他們心中的疑問（我的田野日誌，2001／12／13）。

在這個意義生產的過程中，我所思考的是，原住民的悲情與創傷，是否來自認同的被殖民？田野資料如何在我的意義生產過程中慢慢浮現意義，關鍵是我所採用理論視角的適切性。

二、產生的意義

接著，在資料分析結果所產生的意義中，提出的論述相當關鍵，也就是綜整理論與田野資料的適配性所獲得的論點。在族群研究中，重構抵殖民論述對於研究參與者的意義，需要研究者反覆思量。

（一）獲得帝國承認＝逆帝國歷程

悲情能夠做什麼？或許，藉著喚醒悲情的存在，可以抵制遺忘。

後殖民的主體要想抵制遺忘，就必須重新組合過去的經驗，回到
過去，再次成為那個被統治的、蒙受屈辱的成員……，去講述自
己的屈辱歷史就是被迫去挑戰一個人的侷限，而迴避自己的屈辱
歷史則無異於繼續甘受奴役，讓暴力繼續存在下去（陶東風，
2000，頁 11-12）。

　　喚醒族群的悲情，或許可以喚醒族群認同的意識，喚醒族群認同的意
識，或許，才有希望反抗帝國主義式的殖民。誠如 Said（1993/2000）所言，
「體認到自我乃屬於一群臣屬人民，是反帝國的民族主義賴以肇始之洞見」
（頁 402），這也就是認同的覺醒。

　　臺灣已有許多原住民、客家人展開尋找自身族群認同的運動，勇於面對
悲情的過去，刻正從身分的遺忘中覺醒。原住民族認同的覺醒、客家人認同
的覺醒，在臺灣史上有其族群運動，支持著少數族群追本溯源，然而，外省
人、閩南人的境遇則不然，外省人恐怕不曉得該去追尋哪一種族群認同？中
國嗎？還是「外省人」這個時代下的產物？閩南人則是人數多到引不起族群
認同的動機，可以說閩南族群身為多數族群，沒有反帝國的需要，而，多數
族群的危機，或許也在其族群認同的「不需要」而逐漸式微。

臺灣的族群，即使有認同的覺醒，卻無認肯此覺醒的意識。我的
四大族群口述歷史研究顯示，大多數國中老師認為族群意識在臺
灣社會不重要，雖然原因不盡相同，但為什麼大家都覺得不重要
呢？大家都希望不要去談族群，不要區分你我，是不是大家都有
個同樣的心態，害怕分裂。害怕過多的族群議題導致族群對立（我
的研究札記，2001／12／13）。

族群這個問題以前沒提還好，現在越講越糟糕，反而引起分
裂……以後族群消失就消失，我是覺得也不怎麼樣，不要去分，
教育上可以介紹，簡單的介紹就好了，不要去強調你是哪一族，
我是哪一族（訪談一位國中老師，2001／12／26）。

　　此外，在族群研究方面，原住民族研究已廣受大眾認肯，客家「文化」

也興起一股熱潮，然而，外省與閩南的研究幾乎少之又少，亦不被承認需要做此研究，臺灣人民的「承認」族群研究有著不小的差別待遇。以我在臺北市進行的四大族群田野調查為例：

> 臺北市的族群樣本零零散散，不像其他縣市都可以在一個星期之內完成樣本篩選及深入訪談，這幾週，都一直在等待，等老師們有空的時候再去訪問，等各校教務主任幫我問到有哪些老師教《認識臺灣》本身又是客家人或外省人。過程當中，教務主任多半表示無法辨識客家人，但外省人似乎是可以辨識的（從姓氏或外貌），而原住民的身分是最明顯的，好像各校的原住民教師都是個顯性族群，人事方面也有資料可查，就是查不到其他族群，其他族群身分似乎都隱藏起來了，都是漢人或說非原住民，反正，沒有人在區分客家人、閩南人及外省人。這些區分好像一點也不重要，不但不重要，而且區分不得，是個敏感的問題。很多主任告訴我，我們現在沒有在區分本省、外省人的！所以，當我要求原住民的教師資料，沒有問題！但是，當我要問關於閩南、外省、客家的時候，就必須大費周章的解釋我的研究係配合《認識臺灣社會篇》裡頭的四大族群。我收到的訊息是：原住民議題已經被大眾所認肯，是值得研究與關切的，研究客家語言文化也可被接受，但是其他族群則不被認為「適合」做研究（我的研究札記，2001／12／11）。

因為，閩南人與外省人是目前政治爭端的來源，而客家人與原住民在政治勢力方面較弱，較無威脅性，所以，一談到閩南、外省，就等於再度談及「省籍情結」在臺灣曾帶給人們的創痛又會再次掀起，於是，人們偏好遺忘它。可是，遺忘，真的可以治療過去的傷痛嗎？

> 獲得承認，必須重劃疆界，然後占領在帝國的文化形式中被保留作為臣服之用的場所，具有自我意識地占領之，在這個過去被一種假設已規劃的劣等他者之臣服意識所統治的相同疆域上進行戰鬥，然後，重新銘記（reinscription）（薩依德，1993 著，蔡源林

譯，2000，頁 396）。

臺灣的原住民與客家人，正在進行著爭取認肯的歷程，因此，許多原住民族史、文化史、客家文化歷史的研究紛紛為這個爭取認肯的族群找到了定位，藉由種種文史工作室及文藝活動來召喚族群的集體記憶。以原住民為例，為了爭取認肯，所做的努力包括重劃疆界，亦即重新為原住民身分界定，提升原住民族意識並在目前政治、社會、文化、教育等領域占有一席之地，對於過去被規劃的劣等他者，逐步地重新銘記。這一切成果端賴原住民們能夠勇於面對悲情的過去，從身分的遺忘中覺醒，重建原住民文化與歷史，向大眾述說屬於他們自己的身分認同，並要求他人的認肯。

（二）多元族群共存共榮的假象──「後殖民」教育論述

當我們在問學校教育中被述說的知識是「誰的知識」？這些知識代表「誰的主權」？我們所教的是「誰的歷史」？這種質問就是後殖民、後現代主義對於啟蒙主義以及理性主義的質疑。那麼，當我在族群文化的研究過程中，發現漢人不斷地批評原住民道德水準低落的同時，我總是不斷地質疑這些水準是「誰的道德？」「這些社會道德從哪裡來的？」我的質問，是站在原住民本位的思考，對漢人社會結構發展出來的道德觀，做一「抵殖民」的質疑：

> 今天，我去訪問老師後又和教務主任談了一陣子，他仍有興趣與我談談族群的問題，不過這次他分享了他多年前擔任文化輔導團進入山地部落的心得，許多關於原住民的刻板印象或偏見，依他的經驗，都是屬實。是的，事實上這些問題的確存在：雛妓、性開放、沒有儲蓄觀念、酗酒、好吃懶做，這些都是負面刻板印象。而我，原本反射性地要為原住民辯護，我想說原住民酗酒可能是因為受到挫折太多又沒有出路（我在尋找一個我們漢人可以接受的合理化理由），但這可能只是一小部分的理由，我漸漸沒有去為原住民辯護，因為我沒有多少證據……但是，我在思考的點是，合理化的理由究竟有多少意義？為什麼要有一個所謂「正當性」的

理由？什麼是「正當性」？為什麼我們都會用自己的價值觀去要求他人、數落他人、批評他人，弄得連那個他人都覺得自己很糟？我開始反省，那些符合人性需求卻犯了道德錯誤的價值觀，是誰界定的？依照誰的標準在訂這些道德？道德，怎麼來的？（我的研究札記，2001／12／14）

　　原來，人類社會裡還是存在著一種普遍價值，或者我們可以說，教育就是一種價值的傳承，只是我們所教的是「誰的價值」？更嚴格一點思考，這世界有沒有一種普世價值[3]是值得所有人類追尋的？而普世價值是否就落入被殖民的圈套？

　　從這樣的反殖民質疑討論到道德層面的時候，可以推論出，在反殖民的同時，教育要堅守的最後一道防線仍是那個「教育的理想」。也就是，我們希望教育下一代什麼？我們是不是希望教育下一代不要過度享樂、縱容情慾、過一天算一天？於是，我們應該去確立的便是，我們該以什麼作為教育的理想？到底有沒有所謂的「後殖民教育」論述？教育，不就是一種殖民方式？這還牽涉到我們所追求的那個教育理想是誰的理想？如果是西方的，是不是就仍脫離不了被殖民的夢魘？如果是東方的，那麼，東方的「什麼」是大家都想要追求的教育理想呢？如果這種東方的教育理想真的存在，那才能說有所謂的後殖民教育論述，否則，教育的理想若是普遍人類放之四海而皆準的理想，那我們就不曉得應該要說那是真理，還是殖民？

　　教育的理想層面也很多，如果討論的面向聚焦於族群議題，也就是說，教育裡的族群議題究竟要提到什麼樣的程度？相對於過去臺灣歷史中族群隱而不見的論述，現今我們的學校教育應該如何面對這個敏感的問題？臺灣各族群的意象，透過集體記憶一代一代地傳下去，是刻板印象也罷，是偏

---

[3] 這個問題，或許對很多凡夫俗子是可以自由心證的，但是作為教育學者的我必須揭露我的主張，既然從事教育，就有所謂的符合教育的價值，因此，此時此刻，我認為這世界上的確存在著某些普世價值是值得所有人類去追尋的，以教育價值為例，教育就是要讓所有人得以開發自己的內在潛能進而樂於專業工作，但是妓女憑著與生俱來的肉體賺錢則較不符合教育價值。

見還是事實？但是無論如何，那種集體記憶的教學（pedagogy）卻在整個社會透過各種管道不斷地教導著：

> 我的印象是……爺爺對日本人很尊重，他對外省人很厭惡，他親眼目睹二二八，槍決現場，他告訴我們要記得我們是如何被外省人欺負的……閩南人很團結，客家人很小氣，外省人很神氣驕傲，閩南人真的比較豪爽，我自己覺得以前蠻羨慕外省人的，有權力，我爺爺不要我嫁給外省人，他認為這樣是走狗，如果我和外省人交往，他就要和我斷絕關係！外省人相對之下比較優渥……（訪談一位年輕的閩南人，2001 / 10 / 25）。

> 我告訴你啊……有些閩南人，他們或許是長期被壓迫，所以他們反應出來的是過度激烈，當他們在表達社會抗爭或不滿的時候都很令人受不了……比如說我在臺北，坐公車或是計程車，一上計程車，他就一直跟你講你要選誰，你只要說一點點其實不是每個人都這樣，他就不高興要趕你下車，實在很令人受不了。他們就是一直罵、三字經就出來了，比較粗暴無理性，而這些東西當聚集成群眾性的時候，力量很可怕，這是一股不好的力量，尤其是全民計程車，他為了要支持某個候選人，他就可以把整個臺北市癱瘓掉，手段真是強烈，講好聽是草根性，講難聽是自私自利又兼沒水準……我在南部當兵兩年，覺得閩南人平常很好相處，但是你不要跟他談到政治，他馬上翻臉，拿刀拿棍子這樣。我是覺得一個成熟的社會應該是不會這樣子的，外省人比較少製造社會問題，閩南人一直到現在還停留在社會鬥爭裡面……我在電視上看到南部的人嘶聲吶喊，你看到他們你會覺得害怕，你會覺得說我還是不要接近他們好了，哪一天會被砍成十八塊。你看到他們你會覺得說如果他們知道你是外省人，你會被打。他們可能會對外省人不利，因為他們有很多的勢力……（訪談一位外省第二代，2001 / 11 / 7）。

這個二十年前的族群刻板印象，在未來臺灣的族群發展，還會依舊是那

個固定的意象嗎？族群分立的集體記憶會存在多久呢？即使我們今日的生活面已經邁向族群融合，但那個集體記憶深處的層面，是否能夠透過後殖民教育論述來調整人們心中的刻板印象呢？

伍、如何重構？在後殖民教育之後

一、集體記憶：我們都一樣嗎？階級對族群與性別的剝奪

臺灣的多元族群經過了一代又一代的共同教育，這所謂的共同教育，從以前的皇民化教育、中國化教育、美國化教育（偽裝成現代化教育），到晚近的臺灣化教育，我們都一樣了嗎？我的田野研究經常出現的對話就是，我們大家不是都一樣了嗎？現在還分什麼族群呢？

> 每次談到臺灣的族群，原住民說，我們現在都「已經」跟你們差不多一樣了。客家人也說，閩南、客家、外省都一樣沒有什麼分別，但是原住民有比較弱勢。好像大家都想跟多數人一樣，「大家都一樣」，這樣的說詞，究竟代表了什麼含意？可是，外省人比較少講這個話，他們有的會說，我們比較不一樣，外省和閩南人覺得客家和原住民「他們」跟「我們」不一樣，所以，會去區分族群的人，果然是多數的、強勢的族群。弱勢的、少數的，反而不會去分，他們希望大家都一樣！是這樣嗎？原住民雖然會強調他們有自己的文化特色，但是同時又會強調他們已經漢化，跟漢人生活方式都一樣了（彷彿象徵了現代化與進化）。只有客家人，不認為客家與其他族群有什麼不同，除了文化飲食，客家族群都已經融合在臺灣文化裡了。這樣的說詞，能夠保護什麼？有什麼心理防衛作用嗎？我一直在想，四個族群對自己在社會中的定位，詮釋的角度實在差很多，我只能想到是因為心理防衛作用（我的研究札記，2002 / 1 / 10）。

我一直在想，那個所謂的「一樣」是指什麼？是指同化後的樣貌嗎？同化成哪個族群呢？通常同化指的是被主流文化給同化，那麼，臺灣當時的主

流文化是什麼？是漢化？或者根本就不是什麼族群文化，而是現代文明的進化？

> 你我之間的距離與張力，就是臺灣社會族群關係的張力。彷彿大家有一個共同追求的價值，那個東西勝過族群文化，所以，很像「脫亞入歐」的形容，我可以不是閩南人，閩南身分對我一點都沒有意義，說真的，我自己覺得如此。我不需要成為閩南人，如果我一生只待在臺灣，我也不需要成為臺灣人，只有到國外，我需要成為臺灣人，因為我明顯的跟外國人不一樣。但是在臺灣，如果「大家都一樣」，為什麼我要成為閩南人呢？除非大家都在強調自己的族群身分，我才會覺得我需要歸屬於閩南人。換句話說，族群身分是在區分你我的時候用的。私領域的時候，沒有也無所謂哩！一個獨特的族群，有沒有需要被了解？有些客家人說沒有，我是一個閩南人，我也覺得沒有需要別人來了解閩南人！但是，需要了解的背後常常是誤解，所以，原住民需要，原住民需要大家的了解。可是，閩南人不需要，外省人不需要，有些客家人不需要，有些客家人需要。將閩南、客家、外省人歸為漢人的，就覺得不需要。客家意識較強烈的，就覺得需要。而需不需要，誤不誤解，也看你在不在乎那個族群（我的研究札記，2002／1／10）。

作為一個閩南人，我設身處地站在我的研究參與者的立場去思考，認認真真的思考「族群」之於我的意義：

> 我不在乎！說真的，別人怎麼說閩南人粗俗愛講髒話，我也沒有感覺，好像那不屬於我！歸屬感，或許是族群認同一個重要成分。臺灣的人民，為什麼對族群的歸屬感那麼薄弱？好像我不歸屬於哪個族群，一點都無所謂。可是，我功課好，成績好，讀的學校好，工作不錯，有錢、有權，這些才是真真實實的歸屬感。原來，臺灣社會維繫人們心靈世界的東西，是階級，不是族群，更不是性別。原來，階級可以剝奪族群性！就像脫亞入歐，歐

洲代表著較高的水準與階級，不是嗎？我們都一樣嗎？這，有趣嗎？有意義嗎？看我怎麼寫吧！我想，這個研究脫離不了階級，族群要被認肯，需要爭取高階級。族群之所以不重要，因為階級更重要。這就是目前的臺灣（我的研究札記，2002／1／10）。

不過，這樣的反身性思考仍是不中肯的，畢竟閩南人在臺灣一直屬於多數族群，我用多數族群的立場無論進行多麼深刻的反身性思考，依舊不對味！

二、集體遺忘：我們不想不一樣？國族對族群身分的剝奪

以往的教育，對族群著墨不多，因為對族群分裂或分立的恐懼，所以政府以「制度性遺忘」的方式來處理臺灣的多元族群。如今許多國中教師接受訪談的時候，也表示族群不需要在教育裡著墨過多，原因一樣，怕造成族群分裂：

> 族群意識不重要那是說族群融合的時候，在臺灣社會裡不要去談族群分裂的意識，原住民不會去談這個東西，他們覺得說我們都是一樣的，都是人嘛！有鼻子、有眼睛，會談族群的人就是覺得你是閩南人、我是原住民，想要分裂你我（訪談一位中年原住民，2001／11／15）。

然而，我發現族群的分立並不因為制度化的遺忘而消失在人們的印象中，反而，很弔詭的是以一種集體記憶的方式傳承下去，而那樣的集體記憶可能已經偏離了事實，或是說與現今社會下的族群現況已經相去甚遠，經常透過耆老的口述歷史重現江湖。當代社會的多元族群，以一種受過教育的姿態告訴我們，我們不想要不一樣，我們都是現代人，我們都是進步的人，我們都是臺灣人，這是一種國際性和國族性對族群身分認同的剝奪，而，多數的人並不在意、不在乎對於族群身分的集體遺忘。

「脫亞入歐」這個詞，也不要講入歐，而是全球化，大家都是世界

公民這個概念衝擊下，族群身分有多少重要性？如果大家都是世
界公民，都有著共同的價值在追求，我為什麼要談族群？國際性
與國族性遠重要於族群性，族群認同是一個可以不存在的東西，
好像是耶！換句話說，在這個自由主義、個人主義的思潮之下，
族群社群，還有多少意義？這裡，全球化的世界潮流影響到人類
的族群概念？（我的研究札記，2002／1／10）

　　因此，如何重新批判以及調整這既存的集體記憶與集體遺忘呢？或
許，透過後殖民教育論述，可以協助教師與學生共同反省批判這個記憶。也
就是去揪出暫時遺忘的族群意象或族群傷痛，重新把握歷史帶來的感覺，重
構族群記憶，才能再一次檢核那集體記憶名不符實或不合理的部分。

陸、反身反省反思：研究者的持續呢喃

　　本章以臺灣族群研究為例，論述殖民過程由於集體記憶與集體遺忘的機
制，終究使得被殖民者失去自身的文化主體性。然而，一個族群之所以認同
自己和其他人成為一個共同的「我族」，其最重要的元素，就是共同的歷史
記憶與某些共同的遺忘，基於共同的歷史經驗才得以產生連帶的情感和共同
的意志。

　　當我們想要創造所有臺灣的住民成為一個共同的「臺灣人」，要面臨的
障礙就是「分裂的歷史記憶」。過去，臺灣認同的分裂在於族群（省籍）間
沒有重大的共同記憶與遺忘，而有相對抗、相牴觸的記憶與遺忘（卜大中，
2001；范雲，1996）。以前威權政體透過國家占領的力量，所加諸於臺灣人
民的是一套延續自中原正統的舊中國五千年華夏光榮，與冷戰結構下反共圖
強、光復故土的歷史。為了對抗這外來政權，以政治民主運動為主的傳統，
在中原正統的中國歷史之外，建立另一套以四百年的臺灣人史觀為中心的歷
史與認同（范雲，1996）。然而，歷史的建構若以政治為主軸，勢必忽略
了政治弱勢的族群，臺灣的政治勢力發展明顯的由外省人當權走向閩南人當
政，在這個政治發展中，客家人和原住民始終是弱勢，如今，我們重建臺灣
的集體記憶，已從政治經濟面向的歷史，走向兼顧社會文化面向的重構，逐
步邁向多元族群的共存共榮。

　　因此，多元族群歷史的再現，是後殖民教育的論述表現。曾經在人民心中，有個集體記憶，我們都是中國人，因為我們也集體地遺忘了自己原生的族群身分，為著殖民者的國家／民族，教育扮演了殖民者的角色。在族群部分，後殖民教育論述應能反抗原有的殖民歷史，盡量重寫「臺灣的」歷史，重建各族群的集體記憶，以喚醒臺灣人民對各族群的感情與尊重。然而，尊重不僅止於一種口號，而是要走向互為主體性的相互性：

> 我們經常聽聞政治領導者呼籲民眾「尊重不同的族群」，但是，什麼叫做「尊重」？這麼一個主觀而唯心的動詞。如果一個族群從來不了解另一個族群的記憶，那麼「尊重」如何可能？如果一個族群從來不同情另一個族群集體的苦難與傷痛，那麼「尊重」從何而生？（范雲，1996）

　　因此，批判論述取向的族群研究在解構族群背後的交織性因素之後，透過研究者的持續呢喃，帶給讀者更深入的反身性思考，反省族群社會脈絡，反思族群的我他關係，歷程中透過「同情的理解」來提升人們真心誠意的尊重。而解構之後，我們期待重建各族群的歷史記憶。或許，當我們深刻了解了他族特殊的歷史與經歷，感同身受，理解了他族現況的來龍去脈，我們才有辦法尊重彼此的差異，重構獨特的族群論述，各自建立彼此獨一無二的位置性。

參考文獻

一 中文

卜大中（2001）。對立的記憶與遺忘。2001/3/1 15:30 中時電子報。http://www.oceantaiwan.com/wwwboard1/messages/1977.html

尤玉文（2003）。**臺灣國小教科書中國家認同概念之演變——以 1949 年後之社會與音樂教科書為例**。國立新竹師範學院國民教育研究所碩士論文，未出版，新竹市。

尹錫珉、金兌勇（2018）。論離散者的他者性——以《莊子》不全形者的他者性為主。**哲學與文化，45**（3），45-61。

王汎森（2008）。歷史教科書與歷史記憶。**思想，9**，123-139。

王志華（2003）。**Michel Foucault 知識考古學之教育科學蘊義**。國立臺灣師範大學教育研究所碩士論文，未出版，臺北市。

王甫昌（2003）。**當代台灣社會的族群想像**。臺北市：群學。

王明珂（2002）。論攀附：近代炎黃子孫國族建構的古代基礎。**中央研究院歷史語言研究所集刊，73**（3），583-624。

王前龍（2000）。國民中學「認識臺灣（社會篇）」教科書中之國家認同論述——從自由主義與民族主義的觀點來解析。**教育研究集刊，45**，139-172。

王祖龍（2004）。**傅柯的歷史觀、方法論與重要觀念**。2004 年 12 月 30 日取自 http://www.fgu.edu.tw/~communication/files/demo.doc

王淑芬（2010）。國小社會領域教科書中臺灣歷史人物及文本論述之批判分析。**課程研究，5**（1），101-127。

王雅玄（2005a）。社會領域教科書的批判論述分析：方法論的重建。**教育研究集刊，51**（2），67-97。

王雅玄（2005b）。認肯：法則與使用。**教育研究月刊，129**，104-117。

王雅玄（2008）。CDA 方法論的教科書應用：兼論其解構與重建角色。**教育學刊，**

30，61-100。

王雅玄（2012a）。透視官方知識之生成──高中「生活科技」教科書政治脈絡分析。**教育研究集刊**，**58**（2），109-145。

王雅玄（2012b）。教科書專制──一個局內人揭露教材如何暗中破壞改革。**教科書研究**，**5**（2），153-164。

王雅玄（2012c）。當代歷史教科書中的他者論述。**教科書研究**，**5**（3），131-142。

王雅玄（2012d）。教師專業地位的知識社會學分析：以英國課程發展為例。**課程研究**，**7**（1），87-110。

王雅玄（2013a）。批判論述分析。載於蔡清田主編，**社會科學研究方法新論**（頁229-258）。臺北市：五南。

王雅玄（2013b）。國際理解與己他關係：國際教育中臺灣意象的解構與重構。**教育資料與研究**，**110**，49-76。

王雅玄（2016）。「批判教科書研究」方法論探究。**課程與教學季刊**，**19**（3），27-54。

王雅玄（2020）。**多元文化素養**。臺北市：元照出版社。

王雅玄（2021）。**科學教育的多元文化想像──改造教室的科學風景**。臺北市：元照出版社。

王雅玄、余佳儒（2007）。社會教科書的批判論述分析──以南一版五下教材內容之政治意識型態為例。**國立編譯館館刊**，**35**（4），39-50。

王雅玄、陳幸仁（2007）。離島教師的偏遠論述──教師社會學分析。**高雄師大學報**，**23**，67-90。

王雅玄、陳亮君（2010）。肥胖污名認同的形成與受壓迫經驗。**教育與心理研究**，**33**（2），61-87。

王雅玄、彭致翎（2015）。美國教科書眼中的臺灣意象──他者論述分析。**教科書研究**，**8**（1），33-61。

王雅玄、蔣淑如（2017）。書寫歷史──教科書中性別化國族主義的批判分析。**教科書研究**，**10**（1），101-136。

王雅玄等人（2021）。多元文化素養教科書的圖像論壇。**教科書研究**，**14**（2），105-125。

王韶君（2014）。從漢文化流域到北方國境線：日治時期臺灣公學校國語教科書中

的「支那」言說與再現。**文史台灣學報，8**，75-112。

王麗蘭（2009）。**馬來西亞中學歷史教育中的國族建構**。國立政治大學民族研究所碩士論文，未出版，臺北市。

卯靜儒（2012）。尋找最大公約數？高中歷史教科書編寫與審查互動過程分析。**當代教育研究，20**（1），83-122。

石計生（1993）。**意識型態與台灣教科書**。臺北市：前衛。

江佩璇（2008）。**中等教育社會科教科書中同性戀議題之探究**。國立嘉義大學教育學系研究所碩士論文，未出版，嘉義市。

江佳玫（2013）。**國民中學 K 版英語教科書全球教育內涵之論述分析**。淡江大學課程與教學研究所碩士論文，未出版，臺北市。

行政院主計處（2011）。**人類發展指數（HDI）國際比較**。取自 http://www.dgbas.gov.tw/public/Data/11715541971.pdf

余剛式（2005）。**臺灣與大陸小學社會科教科書國家認同教育模式之分析比較**。屏東師範學院教育行政研究所碩士論文，未出版，屏東市。

冷則剛（2012）。國家、全球化，與兩岸關係。載於包宗和、吳玉山（主編），**重新檢視爭辯中的兩岸關係理論**（頁 143-166）。臺北市：五南。

吳永軍（1999）。**課程社會學**。南京：南京師範大學。

吳玉山（2012）。權力不對稱與兩岸關係研究。載於包宗和、吳玉山（主編），**重新檢視爭辯中的兩岸關係理論**（頁 31-60）。臺北市：五南。

吳孟芬（2008）。**國小社會教科書族群意識型態之批判論述分析**。國立臺北教育大學課程與教學研究所碩士論文，未出版，臺北市。

吳國華（2004）。**新加坡國家認同建構之研究——以小學社會科及公民與道德教育教科書為分析對象**。暨南大學東南亞研究所碩士論文，未出版，南投縣。

呂枝益（1999）。**國小社會科教科書中原住民內涵之分析研究**。國立臺灣師範大學教育研究所碩士論文，未出版，臺北市。

宋佩芬、張韶曦（2010）。臺灣史的詮釋轉變：國族歷史與國家認同教育的省思。**教育科學研究期刊，55**（3），123-150。

宋佩芬、陳俊傑（2015）。國中教科書之中國史敘述變動（1952 -2008）。**教科書研究，8**（1），1-31。

宋國誠（2003）。**後殖民論述——從法農到薩依德**。臺北市：擎松。

宋國誠（2004）。**後殖民文學——從邊緣到中心**。臺北市：擎松。

宋銘桓（2004）。教科書政治意識型態之比較——以「公民與道德」和「認識臺灣」為例。國立中正大學教育學研究所碩士論文，未出版，嘉義縣。

李世達（2010）。臺灣化與去中國化——高中歷史教材中臺灣史書寫的批判話語分析。國立臺灣師範大學大眾傳播研究所碩士論文，未出版，臺北市。

李有成（2012）。他者。臺北市：允晨文化。

李佳蓉、吳昀展、蘇軍瑋（譯）（2012）。L. Dittmer 著。解析兩岸關係的糾結。載於包宗和、吳玉山（主編），重新檢視爭辯中的兩岸關係理論（頁1-13）。臺北市：五南。

李宜珧（2013）。國小國語教科書典範人物意識型態之批判論述分析——以 N 版為例。國立臺北教育大學國民教育學系碩士論文，未出版，臺北市。

李旻憓（2008）。我國高中公民教科書之國家認同演變（1950-2007）。國立彰化師範大學政治學研究所碩士論文，未出版，彰化縣。

李英明（2005）。方法論——研究途徑。載於國立政治大學中國大陸研究中心（主編），工作坊寫真（頁 28-32）。取自 http://ics.nccu.edu.tw/document/newsletter/05_05.pdf。

李英桃（2012）。女性主義和平學。上海：上海人民。

辛金順（2015）。中國現代小說的國族書寫：以身體隱喻為觀察核心。臺北市：秀威資訊。

周珮儀（2001）。教學創新了嗎？文本權威的省思。九年一貫課程改革下創新教學研討會。國立高雄師範大學主辦，2001 年 10 月 30-31 日。

周珮儀（2002）。國小教師解讀教科書的方式。國立臺北師範學院學報，15，115-138。

周珮儀（2003）。教科書的意識型態批判途徑。教育研究，106，132-142。

周珮儀、鄭明長（2006）。一個我國教科書研究資料庫的建置與分析。教育學刊，26，109-132。

周珮儀、鍾怡靜（2012）。聯合國教育科學文化組織教科書研究與教科書修訂指引。教科書研究，6（1），143-154。

周祝瑛、陳威任（1996）。國中日常教學活動之生態研究。臺北市：行政院教育改革審議委員會。

孟樊（2001）。後現代的認同政治。臺北市：揚智。

岩井茂樹著，廖怡錚譯（2022）。朝貢、海禁、互市：近世東亞五百年的跨國貿易

真相。臺北市：八旗文化出版。

林世傑（2013）。國小國語教科書課文意識型態與原住民族形象扭曲之批判論述分析：以南一版三下國語第三課〈超級人民保母〉爲例。載於行政院原住民委員會主編，**全國原住民族研究論文集**，頁1-28，臺北市：行政院原住民委員會。

林生傳（1994）。**教育社會學**。高雄市：復文。

林孟瑩（2005）。**兩岸國初中公民類科教科書國家論述之比較研究**。臺灣大學國家發展研究所碩士論文，未出版，臺北市。

林明華（2006）。**臺灣與香港中學公民教科書之比較分析**。暨南國際大學比較教育系碩士論文，未出版，南投縣。

林清江（1982）。**教育社會學新論**。臺北市：五南。

林雅倩（2007）。**我國國小社會領域教科書階級意識型態之內容分析**。國立中正大學教育學研究所碩士論文，未出版，嘉義縣。

林慧文、游美惠（2010）。小學中年級國語教科書中的家庭。**課程與教學，13**（2），47-76。

林蕙玟、傅朝卿（2008）。紀念場域、歷史的重新書寫與再現：228事件紀念物設置於臺灣都市空間所呈現的歷史新意義。**建築學報，66**，119-144。

邱雅芳（2004，12月）。從旅人之眼到帝國之眼：佐藤春夫與中村地平的霧社印象。論文發表於國立交通大學文化社會研究所舉辦之「**疆界／將屆**」2004年文化研究學生論文發表會，新竹市。

俞彥娟（2001）。從婦女史和性別史的爭議談美國婦女史研究之發展。**近代中國婦女史研究，9**，207-234。

南一書局編（2006）。**社會**。臺南市：南一書局。

姜添輝（2000，12月）。臺灣教育發展的政治意識型態與階級意識型態：課程知識社會學的分析。載於教育部主辦之「**八十九學年度師範學院教育學術論文發表會論文集**」（頁1129-1158）。臺北市：教育部。

姜添輝（2002）。**資本社會中的社會流動與學校體系：批判教育社會學的分析**。臺北市：高教。

姜添輝（2003）。教師是專業或是觀念簡單性的忠誠執行者？文化再製理論的檢證。**教育研究集刊，49**（4），93-126。

姜添輝、陳伯璋（2006）。社會領域教材內容的階級取向與合理化的轉化策略之分析。**當代教育研究，14**（4），29-62。

施正鋒（2003）。臺灣教科書中的國家認同——以國民小學社會課本爲考察的重心。載於臺灣歷史學會編，**歷史意識與歷史教科書論文集**（頁 19-48）。臺北市：稻鄉。

柯保同（2015）。**日治時期公學校國史教科書意識型態之分析**。國立屏東大學教育行政研究所博士論文，未出版，屏東縣。

柯華葳、幸曼玲、林秀地（1996）。**國小日常教學活動之生態研究**。臺北：行政院教育改革審議委員會。

胡育仁（2000）。**國小社會科教科書本土化之分析研究**。國立臺北師範學院課程與教學研究所碩士論文，未出版，臺北市。

范信賢（2001）。「文本」：後現代思潮下對「教材」概念的省思。**國教學報**，**13**，169-183。

范雲（1996）。分裂歷史記憶下的臺灣人認同——從族群政治的「大和解」談起。http://www.isi.edu/~chiueh/oldversion/fanyun/

倪炎元（1999）。再現的政治：解讀媒介對他者負面建構的策略。**新聞學研究**，**58**，85-111。

倪炎元（2003）。**再現的政治：台灣報紙媒體對「他者」建構的論述分析**。臺北市：韋伯文化。

倪炎元（2012）。批判論述分析的定位爭議及其應用問題：以 Norman Fairclough 分析途徑爲例的探討。**新聞學研究**，**110**，1-42。

殷寶寧（2008）。大學校園中的性別與空間課題：從校園空間視角切入的一些思考。取自 http://www.ym.edu.tw/scc/sex/20080312.doc

袁筱梅（2000）。**國中歷史教科書中歷史人物的選擇與撰述——以秦漢史爲範圍**。國立臺灣師範大學歷史研究所碩士論文，未出版，臺北市。

高知遠（2005）。文化他者的虛構與闡釋——論余秋雨《行者無疆》的組織原則。**文學前瞻**，**6**，73-88。

國民教育社群網（2008）。**國民教育階段九年一貫課程總綱綱要：97 年課程綱要**。2016 年 6 月 5 日，取自 http://teach.eje.edu.tw/9CC2/9cc_97.php

國立編譯館主編（1999）。**國民中學認識臺灣（社會篇）（正式本）**。臺北市：編者。

婦女新知基金會（1988）。我們都是這樣長大的——教科書的性別歧視系列。**婦女新知**，**71**、**72**、**73**、**76**、**77**、**78** 期。

張小虹（1995）。重塑法農《黑皮膚，白面具》中的性別／種族政治。**中外文學，24**（5），40-57。

張小虹（1998）。**性帝國主義**。臺北市：聯合文學出版。

張京媛（2007）。彼與此──愛德華・薩伊德的《東方主義》。載於張京媛（編），**後殖民理論與文化認同**（頁 33-49）。臺北市：麥田。

張芬芬（2012）。文本分析方法論及其對教科書分析研究的啟示。載於國家教育研究院主編，**開卷有益：教科書的回顧與前瞻**（頁 161-197）。臺北市：高等教育出版社。

張恆豪、蘇峰山（2009）。戰後臺灣國小教科書中的障礙者意象分析。**臺灣社會學刊，42**，143-188。

張盈堃（2001）。殘缺文本的還原──教科書性別知識的生產、審查與刪削。**婦女與兩性學刊，12**，139-165。

張期玲（2004）。**國家認同的塑造：以國中的歷史教科書為焦點**。淡江大學公共行政學系公共政策碩士論文，未出版，新北市。

張登及（2013）。「再平衡」對美中關係之影響：一個理論與政策的分析。**遠景基金會季刊，14**（2），53-98。

張錦華、黃浩榮、洪佩民（2003）。從多元文化觀點檢視新聞採寫教科書──以原住民族群相關報導爲例。**新聞學研究，76**，129-153。

教育部（1994）。**國民中學課程標準**。臺北市：編者。

教育部（2003）。**國民中小學九年一貫課程綱要：社會學習領域**。臺北市：教育部。

教育部（2006）。**國民中小學九年一貫課程綱要**。2006 年 6 月 3 日，取自 http://www.edu.tw/EDU_WEB/EDU_MGT/EJE/EDU5147002/9CC/9CC.html?TYPE=1&UNITID=225&CATEGORYID=0&FILEID=124759&open

教育部（2011）。**中小學國際教育白皮書**。臺北市：作者。

章英華、薛承泰、黃毅志（1996）。**教育分流與社會經濟地位──兼論對技職教育改革的政策意涵**。臺北市：行政院教育改革審議委員會。

許光武（2006）。**帝國之眼：日本殖民者與它的「他者」臺灣**。國立政治大學東亞研究所博士論文，未出版，臺北市。

許佩賢（1994）。**塑造殖民地少國民──日據時期臺灣公學校教科書之分析**。國立臺灣大學歷史研究所碩士論文，未出版，臺北市。

連家萱、陳昱名（2014）。國中健康教育領域教科書性教育圖像與身體意象之符號

　　分析。載於教育部主編，**回顧與前瞻──性別平等教育法立法十週年學術研討會**（頁 46）。

郭丁熒（2003）。教師的多維影像：教師角色之社會學論述。**國立臺北師範學院學報，16**（2），161-186。

郭丁熒（2004）。**教師圖像──教師社會學研究**。高雄市：復文。

郭豐榮（2008）。**高中公民領域教材中「國家認同」變遷之研究──1995 年至 2008 年為主**。國立臺灣師範大學政治學研究所在職進修碩士班碩士論文，未出版，臺北市。

陳文彥（2005）。教師教科書素養及其提升途徑之分析。**初等教育學刊，20**，67-88。

陳伯璋（1988）。**意識型態與教育**。臺北中：師大書苑。

陳伯璋（1991）。教育問題。載於楊國樞、葉啟政（主編），**1991 臺灣的社會問題**（頁 259-298）。臺北市：巨流。

陳幸仁、王雅玄（2007）。偏遠小校發展社區關係與組織文化之優勢：以一所國中為例。**臺東大學教育學報，18**（2），1-30。

陳采憶（2009）。**國民中學社會學習領域教科書國家認同內涵之分析──以歷史教材為焦點**。國立臺中教育大學課程與教學研究所碩士論文，未出版，臺中市。

陳奎憙（2001）。**教育社會學導論**。臺北市：師大書苑。

陳建民（2007）。**兩岸關係中的美國因素**。臺北市：秀威資訊科技。

陳思尹（2012）。**國小社會教科書族群議題之分析──後殖民論述觀點**。國立臺北教育大學課程與教學研究所碩士論文，未出版，臺北市。

陳家葳（2011a）。**國小社會學習領域「人權」概念的論述分析──以教科書中「人民基本權利與義務」為例**。國立臺北教育大學社會與區域發展學系碩士論文，未出版，臺北市。

陳家葳（2011b）。試評王雅玄、余佳儒＜社會教科書的批判論述分析──以南一版國小五年級下學期教材內容之政治意識型態為例＞。南華大學社會學研究所**網路社會學通訊期刊，94**。http://mail.nhu.edu.tw/~society/e-j.htm，自 102 年 4 月 15 日止停刊。

陳敏華（2007）。**我國國民中學公民類科教科書國家認同內涵之演變**。國立臺灣師範大學公民教育與活動領導學系在職進修碩士班碩士論文，未出版，臺北市。

陳祥、陳嘉珮（2009）。臺灣國家形象轉變 20 年（1986-2005）──紐約時報與華

盛頓郵報形塑下的臺灣。**傳播與管理研究，9**（1），5-32。

陳嘉陽（2004）。**教育概論**。臺中市：教甄策略研究中心。

陶東風（2000）。**後殖民主義**。臺北市：揚智文化。

單文經（2000）。臺灣中小學公民教育與「臺灣人」意識的型塑。**教育資料集刊，25**，47-63。

彭小妍（1994）。族群書寫與民族／國家：論原住民文學。**當代，98**，48-63。

彭明輝（2001）。臺灣的歷史教育與歷史教科書（1945-2000）。載於彭明輝著，**台灣史學的中國纏結**（頁 207-260）。臺北市：麥田出版社。

彭榮邦（2014）。想像的他者·他者的想像：心理學所謂的「文化轉向」。收錄於劉斐玟、朱瑞玲主編，**同理心、情感與互為主體：人類學與心理學的對話**（頁349-389）。臺北市：中央研究院民族學研究所。

曾俊瑋（2007）。現行高中公民與社會教科書國家認同內涵之分析。國立臺灣師範大學政治學研究所在職進修碩士班碩士論文，未出版，臺北市。

曾曉昱（2008）。**國小社會課程中上階級意識型態之研究**。國立臺灣師範大學教育學系碩士論文，未出版，臺北市。

程予誠（1998）。**傳播帝國——新媒介帝國主義**。臺北市：亞太。

馮美滿（2014）。國中臺灣史教科書政治意識型態之批判論述分析——以翰林（2013版）教材內容為例。**嘉大教育研究學刊，33**，81-108。

黃政傑（2003）。重建教科書的概念與實務。**課程與教學季刊，6**（1），1-12。

黃春木（2016）。從天朝到列國——歷史教科書中「國家」的形塑及其問題。載於甄曉蘭、楊國揚主編，**歷史教育與和平——教材教法的反思與突破**（頁 105-134）。新北市：國家教育研究院。

黃書祥（2007）。**國小社會教科書家庭概念之批判論述分析——以 K 版第一冊第一單元為例**。國立臺北教育大學課程與教學研究所碩士論文，未出版，臺北市。

黃婉君（1998）。**國小新版國語教科書性別意識型態之內容分析研究**。臺北市立師範學院國民教育研究所碩士論文，未出版，臺北市。

黃毅志（1992）。結構變遷與地位取得之關係：以教育擴充為例。**中國社會學刊，16**，89-105。

黃毅志、陳怡靖（2005）。臺灣的升學問題：教育社會學理論與研究之檢討。**臺灣教育社會學研究，5**（1），77-118。

楊景堯（2010）。**全球化的學習與理解：國際教科書檢視與專題分析**。臺北市：國立編譯館。

葉玉賢（2010）。馬來西亞華文獨立中學初中「歷史科」教科書之分析（1973-2007）：一個馬來西亞華人「中國性」轉變之觀點。**課程與教學季刊，13**（4），159-187。

詹棟樑（1989）。教科書與意識型態。載於中華民國比較教育學會主編，**各國教科書比較研究**（頁1-37）。臺北市：臺灣書店。

鄒筱涵、于卓民（2007）。國家形象衡量指標建立之研究。**中華管理評論國際學報，10**（3），1-22。

廖炳惠（2000）。臺灣：後現代或後殖民？載於劉紀蕙、周英雄主編，**書寫臺灣：文學史、後殖民與後現代**（頁85-99）。臺北市：麥田人文。

廖容辰（2005）。**臺灣與香港公民教育教科書中國家認同內涵之比較**。暨南國際大學比較教育學系所碩士論文，未出版，南投縣。

甄曉蘭（2003）。教師的課程意識與教學實踐。**教育研究集刊，49**（1），63-94。

甄曉蘭（2004）。**課程理論與實務——解構與重建**。臺北市：高等教育。

甄曉蘭（2016）。從和平教育觀點談歷史教材與教學的革新。載於甄曉蘭、楊國揚主編，**歷史教育與和平——教材教法的反思與突破**（頁1-14）。新北市：國家教育研究院。

褚天安（2009）。**高中美術教科書「世界美術」教材文本分析**。國立臺灣師範大學美術學系在職進修碩士班碩士論文，未出版，臺北市。

劉紀蕙（2000）。**孤兒、女神、負面書寫：文化符號的徵狀式閱讀**。臺北市：立緒。

劉紀蕙（2001）。他者之域在何方？載於劉紀蕙（主編），**他者之域：文化身分與再現策略**（頁25-30）。臺北市：麥田。

劉紀蕙（2003）。**文化主體的「賤斥」——論克莉絲蒂娃的語言中分裂主體與文化恐懼結構**。取自http://www.srcs.nctu.edu.tw/joyceliu/mworks/kristeva/abjection.htm

劉紀蕙（2004）。**心的變異：現代性的精神形式**。臺北市：麥田。

劉紀蕙（2006）。文化研究的政治性空間。**臺灣社會研究，62**，209-222。

劉紀蕙（2008）。他者視點與方法：子安宣邦教授訪談。**文化研究，6**（S），208-220。

歐用生（1985）。**國民小學社會科教科書意識型態之分析**。臺北市：教育部。

歐用生（1989）。**我國國民小學社會科「潛在課程」分析**。國立臺灣師範大學教育研究所博士論文，未出版。

歐用生（2000）。**課程改革**。臺北市：師大書苑。

歐用生（2003）。誰能不在乎課程理論？教師課程理論的覺醒。**教育資料集刊**，**28**，373-387。

歐用生、李麗卿（1998）。海峽兩岸小學語文教科書政治意識型態之比較分析。載於歐用生、楊慧文（主編），**新世紀的課程改革──兩岸觀點**（頁 187-236）。臺北市：五南。

歐用生、洪孟珠（2004）。社會學習領域教科書審查歷程之分析。**教育資料集刊**，**29**，225-246。

蔡佩如（2003）。**中華民國中學歷史教科書的後殖民分析──以臺灣論述為核心**。國立臺灣大學政治學研究所碩士論文，未出版，臺北市。

蔡培村（1995）。中小學教師生涯與等級劃分可行性之研究。**教育研究資訊**，**3**（4），54-72。

蔡清田、陳正昌（1989）。國民小學教科書內容之檢討。**現代教育**，**13**，72-84。

蔣淑如（2012）。**國中臺灣史教科書性別意識型態之演變：女性主義史學觀點**。國立中正大學教育學研究所碩士論文，未出版，嘉義縣。

蔣淑如（2016）。女性主義史學視角下的國中臺灣史教科書。**中等教育**，**67**（2），67-81。

蔣淑如（2022）。**拆解國中課綱史觀與歷史教科書的性別論述**。國立中正大學教育學研究所博士論文，未出版，嘉義縣。

蔣淑如、王雅玄（2016）。歷史渴望和平？──國外歷史教科書中的爭議問題。載於甄曉蘭、楊國揚主編，**歷史教育與和平──教材教法的反思與突破**（頁 37-58）。新北市：國家教育研究院。

翰林出版事業股份有限公司（2015）。**國中社會課本 第二─六冊**。臺南市：翰林。

翰林出版事業股份有限公司（2016）。**國中社會課本 第一冊**。臺南市：翰林。

蕭文淵（2007）。**國民小學社會學習領域教科書國家認同之內容分析**。國立屏東教育大學教育學系碩士論文，未出版，屏東市。

蕭昭君（2002）。國小師資培育教導的是誰的知識？──初等教育教科書性別內容的初步檢視。**教育研究資訊**，**19**（6），19-43。

賴桂玲（2014）。**戰後國（初）中公民教科書社會議題內涵演變分析**。國立臺灣師

範大學公民教育與活動領導學系在職進修碩士班碩士論文，未出版，臺北市。

錢清泓（2002）。從課程「控制」看教科書的再概念化。**課程與教學季刊，6**
　　（1），43-60。

應鳳凰（2000）。鍾理和文學發展史及其後殖民論述。載於劉紀蕙、周英雄主編，
　　書寫臺灣：文學史、後殖民與後現代（頁169-195）。臺北市：麥田人文。

謝小芩、李安莉、李芳玲、王佩芬、陳惠敏、游千慧、楊佳羚（1999）。**「檢視國**
　　中二年級教科書是否符合兩性平等原則」專案報告書。臺北市：教育部。

謝婷妮（2013）。**馬來西亞公立小學公民教育教科書國家認同之批判論述分析**。國
　　立中正大學課程研究所碩士論文，未出版，嘉義縣。

藍順德（2004）。二十年來國內博碩士論文教科書研究之分析。**國立編譯館館刊，**
　　32（4），2-25。

顏慶祥（1997）。**教科書政治意識型態分析──兩岸國（初）中歷史教科書比較**。
　　臺北市：五南。

顏慶祥、湯維玲（1997）。淺論教科書政治學。載於歐用生（主編），**新世紀的教**
　　育發展（頁109-128）。臺北市：師大書苑。

魏素玲（2006）。**香港中學歷史教科書中香港歷史與認同塑造（1991-2003）**。國
　　立臺灣師範大學歷史學系在職進修研究班碩士論文，未出版，臺北市。

羅景文（2012）。召喚與凝聚──越南潘佩珠建構的英雄系譜與國族論述。**成大中**
　　文學報，37，159-186。

譚光鼎（2000）。國家霸權與政治社會化之探討──以「認識臺灣」課程為例。**教**
　　育研究集刊，45，113-137。

蘇峰山（2004）。論述分析導論。**教育社會學通訊，54**，18-31。

蘇紹智（2001）。迎接二十一世紀的大趨勢：全球化。**爭鳴月刊**。取自 https://
　　www.epochtimes.com/b5/1/1/5/n30287.htm

顧家銘（1997）。**二十世紀帝國主義理論之評析**。國立臺灣師範大學三民主義研究
　　所碩士論文，未出版，臺北市。

顧燕翎主編（1997）。**女性主義理論與流派**。臺北市：女書文化事業有限公司。

Anderson, Benedict 著，吳叡人譯（2010）。**想像的共同體：民族主義的起源與散**
　　布（*Imagined communities: Reflections on the origin and spread of nationalism*）。
　　臺北市：時報出版社。（原著出版於 1991 年）

Arendt, Hannah 著，林驤華譯（2009）。**極權主義的起源**（*The origins of*

totalitarianism）。臺北市：左岸文化。（原著出版於 1951 年）

Ashcroft, Griffins & Tiffin 著，劉自荃譯（1998）。**逆寫帝國：後殖民文學的理論與實踐**（*The empire writes back: Theory and practice in post-colonial literatures*）。臺北市：駱駝出版社。（原著出版於 1989 年）

Barker, Chirs 著，羅世宏等譯（2004）。**文化研究——理論與實踐**（*Cultural studies: Theory and practice*）。臺北市：五南。（原著出版於 2000 年）

Buruma, I., & Margalit, A. 著，林錚顗譯（2010）。**西方主義：敵人眼中的西方**（*Occidentalism: The west in the eyes of its enemies*）。臺北市：博雅書屋。（原著出版於 2005 年）

Dreyfus, H. L., & Rabinow, P. 著，錢俊譯（1995）。**傅柯——超越結構主義與詮釋學**（*Michel Foucault: Beyond structuralism and hermeneutics*）。臺北市：桂冠。（原著出版於 1982 年）

Gellner, Ernest 著，李金梅、黃俊龍（譯）（2001）。**國族與國族主義**（*Nations and nationalism*）。臺北市：聯經。（原著出版於 1995 年）

Giddens, Anthony 著，胡宗澤、趙力濤（譯）（2002）。**民族—國家與暴力**（*The nation-state and violence*）。臺北市：左岸。（原著出版於 1987 年）

Hobsbawm, Eric J. 著，鄭明萱譯（1996）。**極端的年代 1914-1991：二十世紀史**（*Age of extremes: The short twentieth century 1914-1991*）。臺北市：麥田。（原著出版於 1994 年）

Layton, R. 著，蒙養山人譯（2005）。**他者的眼光——人類學理論入門**（*An introduction to theory in anthropology*）。北京：華夏出版社。（原著出版於 1997 年）

Mannheim, Karl 著，張明貴譯（1998）。**知識社會學導論**（*Ideology and utopia: An introduction to the sociology of knowledge*）。臺北市：風雲論壇出版社。（原著出版於 1929 年）

McLaughlin, C., & Davidson, G. 著，陳蒼多譯（1998）。**心靈政治學**（*Spiritual politics*）。臺北市：國立編譯館。

Said, E. 著，彭淮棟譯（2000）。**鄉關何處：薩依德回憶錄**（*Out of place: A memoir*）。臺北市：立緒。（原著出版於 1978 年）

Said, E. 著，蔡源林譯（2000）。**文化與帝國主義**（*Culture and imperialism*）。臺北市：立緒文化。（原著出版於 1993 年）

Said, E. 著，王志弘、王淑燕、莊雅仲等譯（1999）。**東方主義**（*Orientalism*）。台北：立緒。（原著出版於 1978 年）

Savater, Fernando 著，魏然譯（2015）。**哲學大師寫給每個人的政治思考課**。臺北市：漫遊者文化出版。

Weisman, Leslie Kanes 著，王志弘、張淑致、魏慶嘉（合譯）（1997）。**設計的歧視：男造環境的女性主義批判**（*Discrimination by design: A feminist critique of the man-made environment*）。臺北市：巨流。（原著出版於 1994 年）

二 外文

Altbach, P. G. (1991). Textbooks: The international dimension. In M. W. Apple & L. K. Christian-Smith (Eds.), *The politics of the textbook* (pp. 242-258). New York: Routledge.

Anderson, B. (1991). *Imagined communities: Reflections on the origin and spread of nationalism*. London & New York: Verso.

Anholt, S. (2007). *Competitive identity: The new brand management for nations*. London: Palgrave Macmillan.

Apple, M. W., & Christian-Smith, L. K. (Eds.) (1991). *The politics of the textbook*. New York: Routledge.

Apple, M. W. (1990). *Ideology and curriculum*. New York: Routledge.

Apple, M. W. (1999). *Power, meaning, and identity: Essays in critical educational studies*. New York: Peter Lang.

Apple, M. W. (2000). *Official knowledge: Democratic education in a conservation age* (2nd ed). New York: Routledge.

Arendt, H. (1951). *The origins of totalitarianism*. New York: Harcourt Brace.

Aronowitz, S., & Giroux, H. A. (1985). *Education under siege: The conservative, liberal and radical debate over schooling*. Massachusetts: Bergin & Garvey Publishers Inc.

Baerwald, T. J., & Fraser, C. (2005). *World geography: Building a global perspective*. New Jersey: Pearson Prentice Hall.

Banks, J. A. (1996). Transformative knowledge, curriculum reform, and action. In James A. Banks (Ed.), *Multicultural education, transformative knowledge, and action:*

Historical and contemporary perspectives (pp. 335-348). New York: Teachers College Press.

Banks, J. A. (1999). *Teaching strategies for the social studies* (5th ed.). N.Y.: Longman.

Barnard, C. (2001). Isolating knowledge of the unpleasant: The rape of Nanking in Japanese high-school textbooks. *British Journal of Sociology of Education, 22*(4), 519-530.

Barthes, R. (1977). *Image, music, text.* Glasgow: Fontana.

Baumeister, R. F., & Hastings S. (1997). Distortions of collective memory: How groups flatter and deceive themselves. In Pennebaker, J. W., Paez D., & Rime B. (Eds.), *Collective memory of political events: Social psychological perspectives.* (pp. 277-293). Mahwah, New Jersey: Lawrence Erlbaum Associates.

Bennetta, W. J. (1997). A dumbed-down textbook is "a textbook for all students" [Editor's File], *The Textbook Letter*, May-June 1997. 2016/01/08 retrieved from http://www.textbookleague.org/82dumbo.htm

Benton, S. (1998). Founding fathers & earth mothers: Women's place at the birth of nations. In Charles, N. & Hintjens, H. (Eds.), *Gender, ethnicity and political ideologies* (pp. 27-45). London, UK: Routledge.

Berger, P. (1966). Identity as a problem in the sociology of knowledge. In the Open University (1971)(Ed.), *School and society: A sociological reader* (pp. 107-112). London: Routledge & Kegan Paul.

Bernstein, B. B. (1975). *Class, codes and control, Vol. 3.* London: Routledge & Kegan Paul.

Billington, R., Strawbridge, S., Greensides, L., & Fitzsimons, A. (1991). *Culture and society.* Macmillan UK: Palgrave.

Bingham, C. (2001). *Schools of recognition: Identity politics and classroom practices.* Oxford: Rowman & Littlefield Publishers.

Blackburn, G. W. (1985). *Education in the Third Reich: A study of race and history in Nazi textbooks.* Albany, NY: State University.

Blau, P. M. (1977). *Inequity and heterogeneity.* Glencoe, IL: Free Press.

Bourdieu, P. (1993). *The field of cultural production: Essays on art and literature.* Cambridge: Polity.

Bourdillon, H. (Ed.) (1992). *History and social studies—Methodologies of textbook analysis*. Amsterdam: Swets & Zeitlinger B.V.

Bowles, S., & Gintis, H. (1976). *Schooling in capitalist America: Educational reform and the contradictions of economic life*. London: Routledge & Kegan Paul.

Bransford, J. D., Brown, A. L., & Cocking, R. R. (Eds.). (1999). Committee on developments in the science of learning, commission on behavioural and social sciences and education. *How people learn: Brain, mind, experience, and school*. Washington: National Academy Press.

Brass, P. R. (1985). *Ethnic groups and the state*. Totowa, N.J.: Barnes & Noble Books.

Breitkreuz, R. S. (2005). Engendering citizenship? A critical feminist analysis of Canadian welfare-to-work policies and the employment experiences of lone mothers. *The Journal of Sociology & Social Welfare, 32*(2). Retrieved from http://scholarworks. wmich.edu/jssw/vol32/iss2/10

Bulter, J. (1993). *Bodies that matter*. London: Routledge.

Carspecken, P. F. (1996). *Critical ethnography in educational research: A theoretical and practical guide*. London: Routledge.

Charles, N., & Hintjens, H. (1998). Gender, ethnicity and cultural identity: Womens 'places'. In Charles, N. & Hintjens, H. (Eds.), *Gender, ethnicity and political ideologies* (pp. 1-26). London, UK: Routledge.

Chick, K. A. (2006). Gender balance in K-12 American history textbooks. *Social Studies Research and Practice, 1*(3), 284-290.

Cicourel, A. V. (1992). The interpenetration of communicative contexts: Examples from medical encounters. In A. Duranti & C. Goodwin (Eds.), *Rethinking context: Language as an interactive phenomenon* (pp. 291-310). Cambridge: Cambridge University Press.

Collins, M. (2004). *Becoming a teacher: Knowledge, skills and issues*. (3rd ed.) Frenchs Forest, NSW: Pearson.

Connelly, F. M., & Clandinin, D. J. (1988). *Teachers as curriculum planners*. New Yark: Teachers College Press.

Crosnoe, R., Johnson. M. K., & Elder, G. H. (2004). School size and the interpersonal side of education: An examination of race/ethnicity and organizational context. *Social*

Science Quarterly, 85(5), 1259-1274.

Cutshall, S. (2003). Is smaller better? When it comes to schools, size does matter. *Techniques: Connecting Education and Careers, 78*(3), 22-25.

De Vos, G. A. (1974). *Ethnic identity*. Chicago: Chicago University Press.

Dirlik, A. (1994). The postcolonial aura: Third World criticism in the age of global capitalism. *Critical Inquiry, 20*(2), 328-356.

Dockery, G. (2000). Participatory research: Whose roles, whose responsibilities? In C. Truman, D. M. Mertens, & B. Humphries (Eds.), *Research and inequality* (pp. 95-110). London: UCL Press.

Doll, W. E. (2002). Ghosts and the curriculum. In William E. Doll, Jr. & Noel Gough (Eds.), *Curriculum visions* (pp. 23-70). New York: Peter Lang.

Eggleston, J. (1977). *The sociology of the school curriculum*. London: Routledge & Kegan Paul.

Eisner, E. (1992). Curriculum ideologies. In Philip W. Jackson (Ed.), *Handbook of research on curriculum: A project of the American Educational Research Association* (pp. 302-326). New York: Macmillan Publishing Company.

Eliot, T. S. (1948). *Notes towards the definition of culture*. London: Faber & Faber.

Enloe, C. (1990). *Bananas, beaches and bases*. London: University of California Press.

Ericson, R., Baranek, P., and Chan, J. (1991). *Representing order: Crime, law, and justice in the news media*. Milton Keynes: Open University Press.

Evans, P. M. (2003). A principal's dilemmas: Theory and reality of school redesign. *Phi Delta Kappan, 84*(6), 424-436.

Fairclough, N., & Wodak, R. (1997). Critical discourse analysis: An overview. In T. van Dijk (Ed.), *Discourse as social interaction: A multidisciplinary introduction* (pp. 258-284). London: SAGE.

Fairclough, N. (1992a). Discourse and text: Linguistic and intertextual analysis within discourse analysis. *Discourse & Society, 3*, 193-217.

Fairclough, N. (1992b). *Discourse and social change*. Cambridge: Polity Press.

Fairclough, N. (1995). *Media discourse*. London: Edward Arnold.

Fairclough, N. (2001). Critical discourse analysis as a method in social scientific research. In R. Wodak & M. Meyer (Eds.), *Methods of critical discourse analysis* (pp. 121-

138). London: SAGE.

Foucault, M. (1972). *The archaeology of knowledge*. London: Routledge.

Foucault, M. (1980). *Power/Knowledge: Selected interviews and other writings: 1972-1997*. (Ed. by Colin Gordon, translated by Colin Gordon et al.). New York: Pantheon Books.

Foucault, M. (1981). The order of discourse. In R. Young (Ed.), *Untying the text: A post-structuralist reader* (pp. 48-78). London: Routledge & Kegan Paul.

Foucault, M. (1984). *The Foucault Reader: An introduction to Foucault's thoughts*. Ed. by Paul Rabinow. Harmondsworth: Penguin.

Foucault, M. (1985). *The history of sexuality (vol. 2): The use of pleasure*. New York: Pantheon.

Fowler, R. (1991). *Language in the news: Discourse and ideology in the press*. London: Routledge.

Freire, P. (1970). *Pedagogy of the oppressed*. London: Penguin.

Freire, P. (1973). *Education for critical consciousness*. New York: Continuum.

Fritzsche, K. P. (1992). Prejudice and underlying assumptions. In H. Bourdillon (Ed.), *History and social studies─Methodologies of textbook analysis* (pp. 52-59). Amsterdam: Swets & Zeitlinger B.V.

Fullan, M., & Hargreaves, A. (1996). *What's worth fighting for in your school*. New York: Teachers College Press.

Fuss, D. (1994). Interior colonies: Frantz Fanon and the politics of identification. *Diacritics, 24*(2-3), 20-42.

Gandhi, L. (1998). *Postcolonial theory*. St. Leonards: Allen & Uniwin.

Gee, J. P., Michaels, S., & O'Connor, M. C. (1992). Discourse analysis. In M. D. LeCompte, W. L. Millroy, and J. Preissle (Eds.), *The handbook of qualitative research in education* (pp. 227-291). San Diego, California: Academic Press.

Giddens, A. (1991). Structuration theory: Past, present and future. In C. G. A. Byrant & D. Jary (Eds.), *Giddens' theory of structuration: A critical appreciation* (pp. 201-221). London: Routledge.

Giddens, A. (1999). *Runaway world: How globalization is reshaping our lives*. London: Profile.

Gilbert, R. (1989). Text analysis and ideology critique of curricular content. In De Castell, S. A. Luke, & C. Luke (Eds.), *Language, authority and criticism* (pp. 61-73). New York: Philadelphia.

Giroux (1997). 'Is there a place for cultural studies in colleges of education?' In Giroux (Ed.), *Education and cultural studies: Toward a performative practice* (pp. 231-248). London: Routledge.

Goodson, I. (1985). *Social histories of the secondary curriculum: Subjects for study.* London: Falmer.

Gordon, D. (1988). Education as text: The varieties of educational hiddenness. *Curriculum Inquiry, 18*(4), 425-449.

Halbwachs, M., & Coser, L. (1992). *On collective memory.* Chicago: University of Chicago Press.

Hall, S. (1996). The meaning of New Times. In Morley D. Chen (Eds.), *Stuart Hall: Critical dialogues in Cultural Studies.* London: Routledge & Kegan Paul.

Hall, S. (Ed.) (1997). *Representation: Cultural representations and signifying practices.* London: SAGE.

Halliday, M. A. K. (1985). *An introduction to functional grammar.* London: Edward Arnold.

Harding, S. (1987). Introduction: Is there a feminist method? In S. Harding (Ed.), *Feminism and methodology* (pp. 1-14). Bloomington: Indiana University Press.

Harding, S. (1998). *Is science multicultural?* Bloomington: Indiana University Press.

Hargreaves, A. (Ed.) (1997). *Rethinking educational change with heart and mind.* Alexandria, VA: Association for Supervision and Curriculum Development.

Hargreaves, D. H. (1980). The occupational culture of teachers. In P. Woods (Ed.), *Teacher strategies: Explorations in the sociology of the school* (pp. 125-148). London: Groom Helm.

Harvey, L. (1990). *Critical social research.* London: Unwin Hyman Ltd.

Heck, S. F., & Williams, C. R. (1984). *The complex roles of the teacher: An ecological perspective.* New York: Teachers College Press

Hein, L., & Selden, M. (Eds.). (2000). *Censoring history: Citizenship and memory in Japan, Germany, and the United States.* New York: M. E. Sharpe Inc.

Heywood, A. (2017). *Political ideologies: An introduction*. Macmillan International Higher Education.

Howarth, D. (2000). *Discourse*. Buckingham: Open University Press.

Hutchinson, J., & Smith, A. D. (1996). *Ethnicity*. New York: Oxford University Press.

Illich, I. (1973). *Deschooling society*. Harmondsworth: Penguin.

Jacobs, H. H., & LeVasseur, M. L. (2005). *Eastern hemisphere: Geography, history culture*. Massachusetts: Pearson Prentice Hall.

Jameson, F. (1993). On "cultural studies". *Social Text, 34*, 17-52.

Jenlen, A., & Kopkowski, C. (2006). Is smaller better? *NEA Today,* February, 24-30.

Jobrack, B. (2012). *Tyranny of the Textbook: An insider exposes how educational materials undermine reforms*. New York: Rowman & Littlefield Publishers.

Johnsen, E. B. (1993). *Textbooks in the kaleidoscope: A critical survey of literature and research on educational texts* (L. Sivesind, Trans.). Oslo, Norway: Scandinavian University Press (Original work published in 1993).

Johnson, R. (1986/1987). What is cultural studies anyway? *Social Text, 16*, 38-80.

Kelly, A. V. (1999). *The curriculum: Theory and practice* (4th ed.). London: Paul Chapman Publishing.

Knoblauch, H. (2005, September). Focused ethnography [30 paragraphs]. *Forum Qualitative Sozialforschung / Forum: Qualitative Social Research* [On-line Journal], *6*(3), Art. 44. Available at: http://www.qualitative-research.net/fqs-texte/3-05/05-3-44-e.htm [Date of Access: June 22, 2006].

Kress, C. (1996). Representational resources and the production of subjectivity: Questions for the theoretical development of Critical Discourse Analysis in a multicultural society. In Caldas-Coulthard R. Carmen & M. Coulthard (Eds.), *Texts and practices: Readings in critical discourse analysis* (pp. 15-31). London: Routledge.

Lawson, T., Jones, A., & Moores, R. (2000). *Advanced sociology through diagrams*. Oxford: Oxford University Press.

Lee, V. E., & Smith, J. B. (1993). Effects of school restructuring on the achievement and engagement of middle-grade students. *Sociology of Education, 66*(3), 164-187.

Lee, V. E., Ready, D. D., & Johnson, D. J. (2001). The difficulty of identifying rare samples to study: The case of high schools divided into schools-within-schools. *Educational*

Evaluation and Policy Analysis, 23(4), 365-379.

Lee, W. O. (1996). The cultural context for Chinese learners: Conceptions of learning in the Confucian tradition. In D. A. Watkins & J. B. Biggs. (Eds) .*The Chinese Learners: Cultural, Psychological and Contextual Influence* (pp. 25-41). Hong Kong: Comparative Education Research Centre.

Lemke, J. L. (1995). *Textual politics: Discourse and social dynamics.* London: Taylor & Francis Ltd.

Liu, Yongbing (2005). The construction of cultural values and beliefs in Chinese language textbooks: A critical discourse analysis. *Discourse: Studies in the Cultural Politics of Education, 26*(1), 15-30.

Locke, T. (2004). *Critical discourse analysis.* London: Continuum.

Lortie, Dan C. (1975). *School teacher: A sociological study.* Chicago: University of Chicago Press.

Luke, A. (1997). Critical discourse analysis. In Lawrence J. Saha (Ed.), *International encyclopedia on the sociology of education* (pp. 50-56). Oxford: Pergamon.

Manning, P. K., and Cullum-Swan, B. (1998). Narrative, content, and semiotic analysis. In N. K. Denzin, and Y. S. Lincoln (Eds.), *Collecting and interpreting qualitative materials* (pp. 246-273). Thousand Oaks: Sage.

Marsh, C. (2004). *Becolning a teacher: Knowledge, skills and issues.* Frenchs Forest, NSW: Pearson.

McClintock, A. (1995). *Imperial leather: Race, gender and sexuality in the colonial contest.* London: Routledge.

Meier, D. (1995). *The power of their ideas: Lessons for America from a small school in Harlem.* Boston, MA: Beacon.

Mikk, J. (2000). *Textbook: Research and writing.* New York: P. Lang.

Moore, R. (2000). For knowledge: Tradition, progressivism and progress in education-reconstructing the curriculum debate. *Cambridge Journal of Education, 30*(1), 17-35.

Nagel, J. (1998). Masculinity and nationalism: Gender and sexuality in the making of nations. *Ethnic and Racial Studies, 21*(2), 242-269.

Nicholls, J. (2003). Methods in school textbook research. *International Journal of Historical Learning, Teaching and Research, 3*(2), 11-26.

Nuri Robins, K., Lindsey, R. B., Lindsey, D. B., & Terrel, R. D. (2002). *Cultural proficient instruction: A guide for people who teach*. California, Thousand Oaks: Corwin Press.

O'Sullivan, T., Hartley, J., Saunders, D., Montgomery, M., and Fiske, J. (1994). *Key concepts in communication and cultural studies*. London: Routledge.

Osler, A. (1994). Still hidden from history? The representation of women in recently published history textbooks. *Oxford Review of Education, 20*(2), 219-235.

Pinar, W. F., Reynolds, W. M., Slattery, P., & Taubman, P. M. (1995). *Understanding curriculum-An introduction to the study of historical and contemporary curriculum discourses*. NY: Peter Lang.

Pingel, F. (1999). *UNESCO Guidebook on Textbook Research and Textbook Revision*. Hannover: Hahnsche Buchhandlung.

Pingel, F. (2010). *UNESCO guidebook on textbook research and textbook revision*. Retrieved from http://unesdoc.unesco.org/images/0011/001171/117188e.pdf

Pinson, H. (2000). *The role of citizenship education in multicultural society and nation-building state: The case of Israel*. Unpublished Master of Philosophy Thesis in Faculty of Education, Cambridge University, UK.

Pinto, D. (2004). Indoctrinating the youth of post-war Spain: A discourse analysis of a Fascist civics textbook. *Discourse & Society, 15*(5), 649-667.

Potter, J. (1997). Discourse analysis as a way of analysing naturally occuring talk. In D. Silverman (Ed.), *Qualitative research: Theory, method and practice* (pp. 144-160). London: SAGE.

Ramírez, S. E., Stearns, P., & Wineburg, S. (2008). *World history: Human legacy: Modern era*. Austin: Holt Rinehart and Winston.

Ready, D. D., Lee, V. E., & Welner, K. G. (2004). Educational equity and school structure: School size, overcrowding, and schools-within-schools. *Teachers College Record, 106*(10), 1989-2014.

Reisigl, M., & Wodak, R. (2001). *Discourse and discrimination: Rhetorics of racism and antisemitism*. London: Routledge.

Richards, G. (1997). *"Race", racism, and psychology: Towards a reflexive history*. London, UK: Routledge.

Robertson, W. (1992). Teaching your students to understand science rather than memorize facts and equations. *Research Matters to the Science Teacher, 5*, 51-58

Rutherford J. (1990). *Identity and the cultural politics of difference.* London: Lawrence and Wishart.

Sager, R. J., & Helgren, D. M. (2008). *World geography today.* Austin: Holt Rinehart and Winston.

Said, E. (1978). *Orientalism.* New York: Pantheon.

Said, E. (1994). *Culture and Imperialism.* New York: Vintage Books.

Salter, C. L. (2009). *World geography.* Austin: Holt Rinehart and Winston.

Sardar, Z., Nandy, A., & Davies, M. W. (1993). *Barbaric others: A manifesto on western racism.* London, UK: Pluto Press.

Sargent, L. T. (2009). *Contemporary political ideologies: A comparative analysis (* Fourteenth Edition). Wadsworth: Cengage Learning.

Scott, J. W. (1986). Gender: A useful category of historical analysis. *The American Historical Review, 91*(5), 1053-1075.

Sewall, G. (2005). Textbook publishing. *Phi Delta Kappan, 86*(7), 498-502.

Sleeter, C. E., and Grant, C. A. (1991). Race, class, gender, and disability in current textbooks. In M. W. Apple and L. K. Christian Smith (Eds.), *The politics of the textbook* (pp. 78-110). New York: Routledge.

Smith, A. D. (1999). *Myths and memories of the nation.* Oxford: Oxford University Press.

Supovitz, J. A., & Christman, J. B. (2005). Small learning communities that actually learn: Lessons for school leaders. *Phi Delta Kappan, 86*(9), 649-651.

Tanner, D. (1999). The texbook controversies. In Early, M. J. & Rehage, K. J. (Eds.). *Issues in curriculum: A selection of chapters from past NSSE yearbook, part II.* Chicago, Illinois: University of Chicago Press.

Taylor, C. (1994). The politics of recognition. In Amy Gutmann (Ed.), *Multiculturalism: Examining the politics of recognition* (pp. 25-74). Princeton, NJ.: Princeton University Press.

Taylor, C. (1989). *Sources of the self.* Cambridge: Cambridge University Press.

Thomas, W. L. (2008). *Sociology: The study of human relationships.* Austin: Holt Rinehart and Winston.

Thomson, C. K., & Otsuji, E. (2003). Evaluation of business Japanese textbooks: Issues of gender. *Japanese Studies, 23*(2), 185-203.

Titscher, S., Meyer, M., Wodak, R., and Vetter, E. (2000). *Methods of text and discourse analysis* (B. Jenner Trans.). London: SAGE.

Tomlinson, J. (1991). *Cultural imperialism: A critical introduction.* Baltimore, Md: Johns Hopkins University Press.

UNESCO (2007). *Thinking and building peace through innovative textbook design.* Paris: Author.

van Dijk, T. A. (1984). *Prejudice in discourse: An analysis of ethnic prejudice in cognition and conversation.* Amsterdam: John Benjamins Publishing company.

van Dijk, T. A. (1987). *Communicating racism: Ethnic prejudice in thought and talk.* Newbury Park, California: SAGE.

van Dijk, T. A. (1993). Principles of critical discourse analysis. *Discourse & Society, 4*(2), pp. 249-283.

van Dijk, T. A. (1995). Discourse analysis as ideological analysis. In C. Schäffner & A. Wenden (Eds.), *Language and peace* (pp. 17-33). Aldershot, UK: Dartmouth Publishing.

van Dijk, T. A. (ed.) (1985). *Handbook of discourse analysis.* London: Academic Press.

Veal, W. R. (2001). *What knowledge is of most worth for lateral entry secondary science teachers?* Paper presented at the Annual Conference of the Association for the Education of Teachers in Science, Costa Mesa, CA.

Wachtel, N. (1990). Introduction. In Nathan Wachtel (Ed.), *Between memory and culture* (pp.1-18). Chur: Harword Academic Press.

Wallace, C. (2003). *Critical reading in language education.* New York: Palgrave Macmillan.

Wang, Y-H. (2004). *Ethnic identity and ethnic recognition: A study of Taiwanese teachers' biographies, curriculum and pedagogy.* Unpublished Doctoral Thesis in the Faculty of Education, Cambridge University, UK.

Weinbrenner, P. (1992). Methodologies of textbook analysis used to date. In H. Bourdillon (Ed.), *History and social studies-Methodologies of textbook analysis* (pp. 21-34). Amsterdam: Swets & Zeitlinger B.V.

Weiss, I. R., Pasley, J. D., Smith, P. D., Banilower, E. R., & Heck, D. J. (2003). *Looking inside the classroom: A study of K-12 mathematics and science education in the United States*. Chapel Hill, NC: Horizon Research. Retrieved 7Aug, 2012 from http://www.horizon-research.com/insidetheclassroom/reports/looking/

Wodak, R., de Cillia, R., Reisigl, M., & Liebhart, K. (1999). *The discursive construction of national identity* (A. Hirsch & R. Mitten, Trans.). Edinburgh, UK: Edinburgh University Press (Original work published in 1998).

Wong, K. K. & Loveless, T. (1991). The politics of textbook policy: Proposing a framework. In P. G. Altbach (Ed). *Textbooks in American society: Politics, policy, and pedagogy.* (pp. 27-42). Albany, MA: States University of New York Press.

Wood, L. A., & Kroger, R. O. (2000). *Doing discourse analysis: Methods for studying action in talk and text*. Thousand Oaks, California: SAGE.

Woods, P. (1996). *Researching the art of teaching: Ethnography for educational use*. London: Routledge.

Zipf, R., & Harrison, A. (2004). The tyranny of the textbook: Despite a new syllabus the science textbook still dominates teacher planning and pedagogy. In A. G. Harrison, B. A. Knight, & B. Walker-Gibbs (eds.), *Educational research partnerships, initiatives and pedagogy* (pp. 28-43). Flaxton, Qld.: Post Pressed.

國家圖書館出版品預行編目資料

透視教科書：批判論述取向／王雅玄著. ーー
初版. ーー臺北市：五南圖書出版股份有限
公司, 2022.10
　　面；　公分
　ISBN 978-626-343-370-0（平裝）

1.CST: 教育理論　2.CST: 教科書　3.CST:
批判理論

520.1　　　　　　　　　　111014654

1I5U

透視教科書：批判論述取向

作　　　者 ― 王雅玄

發 行 人 ― 楊榮川

總 經 理 ― 楊士清

總 編 輯 ― 楊秀麗

副總編輯 ― 黃文瓊

封面設計 ― 姚孝慈

出 版 者 ― 五南圖書出版股份有限公司

地　　　址：106臺北市大安區和平東路二段339號4樓

電　　　話：(02)2705-5066　　傳　　真：(02)2706-6100

網　　　址：https://www.wunan.com.tw

電子郵件：wunan@wunan.com.tw

劃撥帳號：01068953

戶　　　名：五南圖書出版股份有限公司

法律顧問　林勝安律師事務所　林勝安律師

出版日期　2022年10月初版一刷

定　　　價　新臺幣380元

※版權所有・欲利用本書內容，必須徵求本公司同意※

五南
WU-NAN

全新官方臉書

五南讀書趣

WUNAN Books

since 1966

Facebook 按讚

1秒變文青

★ 專業實用有趣
★ 搶先書籍開箱
★ 獨家優惠好康

不定期舉辦抽獎
贈書活動喔！！

五南讀書趣 Wunan Books

經典永恆・名著常在

五十週年的獻禮——經典名著文庫

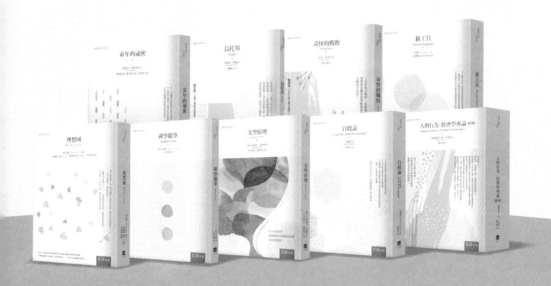

五南，五十年了，半個世紀，人生旅程的一大半，走過來了。

思索著，邁向百年的未來歷程，能為知識界、文化學術界作些什麼？

在速食文化的生態下，有什麼值得讓人雋永品味的？

歷代經典・當今名著，經過時間的洗禮，千錘百鍊，流傳至今，光芒耀人；

不僅使我們能領悟前人的智慧，同時也增深加廣我們思考的深度與視野。

我們決心投入巨資，有計畫的系統梳選，成立「經典名著文庫」，

希望收入古今中外思想性的、充滿睿智與獨見的經典、名著。

這是一項理想性的、永續性的巨大出版工程。

不在意讀者的眾寡，只考慮它的學術價值，力求完整展現先哲思想的軌跡；

為知識界開啟一片智慧之窗，營造一座百花綻放的世界文明公園，

任君遨遊、取菁吸蜜、嘉惠學子！